应用型本科院校"十二五"规划教材/经济管理类

Practical Course for Accounting Software

会计软件实用教程

（用友ERP-U8.72）

主　编　黎　明　刘胜达
副主编　陈娟娟　赵国艳

哈尔滨工业大学出版社
HARBIN INSTITUTE OF TECHNOLOGY PRESS

内容简介

本书以目前企事业单位普遍采用的用友 ERP-U8.72 版软件为操作平台，结合 ERP 系统的相关功能，重点讲解会计电算化工作的开展和会计核算软件的具体应用，使读者在了解会计信息系统基本知识的基础上，系统掌握 ERP 系统中的财务管理子系统，包括总账核算、会计报表编制、薪资管理、固定资产管理、应收/应付款管理等业务功能。

本书可作为会计学、财务管理、工商管理类专业的学生进行会计软件学习的教材，也可作为社会上各企事业单位会计工作者的工作参考书。

图书在版编目(CIP)数据

会计软件实用教程：用友 ERP-U8.72/黎明，刘胜达主编．—哈尔滨：哈尔滨工业大学出版社，2012.1(2013.1 重印)

应用型本科院校"十二五"规划教材

ISBN 978-7-5603-3482-0

Ⅰ.①会… Ⅱ.①黎… ②刘… Ⅲ.①会计-应用软件，用友 ERP-U8.72-高等学校-教材 Ⅳ.①F232

中国版本图书馆 CIP 数据核字(2012)第 012511 号

策划编辑	赵文斌　杜　燕	
责任编辑	李长波　刘　瑶	
出版发行	哈尔滨工业大学出版社	
社　　址	哈尔滨市南岗区复华四道街 10 号　邮编 150006	
传　　真	0451-86414749	
网　　址	http://hitpress.hit.edu.cn	
印　　刷	哈尔滨市工大节能印刷厂	
开　　本	787mm×960mm　1/16　印张 21.5　字数 466 千字	
版　　次	2012 年 2 月第 1 版　2013 年 3 月第 2 次印刷	
书　　号	ISBN 978-7-5603-3482-0	
定　　价	39.80 元	

(如因印装质量问题影响阅读，我社负责调换)

《应用型本科院校"十二五"规划教材》编委会

主　任　　修朋月　　竺培国
副主任　　王玉文　　吕其诚　　线恒录　　李敬来
委　员　　（按姓氏笔画排序）
　　　　　丁福庆　　于长福　　马志民　　王庄严　　王建华
　　　　　王德章　　朱建华　　刘金祺　　刘宝华　　刘通学
　　　　　刘福荣　　关晓冬　　李云波　　杨玉顺　　吴知丰
　　　　　张幸刚　　陈江波　　林　艳　　林文华　　周方圆
　　　　　姜思政　　柴玉华　　庹　莉　　韩毓洁　　藏玉英

序

哈尔滨工业大学出版社策划的《应用型本科院校"十二五"规划教材》即将付梓,诚可贺也。

该系列教材卷帙浩繁,凡百余种,涉及众多学科门类,定位准确,内容新颖,体系完整,实用性强,突出实践能力培养。不仅便于教师教学和学生学习,而且满足就业市场对应用型人才的迫切需求。

应用型本科院校的人才培养目标是面对现代社会生产、建设、管理、服务等一线岗位,培养能直接从事实际工作、解决具体问题、维持工作有效运行的高等应用型人才。应用型本科与研究型本科和高职高专院校在人才培养上有着明显的区别,其培养的人才特征是:①就业导向与社会需求高度吻合;②扎实的理论基础和过硬的实践能力紧密结合;③具备良好的人文素质和科学技术素质;④富于面对职业应用的创新精神。因此,应用型本科院校只有着力培养"进入角色快、业务水平高、动手能力强、综合素质好"的人才,才能在激烈的就业市场竞争中站稳脚跟。

目前国内应用型本科院校所采用的教材往往只是对理论性较强的本科院校教材的简单删减,针对性、应用性不够突出,因材施教的目的难以达到。因此亟须既有一定的理论深度又注重实践能力培养的系列教材,以满足应用型本科院校教学目标、培养方向和办学特色的需要。

哈尔滨工业大学出版社出版的《应用型本科院校"十二五"规划教材》,在选题设计思路上认真贯彻教育部关于培养适应地方、区域经济和社会发展需要的"本科应用型高级专门人才"精神,根据黑龙江省委书记吉炳轩同志提出的关于加强应用型本科院校建设的意见,在应用型本科试点院校成功经验总结的基础上,特邀请黑龙江省9所知名的应用型本科院校的专家、学者联合编写。

本系列教材突出与办学定位、教学目标的一致性和适应性,既严格遵照学科体系的知识构成和教材编写的一般规律,又针对应用型本科人才培养目标及与之相适应的教学特点,精心设计写作体例,科学安排知识内容,围绕应用讲授理论,做到"基础知识够用、实践技能实用、专业理论管用"。同时注意适当融入新理论、新技术、新工艺、新成果,并且制作了与本书配套的PPT多媒体教学课件,形成立体化教材,供教师参考使用。

《应用型本科院校"十二五"规划教材》的编辑出版,是适应"科教兴国"战略对复合型、应用型人才的需求,是推动相对滞后的应用型本科院校教材建设的一种有益尝试,在应用型创新人才培养方面是一件具有开创意义的工作,为应用型人才的培养提供了及时、可靠、坚实的保证。

希望本系列教材在使用过程中,通过编者、作者和读者的共同努力,厚积薄发、推陈出新、细上加细、精益求精,不断丰富、不断完善、不断创新,力争成为同类教材中的精品。

黑龙江省教育厅厅长

前　言

随着电子信息化的不断深入，在日益发展的经济社会中，计算机作为一种能快速提高工作效率的现代化工具，已经成为企事业单位财会工作的必备利器。作为一名合格的财会人员，不仅要熟练掌握财务软件的会计核算功能，还应该站在企业的角度，了解整个 ERP 系统的运行规律，了解企业会计电算化与企业信息化的密切关系。为了能让更多的财会工作人员快速掌握财务软件的使用，本书以当前主流财务软件品牌用友 ERP-U8.72 为蓝本，由浅入深地介绍了财务软件的具体应用。

本书共分为 10 章，主要内容包括会计电算化概述、会计软件概述、基本会计核算业务演练、系统管理、创建基础信息、总账处理系统、会计报表编制与日常管理、薪资管理系统、固定资产管理系统、应收/应付款管理系统等。从第四章开始，针对每章的学习内容设计了上机实验（即案例），并且每个实验的内容前后衔接，保持实验体系的完整性。

本书在内容和结构上与同类书相比，具有以下特点：

案例详实

本书通过大量的案例对知识进行演示。全书共提供 4 个完整的企业案例，第 1 个案例用于财务软件的使用入门，通过几个较为简单的财会业务让读者了解财务软件的会计业务处理流程；第 2 个案例用于会计软件细分功能的介绍，强调好理解、易操作；第 3 个案例用于章节后的系统巩固；第 4 个案例将全文相关知识点进行总串联，以全面了解财务软件的功能。

由浅入深，循序渐进

本书在知识的讲解和具体案例的设计上，遵循由浅入深、循序渐进的原则，将教材分成入门篇、提高篇、高级应用篇和实践篇 4 个部分，从会计电算化的基本概念、理念以及会计软件的基本功能框架介绍入手，逐步深入到会计软件的核心功能应用、高级财会功能应用，并在最后提供了一个完整实例资料让读者独立完成，打破此类传统教材只是简单依照功能模块进行结构设计的旧体系。

难点详解，重点突出

针对财务软件操作中的重点、难点，书中作了详细阐述。难点部分通过精心设计的案例进行反复练习，科学的操作步骤使读者对难点更容易理解。每个操作环节都有注意事项，用以提醒读者对重点知识的关注。

本书由哈尔滨德强商务学院、黑龙江司法警官职业学院、哈尔滨商业大学广厦学院等多所高等院校共同合作编写。由黎明负责拟定大纲、总纂定稿，并具体完成第一篇第一至三章、第二篇第四、五章及第四篇内容的撰写任务；刘胜达负责第二篇第六、七章的撰写，并负责全书校对及配套光盘的制作；陈娟娟负责第三篇第八、九章的撰写；赵国艳负责第三篇第十章的撰写。

本书在编写过程中得到用友股份有限公司黑龙江分公司的支持，在此深表感谢！同时向本书撰写时所参考的书籍、资料的作者及版权所有者表示感谢！

由于编者时间和水平有限，其中难免有疏漏、错误之处，也难免有考虑不周全之处，恳请读者指正，提出意见和建议。

编 者
2012 年 1 月

目 录

第一篇 入门篇

第一章　会计电算化概述 ································ 3
 第一节　会计电算化基础 ································ 3
 第二节　会计电算化的实施过程 ·························· 12
 第三节　会计电算化的组织管理 ·························· 15
 本章小结 ·· 26

第二章　会计软件基本理论 ································ 27
 第一节　会计软件概述 ································ 27
 第二节　ERP 与会计软件 ······························ 31
 第三节　用友 ERP-U8 简介及其安装 ···················· 39
 本章小结 ·· 47

第三章　基本会计核算业务演练 ···························· 48
 第一节　电算化与手工会计核算的对比 ·················· 48
 第二节　会计电算化处理基本功能体验 ·················· 53
 本章小结 ·· 61

第二篇 提高篇

第四章　系统管理 ·· 65
 第一节　注册 ·· 65
 第二节　角色和用户 ·································· 67
 第三节　建立新账套 ·································· 68
 第四节　角色和用户的权限设置 ························ 75
 第五节　账套管理 ···································· 77
 本章小结 ·· 80
 案例一　系统管理 ···································· 80

第五章　创建基础信息 ···································· 81
 第一节　前期准备 ···································· 82

  第二节 基本信息与基础档案……83
 本章小结……106
 案例二 基础设置……107

第六章 总账处理系统……109
  第一节 初始化总账系统……110
  第二节 总账系统的凭证处理……117
  第三节 出纳管理……140
  第四节 账表查询……148
  第五节 总账系统核算业务期末处理……150
 本章小结……160
 案例三 总账系统初始化……161
 案例四 总账系统日常业务处理……162
 案例五 出纳管理……163
 案例六 账簿管理……164
 案例七 总账期末业务处理……164

第七章 会计报表编制与日常管理……165
  第一节 UFO 会计报表管理系统概述……165
  第二节 编制会计报表……169
  第三节 会计报表的日常处理……181
  第四节 输出会计报表……186
 本章小结……189
 案例八 报表格式设计……190
 案例九 报表数据处理……190
 案例十 利用报表模板生成报表……191

第三篇 高级应用篇

第八章 薪资管理系统……195
  第一节 薪资管理系统初始化……196
  第二节 工资核算业务日常处理……205
  第三节 工资核算业务期末处理……216
 本章小结……220
 案例十一 工资系统初始化……221
 案例十二 工资业务处理……222
 案例十三 工资数据统计分析……224

第九章 固定资产管理系统 225
第一节 固定资产管理系统初始化 226
第二节 固定资产核算业务日常处理 241
第三节 固定资产业务期末处理 253
本章小结 258
案例十四 固定资产系统初始化 258
案例十五 固定资产业务处理(一) 260
案例十六 固定资产业务处理(二) 261

第十章 应收/应付款管理系统 262
第一节 设置应收/应付款管理系统 262
第二节 应收/应付款业务日常处理 284
第三节 应收/应付款业务期末处理 295
本章小结 297
案例十七 应收款管理系统初始化 298
案例十八 应收单据处理 300
案例十九 收款单据处理 301
案例二十 票据管理 301
案例二十一 转账处理 302
案例二十二 坏账处理与单据查询 302
案例二十三 账表管理与其他处理 303
案例二十四 应付款管理系统初始化 303
案例二十五 应付单据处理 304
案例二十六 付款单据处理 305
案例二十七 票据管理 305
案例二十八 转账处理 306
案例二十九 单据查询 306
案例三十 账表管理与其他处理 306

第四篇 实践篇

实训一 系统管理 309
实训二 基础档案设置 311
实训三 总账管理系统初始设置 313
实训四 薪资管理系统初始设置 321
实训五 固定资产管理系统初始设置 323

实训六	总账日常业务处理	325
实训七	薪资日常业务处理	327
实训八	固定资产日常业务处理	328
实训九	银行对账业务处理	329
实训十	自动转账与期末业务	330
实训十一	会计报表的编制与输出	332

参考文献 ···

第一篇 入门篇

第九章　固定资产管理系统 225
第一节　固定资产管理系统初始化 226
第二节　固定资产核算业务日常处理 241
第三节　固定资产业务期末处理 253
本章小结 258
案例十四　固定资产系统初始化 258
案例十五　固定资产业务处理（一） 260
案例十六　固定资产业务处理（二） 261

第十章　应收/应付款管理系统 262
第一节　设置应收/应付款管理系统 262
第二节　应收/应付款业务日常处理 284
第三节　应收/应付款业务期末处理 295
本章小结 297
案例十七　应收款管理系统初始化 298
案例十八　应收单据处理 300
案例十九　收款单据处理 301
案例二十　票据管理 301
案例二十一　转账处理 302
案例二十二　坏账处理与单据查询 302
案例二十三　账表管理与其他处理 303
案例二十四　应付款管理系统初始化 303
案例二十五　应付单据处理 304
案例二十六　付款单据处理 305
案例二十七　票据管理 305
案例二十八　转账处理 306
案例二十九　单据查询 306
案例三十　账表管理与其他处理 306

第四篇　实践篇

实训一　系统管理 309
实训二　基础档案设置 311
实训三　总账管理系统初始设置 313
实训四　薪资管理系统初始设置 321
实训五　固定资产管理系统初始设置 323

实训六　总账日常业务处理……………………………………………………325
实训七　薪资日常业务处理……………………………………………………327
实训八　固定资产日常业务处理………………………………………………328
实训九　银行对账业务处理……………………………………………………329
实训十　自动转账与期末业务…………………………………………………330
实训十一　会计报表的编制与输出……………………………………………330
参考文献……………………………………………………………………………332

第一篇

入门篇

第一章 Chapter 1

会计电算化概述

【学习要点及目标】

掌握会计电算化工作的本质及与其相关的几个概念，企事业单位实施会计电算化的准备工作，会计电算化的组织管理工作；了解会计电算化的发展历程及其重要意义，各环节的工作内容及注意事项。

第一节 会计电算化基础

一、会计电算化的含义

狭义的会计电算化是指以电子计算机为主体的信息技术在会计工作中的应用，具体而言，就是利用会计软件，指挥各种计算机设备替代手工完成或完成在手工下很难完成、甚至无法完成的会计工作的过程。

会计电算化是把电子计算机和现代数据处理技术应用到会计工作中的简称，是用电子计算机代替人工记账、算账和报账，以及部分代替人脑完成对会计信息的分析、预测和决策的过程，其目的是提高企业财会管理水平和经济效益，从而实现会计工作的现代化。

从广义上讲，会计电算化就是指与会计工作电算化有关的所有工作，包括会计电算化软件的开发与应用、会计电算化人才的培训、会计电算化的宏观规划、会计电算化制度建设和会计电算化软件市场的培育与发展等。

会计电算化是一个人机相结合的系统，其基本构成包括会计人员、硬件资源、软件资源和信息资源等要素，其核心部分则是功能完善的会计软件资源。

会计电算化改变了会计核算方式、数据储存形式、数据处理程序和方法，扩大了会计数据领域，提高了会计信息质量，改变了会计内部控制与审计的方法和技术，推动了会计理论与会计技术的进一步发展完善，促进了会计管理制度的改革，是整个会计理论研究与会计实务的一次根本性变革。从表面上看，会计电算化只不过是将电子计算机应用于会计核算工作中，以计算机替代人工记账，减轻会计人员的劳动强度，提高会计核算的速度和精度。然而，会计电算化不仅仅是核算工具和核算方法的改进，它必然会引起会计工作组织和人员分工的改变，促进会计人员素质和知识结构的提高，提高会计工作效率和质量，解放会计人员的时间和精力，促进会计工作职能的转变，推动会计理论和会计技术的进步，提高整个会计工作水平，大幅度增加企业的经济效益，使会计理论和实务的方方面面都发生前所未有的深刻变化。

二、会计电算化的相关基本概念

（一）会计数据与会计信息

1. 会计数据

数据（Data）是用来记录客观事物的性质、形态、结构和特征的符号，并能对客观事物的属性进行描述。它包括数值型数据和非数值型数据，如 300 元、红色等都是数据。会计数据（Accounting Data）则是用于描述经济业务属性的数据，它是对企业经济业务发生情况的客观记录。在会计工作中，从不同渠道、不同来源取得的各种原始资料、原始凭证以及记账凭证等上面所记载的数据一般都属于会计数据。但这些会计数据本身并不能作为人们判断和得出结论的可靠依据，它还必须按照一定的加工程序加工成为对会计工作有用的、有价值的会计信息。

2. 会计信息

信息（Information）是数据加工的结果，它可以用符号、文字、数字、图表等形式对客观事物的性质、形式、结构和特征等方面进行反映，以揭示客观事物的本质。信息必然是数据，数据则未必都是信息。只有经过加工整理后且满足有关人员的需要的数据，才被视为信息。这就说明，在某种意义上信息具有相对性，加工后的数据如果没有使用价值，则仍然属于无用的数据，不能认为它是信息。

会计信息（Accounting Information）是指按照一定的要求或需要，通过一系列专门的会计核算方法，对会计数据加工或处理后提供给经济管理层所需要的各项会计数据，包括资产、负债、所有者权益信息，收入、费用、利润信息，以及能以货币表现的信息与未来信息。比如，对原始凭证以及记账凭证进行加工处理形成的总账、明细账和日记账等账簿信息，由于对相关人员（如内审人员等）是有用的，因此可认为是会计信息。

3. 会计数据与会计信息的关系

会计信息与会计数据既有密切的联系，又有本质的区别。会计信息是通过对会计数据的处理而产生的，会计数据也只有按照一定的要求或需要进行加工或处理，才能成为满足管理需要的会计信息。会计信息具有相对性，有的会计数据对某些管理者来说是会计信息，而对其他管理者来说则需要在此基础上进一步加工处理,才能变成会计信息。会计数据和会计信息的这种相对关系可用图 1.1 表示。

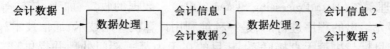

图 1.1　会计数据和会计信息的关系

尽管会计数据和会计信息存在一定差别,但在实际工作中,二者通常不加以区分。因为在会计处理过程中,经过初级加工处理后形成的会计信息,往往又成为后续深度加工的数据来源,因此,有时把会计数据处理也称为会计信息处理。

(二)会计数据(信息)处理

会计数据(信息)处理(Accounting Data Processing)是对会计数据进行加工处理,获得管理所需会计信息的过程,一般要经过收集、输入、加工、传送、存储、检索、输出等处理过程。这一过程使数据获得新的结构和形态,并转变成有一定用途的信息。

(三)系统、信息系统、会计信息系统与计算机会计信息系统

1. 系统

系统(System)是由一系列彼此联系的部分为实现某种特定的目的而建立起来的具有一定功能的有机整体。例如,企业是由供应、生产、销售、管理等一系列部门组成的为实现产品生产和销售的系统。一般来说,系统具有以下特征:

(1)整体性。一个系统由两个或两个以上要素组成,所有要素的集合构成了一个有机的整体。在这个整体中,每个要素不但有自己的目标,而且为实现整体的目标充当着必要的角色,缺一不可。

(2)目标性。系统内部各要素的功能和作用不尽相同,但各要素活动的目标是一致的。

(3)独立性。每个系统都是一个相对独立的个体,它与周围的环境具有明确的界限。

(4)层次性。一个系统由若干子系统构成,每个子系统也具有系统的一切特征,并可以进一步划分为更小的子系统;同时一个系统必然被包含在一个更大的系统之中,这个更大的系统通常被称为"环境"。

(5)动态性。系统总是不断地接受外界的输入,信息经过加工处理,不断向外界输出。

(6)关联性。一个系统中各要素存在密切的联系,这种联系决定了整个系统的机制。它们在一定时期内保持相对稳定状态,系统也随之呈现相对稳定的功能,但随着系统目标的改变以及环境的发展,系统内各要素的联系会发生新的变化,系统也会发生相应的变更。

2. 信息系统

信息系统(Information System)是指以信息基础设施为基本运行环境,以信息技术设备为管理手段,以加工处理数据提供信息为目的而形成的,将信息的收集、传递、存储、加工、检索、

输出等各过程有机融合的一个整体。按照不同的用途以及构造方法,信息系统主要有数据处理系统、无纸办公系统、国际电子商贸系统、管理信息系统、专家系统和决策支持系统等类型。

(1)数据处理系统(Data Processing System,DPS)。数据的收集、加工、传输等一系列处理都是严格按照事先给出的程序进行的,是一种纯利用计算机应用技术、通信技术和数据处理技术的系统。系统目标与决策无直接联系,其目的在于为某一部门处理并提供有关数据。DPS是其他信息系统的基础。

(2)无纸办公系统(Electronic Office Processing System)。无纸办公系统是20世纪80年代随着计算机技术、网络技术等发展而产生的多功能综合性信息系统,其目的在于提高办公效率,达到事务性信息共享。

(3)国际电子商贸系统(International Electronic Business Processing System)。国际电子商贸系统是20世纪90年代随着Internet和电子数据交互技术(Electronic Data Interchange,EDI)的发展而产生和发展起来的信息系统,其目的在于借助于现代通信和互联网技术,将原来各个国家、跨地域的企业实体的商贸管理信息系统连成为一体,为国际贸易支付提供可靠及时的服务。

(4)管理信息系统(Management Information System,MIS)。管理信息系统是在DPS基础上逐步发展起来的信息系统,它利用DPS的数据和大量定量化的科学管理方法以实现对生产、经营和管理过程的计划、组织、指挥、协调和控制,其主要目的是提供对例行的、高度结构化的管理决策问题的解决方法。在这种意义上,MIS一般只能处理那些结构性较强、规范化较好的管理工作。

(5)专家系统(Expert System)。专家系统是将某一领域的专家群体在长期专业实践中所积累的技术经验和知识,特别是他们在处理该领域相关问题时所遇到的基本事实以及所采取的相应对策准则,编写成计算机智能化程序,以供本专业的其他人员使用,帮助他们提高决策质量的信息系统。它是决策支持系统的构件之一。

(6)决策支持系统(Decision Support System,DSS)。DSS与MIS一样,也是一个部门的管理工具,但它适用于那些所需信息不能事先明确而且容易变化的管理工作(一般为非结构化的管理决策问题)。DSS需要在MIS的基础上建立。一个完善的DSS应当以计算机为基础,由大型数据库,完善的模型库、方法库、知识库以及专家系统等组成。DSS的目的在于针对不确定的、多方案可选的、非结构化或者半结构化的管理决策问题提供解决方法。

3. 会计信息系统

这里所说的会计信息系统(Accounting Information System,AIS)是一个广义的概念,既可指手工环境下的,也可指IT(Information Technology)环境下的。它是一个面向价值信息提供的信息系统,是从对企业价值运动进行反映和监督的角度提出信息需求的信息系统。它由凭证单元、账簿组织、报表体系、记账方法和账务处理程序组成,各个组成单元在处理会计数据过程中有机地结合为一个整体,完成对会计数据的收集、加工处理、传输、存储、检索和传递,它是管理信息系统的一个子系统。

4. 计算机会计信息系统

人们把基于计算机,利用现代信息技术进行会计数据采集、存储和处理以完成会计核算任务,并能提供进行会计管理、分析、决策用的辅助信息的会计信息系统称为"计算机会计信息系统"(Computer Accounting Information System)。随着传统的手工会计信息系统逐步减少,人们可以直接把"会计信息系统"理解为IT环境下的会计信息系统,即指计算机会计信息系统。其组成要素为:计算机软硬件、数据文件、会计人员和会计信息系统的运行规则,其核心部分则是功能完备的会计软件。通常人们所说的"电算化会计"和"会计电算化",实质上是指"计算机会计信息系统"这一客观对象。所以"计算机会计信息系统"也可称为"电算化会计信息系统",或者直接简称为"会计信息系统"。

三、我国会计电算化的发展过程

自20世纪90年代以来,会计电算化取得了长足的发展。电算化由简单数值计算发展到全面数值核算,为计算机在经济管理领域的应用奠定了坚实的物质基础,进而发展到具有人工智能的会计管理信息系统,同时会计电算化由单用户操作发展到网络环境多用户操作。

我国会计电算化的总体发展趋势主要经历了以下四个阶段。

1. 科研试点阶段

1983年以前,我国的会计电算化工作以理论研究和试验准备为主。该阶段的代表项目是1979年财政部直接参与和支持的长春第一汽车制造厂进行的会计电算化试点工作。这个阶段的主要特点是:电算化工作主要是单项会计业务的电算化,最为普遍的是工资核算的电算化。整个会计电算化工作处于试验探索阶段,发展非常缓慢。

发展缓慢有两个方面的原因:一方面,当时我国经济改革刚刚起步,尽管企业管理的重要性逐步得到重视,管理现代化的呼声日渐高涨,部分企业已开始会计电算化的试验工作,但相当多单位的领导还没有树立以效益为中心的思想,更没有向管理要效益的观念,可以说会计电算化还没有列入各级领导的议事日程;另一方面,当时我国计算机设备十分缺乏,性能相对较低,价格又十分昂贵,汉化的工具软件很不齐全,既懂计算机又懂会计的人才更是寥寥无几,缺乏会计电算化的物质、技术和人才基础。

2. 以单项实用为主的自发发展阶段

这一阶段大致在1983—1987年。1983年国务院成立了电子振兴领导小组,从此我国电子技术进入了一个新的发展阶段。在这一时期,全国掀起了一个应用计算机的热潮,特别是微型计算机在国民经济各个部门得到广泛的应用。不少单位自主开发一些单项会计电算化软件并应用于具体工作中,取得了一些成就。这一阶段的发展特点如下:

(1)我国计算机数量大幅度增加,计算机硬件、软件技术逐渐成熟,性价比不断上升。计算机汉字处理技术在这阶段有了重大突破并走向实用,在很大程度上排除了电子信息处理的语言障碍。这一切都为会计电算化提供了重要的物质保证。

（2）全国掀起的应用计算机热潮，极大地推动了会计电算化的普及过程，各大专院校纷纷开始培养会计电算化专门人才，为今后会计电算化的稳步发展奠定了坚实的基础。

（3）会计电算化理论研究受到重视。1987年11月，中国会计学会成立了会计电算化研究小组，为有组织地开展理论研究做了准备。

（4）会计电算化发展比较盲目，低水平的重复开发现象严重。

3. 以全部会计核算电算化为目标，有组织、有计划的稳步发展阶段

1987—1990年，计算机在整个管理领域的应用处于缓慢发展阶段，但是会计电算化的发展却一直保持良好势头，初步走向正规。这一阶段的特点如下：

（1）计算机性价比呈几何级数上升。以软件工程、数据库理论、计算机网络理论为代表的软件科学的发展，使计算机应用软件的系统设计水平大为提高，涌现出了一批既懂会计又懂计算机的复合型人才。这一切都为开发高质量的会计电算化系统创造了良好的技术、物质和人才条件。

（2）各级财政部门加强了会计电算化的管理工作。1989年12月，财政部颁发了《会计核算软件管理的几项规定》，1990年7月又颁发了《关于会计核算软件评审的补充规定》。这两个文件的颁发是我国会计电算化事业发展的一个里程碑。它们对于发展我国会计电算化事业，提高会计核算软件开发质量，形成和完善我国的会计电算化软件市场具有重大的现实意义和深远的历史意义。

（3）在财政部的支持下，相继出现了一批专业的商业会计软件公司。通用会计软件的研制得到发展，商品化的会计软件市场初步形成，这一切为我国会计电算化事业的发展注入了新的活力。

4. 以管理型会计信息系统为目标的深入发展阶段

自1990年开始，有关会计电算化方面的著作大量出现，理论研究空前繁荣，并对电算化的实践作出总结，提出了会计电算化的理论体系，使会计电算化的发展逐步深入。实现会计电算化，既是会计改革的重要内容，也是会计工作现代化的必然趋势，已成为国有大管理部门和整个会计界的共识。为了推动我国会计电算化事业的发展，财政部于1994年颁布了《关于大力发展我国会计电算化事业的意见》，同年7月又颁布了《会计电算化管理办法》等三个规章，这一切给我国会计电算化工作注入了强大的动力。从此，会计电算化工作在管理型会计信息系统这一更高层次上有了深入发展。

四、我国会计电算化的发展趋势

（一）会计电算化走向更高层次——企业全面信息化

所谓企业信息化，就是利用计算机、网络和通信技术，支持企业的产品研发、生产、销售和服务等诸多环节，实现信息采集、加工与管理的系统化、网络化和集成化，信息流通的高效化和实时化，最终实现全面供应链管理和电子商务。随着世界经济步入了一体化、信息化进程，现代企业面临着全球范围内的激烈竞争。发达国家的经验证明,谁走在"信息高速公路"的前列,掌握了最新的信息技术,谁就能占据国家经济竞争的制高点。信息技术的重要手段就是电子计算机。

1. 利用新技术去构建企业信息化

(1) Internet 计算技术应成为企业信息化平台的标准。Internet 计算技术的特点是综合其他技术的优势,使用三层的体系结构,即前端使用标准的浏览器,应用逻辑集中在中间层的应用服务器,后端则是提供数据服务的数据库服务器。浏览器和中间层应用服务器之间数据通信量较少,适用于广域网;应用服务器与后端数据库服务器之间通信量较大,通常它们都放置在有高带宽的局域网内。应用服务器和数据库服务器采用集群技术,不需要昂贵的硬件,并且具有很好的扩展性。

(2) 采用集群数据库技术,可以最大程度节约硬件投资并保证企业信息存于一个单一的数据库中。它能够让单一数据库同时在多台服务器上运行,而不需要对应用代码或体系结构作出任何修改,此特性极大地改善了系统可靠性。如果数据容量增大,企业可以通过增加小型服务器进行扩充;而在任何一个服务器出现故障时不会对系统造成损害,因为其他服务器可以十分轻松地分担起一部分新增加的负载。此特性还能缩短数据库访问时间,从而改善应用性能。

2. 商业智能与企业策略管理

帮助企业管理层获取商业智能、辅助企业决策是企业信息化建设的根本动因之一。在信息缺乏的年代,管理层更多依靠个人经验和智能进行管理,制定决策。人们并非反对高级管理人员的决策。相反,准确的商业智能将会帮助他们防止被时下风尚、一时的狂热或者错误的印象左右,真正实现"按事实管理"。

(二) 会计电算化发展新领域——网络会计

随着计算机技术、网络技术、电子商务的蓬勃发展,国际互联网(Internet)使企业全球范围内实现信息交流和信息共享;企业内部网(Intranet)技术在企业管理中的运用,则使企业走出封闭的"局域"系统,实现企业内部信息的对外实时开放,同时,使企业内部包括财务部门在内的所有部门实现了资源优化配置;企业外部网(Extranet)使企业对外有选择地对合作者开放或提供有选择的服务,使信息共享。网络时代的来临必将使会计由传统的形式演变为网络会计。

(1) 网络会计是依托在互联网环境下对各种交易和事项进行确认、计量和披露的会计活动。同时,它也是建立在网络环境基础上的会计信息系统,是电子商务的重要组成部分。它能够帮助企业实现财务与业务的协同远程报表、报账、查账和审计等远程处理,事中动态会计核算与在线财务管理,支持电子单据与电子货币,改变财务信息的获取与利用方式,使企业会计核算工作走上无纸化的阶段。网络会计在我国经历了从无到有,从简单到复杂,从各自为政到政府调控与引导,从缓慢发展到迅速普及的过程,尤其是近几年,它取得了长足的发展。

(2) 网络会计的优点。在网络信息时代,以单机工作的会计电算化又出现了新的问题,如数据传送时间长、资源不能共享、信息交换不畅、信息使用者查看数据资料不方便等。而网络会计弥补了这些不足。网络会计具有以下优点：资源共享，设备共享，通信快捷、方便，分布式处理，会计信息的规范化和代码化等。

随着世界经济日趋一体化，对外贸易增加，国际交流增强，而我国的财务软件还不具备多国语言，而且在会计核算和财务管理方面有些不符合国际惯例和国际会计准则等，不能满足现代跨国企业经营和企业集团发展的需要。所以我国应不断加速网络会计的发展。

（三）ERP—财务软件的发展趋势

财务软件是企业信息系统的一个组成部分，应当从企业信息化建设的高度，立足于企业整体来定位财务软件的发展方向。

所谓 ERP 是英文 Enterprise Resource Planning（企业资源计划）的简写。它是从 MRP（Material Requirements Planning，物料需求计划）发展而来的新一代集成化管理信息系统，并扩展了 MRP 的功能，其核心思想是供应链管理。它跳出了传统企业边界，从供应链范围去优化企业的资源，是基于网络经济时代的新一代信息系统。它对于改善企业业务流程、提高企业核心竞争力的作用是显而易见的。

ERP 系统是当今国际上先进的企业管理思想与先进的信息技术相给合的产物，是企业信息系统发展的最新成果。它的基本思想是将企业的运营流程看做是一个紧密连接的供应链，包括供应商、制造工厂、分销网络和客户；将企业内部划分为几个相互协同作业的支持子系统，如财务、制造、分销、质量控制和人力资源等，在先进的信息技术的基础上，各子系统之间实现高度数据共享和无缝集成。在技术水平上，还要使用更为开放的不同平台，实现互操作，以适应网络时代信息技术不断发展的需要。所以，ERP 既是一种先进的管理技术思想，又是一种融合了企业最佳实践和先进信息技术的新型管理工具。

ERP 中的财务系统是集成的、面向管理和决策的财务系统，它已经实现了从对财务信息的事后反映到对财务管理和决策的实时支持，从封闭的单一财务管理到集成的全面企业管理转变。它吸收并内嵌了国际先进企业的财务管理实践经验，改善了企业会计核算和财务管理的业务流程，大大提高了财务管理的效率。它不仅在内部的各模块充分集成，与供应链和生产制造等系统也达到了无缝集成。这使得企业各项经营业务的财务信息能及时准确地得到反馈，真正地实现财务与业务的协同化，实现企业资金流、物流与信息流的高度统一。最后，它能更全面地提供财务信息，为企业的业务操作层、管理层和战略决策层提供全方位服务。

可以说，ERP 系统代表了国际上管理软件发展的潮流。财务软件发展并融入 ERP 系统已是大势所趋。而网络财务软件，应当被看成是企业管理软件由低端向高端发展、由单一的财务管理向全面企业管理发展历程上的一个中间环节。

（四）建立企业管理服务的各级会计信息中心

服务是制约会计电算化发展的核心因素。会计软件的应用成功与否不仅取决于会计软件产品的质量,而且更多地取决于软件的售后服务工作。随着我国会计软件商品程度的不断提高,会计软件产业的发展和社会化分工的不断细化,会计软件的开发、经销、服务必然走向分离并形成三个独立的产业。在这种情况下,会计软件售后服务工作必然由独立于软件开发商和专门从事软件销售的第三方来完成,从而形成会计软件服务市场,实现会计电算化服务社会化、产业化。

加入 WTO 以后,我国经济迅速融入世界经济体系之中,经济的繁荣发展和市场的全面开放,对企事业单位的信息化进程产生新的推动,管理和电子商务软件的需求量大大增加;财务、供应链管理一体化应用的企业级财务软件成为财务软件市场的主体;竞争的国际化会促进软件质量和服务效率的全面提高。在网络时代,要使我国的会计电算化工作得到健康发展,我们还必须从理论上和实践上进行认真的探讨。

五、会计电算化的意义

会计电算化是会计发展的需要,而且是经济和科技发展对会计工作提出的要求,是时代发展的要求,实现会计电算化具有重要的现实意义和深远的历史意义。

1. 减轻会计人员的工作强度,提高会计工作效率

实现会计电算化后,只要将原始凭证和记账凭证输入计算机,大量的数据计算、分类、归集、存储、分析等工作,都由计算机自动完成。这样大大提高了会计工作效率,使会计信息的提供更加及时。

2. 促进会计工作规范化,提高会计工作质量

由于电子计算机的应用对会计数据来源提出了一系列规范要求,而且数据在处理过程中能始终得到控制,这在很大程度上解决了手工操作中的不规范、不统一、易出错和易遗漏等问题,使会计工作的质量得到保证。

3. 促进会计工作职能的转变

实施会计电算化后,会计的工作效率提高,会计人员可以腾出更多的时间和精力参与经营管理,从而促进会计工作职能的转变,使会计在经营管理、提高经济效益中发挥出更大的作用。

4. 提高会计队伍的业务素质

会计电算化的开展,一方面要求广大会计人员学习并掌握有关会计电算化的新知识,以便适应工作要求并争取主动;另一方面,由于许多工作是由计算机完成的,可以为会计人员提供许多学习新知识的时间,这将提高整体会计队伍的业务素质。

5. 为整个管理工作现代化奠定基础

实行会计电算化为企业管理实现现代化奠定了重要基础,带动或加速企业管理现代化的实现。

6. 推动会计改革,促进会计自身的不断发展

会计电算化不仅仅是会计核算手段或会计信息处理操作技术的变革,而且必将对会计核算的方式、程序、内容、方法以及会计理论的研究等产生影响,从而促进会计自身不断发展。

第二节 会计电算化的实施过程

一、实施会计电算化的准备工作

1. 转变思想观念

转变思想观念主要指单位的领导、会计人员、计算机应用人员对会计电算化的含义、必要性有正确的理解,不应对会计电算化有片面与错误的认识。只有有关人员对会计电算化有了正确的认识,会计电算化工作才能顺利和健康地发展;只有单位领导对会计电算化的含义、必要性有了正确的认识,他们才会积极主动地支持和参与这项工作,正确地领导这项工作的开展。正确的思想认识是开展会计电算化工作的前提。

单位领导对会计电算化的重视和支持是会计电算化成功的关键。在会计电算化的实施过程中,要调集相应的物资和人力资源,开展的初期也会出现这样或者那样的问题,如果没有领导的支持,往往也会半路搁浅,无功而返。

2. 搞好基础工作

基础工作主要指会计工作的规范化、标准化和合法化。对基础工作较差的单位应先进行基础工作的整顿。同时也应认识到会计电算化工作的开展也将促进基础工作的加强,推进财会工作的规范化、标准化、制度化和合法化,是一个改进管理的过程。对会计电算化工作来说,良好的基础工作一般表现在以下方面:

(1)健全的岗位责任制和内部稽核制度。

(2)会计人员的业务素质与其工作相适应。

(3)主要原材料、能源消耗和工时耗用有定额,费用开支有标准或预算,并认真执行。

(4)各种原始记录的格式、内容、填制方法、签署、传递、汇集、反馈有统一格式和规范,做到真实、完整、正确、清晰和及时。

(5)物资出/入库经过计量、检验,手续齐备。

(6)发生的经济业务都取得或填制合法的原始凭证。

(7)记账凭证及其填制符合会计制度的内容和要求,并经有关责任人员签章。

(8)会计科目和核算内容符合会计制度规定的内容和要求,并经有关责任人员签章。

(9)固定资产归口分级管理,做到账、卡、物相符,固定资产及折旧核算正确。

(10)成本、销售、材料、产成品等的核算符合国家有关规定,核算正确。

(11)应有财产清查制度,并严格执行。

除此以外,在开展会计电算化工作的同时,还应注意以下几点:

(1)对会计科目、往来单位、人员、部门、产成品和材料等应有编码。编码应齐全、标准和规范,便于计算机处理。在手工核算时,主要重视名称,而不太重视编码,实行会计电算化后,处理信息、查询信息主要通过编码进行,所以编码工作非常重要。

(2)应改变按"师傅教徒弟"的做法进行核算。应严格按照标准会计制度进行各项会计核算工作。

(3)应按统一的标准会计制度设计单位的会计制度。

(4)各种账簿的设置应规范,易于计算机处理等。

3. 人才储备

人才储备主要是指单位有储备会计电算化所需的人才。单位不同,对人才的需求也不一样;实现会计电算化的方式不同,对人才的需求也不同。据有关资料显示,我国大部分企业主要还是通过购买商品化会计软件实施会计电算化,所以本书仅介绍选用商品化会计软件单位的人才需求。由于商品化会计软件厂家对客户提供的服务较多,我国的会计软件又比较成熟,所以,选用商品化会计软件的单位对人才技术的要求并不高。

4. 资金必要性

开展任何一项工作都需要一定的资金,会计电算化工作也不例外。但是,单位大小不同,对资金的需求也不同;实现会计电算化的方式不同,对资金的需求也不同;开展电算化业务的规模大小、项目多少不同,对资金的需求也不同。

实施会计电算化的费用一般包括硬件费用、软件费用、准备费用和运行维护费用等,详情如表1.1所示。

表1.1

费用类型	项目	备注
硬件费用	主机	网络服务器和微机等
	终端机	工作站或其他兼容机
	外围设备	打印机、UPS和HUB等
	环境成本	房屋、地毯和空调等
软件费用	软件成本	系统软件和会计软件(开发或购置)
准备费用	机房建设、改造	装修和建设等
	安装及调试成本	主机、空调、电源、UPS和软件
	培训费用	开发与使用人员的培训
运行维护费用	维护费用	维护人员的工资、所用工具和材料等
	使用成本	操作人员的工资和消耗的材料等

二、会计电算化的基本内容

会计电算化是一项系统工程,应按系统工程的方法来开展,即:可行性研究,会计电算化规划,编制实施计划,建立电算化的会计系统,建立电算化后的组织与管理体系。会计电算化工作的基本方法实质上就是会计电算化的基本内容。

1. 会计电算化的可行性研究

会计电算化的可行性是指开展电算化工作的可能性和经济性,主要包括组织、技术和经济三方面。组织可行性是指单位内外环境是否为会计电算化创造了必要的条件;技术可行性是指单位所能组织和拥有的技术力量能否保证会计电算化工作的正常开展;经济可行性是指开展电算化工作带来的有形效益与无形效益同耗用成本的对比情况。

可行性分析一般按下述步骤进行:

(1)进行初步调查;

(2)根据初步调查确定目标和所要解决的问题;

(3)确定制约因素,包括经济上、技术上、组织上的制约因素;

(4)确定各种可选方案;

(5)对各种可选方案进行可行性评价,主要是研究各种方案在经济上、技术上、组织上的可行性;

(6)确定方案,推荐实施计划。

2. 会计电算化规划

会计电算化规划是对近几年单位会计电算化工作所要达到的目标,以及如何有效地、分步骤地实现这个目标而制订的规划。它实质上是单位开展会计电算化工作的中长期规划,是对单位开展会计电算化工作所作的总体可行性研究。规划期一般以五年为宜,第一年的计划应该相当可靠,第二年的计划应比较可靠,第三年以后的计划可以粗略和概括一些。计划至少要根据每年的情况变化调整一次,以使计划符合实际。

会计电算化规划一般按下述步骤进行:

(1)研究确定单位的总体目标和会计部门的局部目标;

(2)综合考察会计电算化的外部环境制约,包括经济、技术、组织等单位内部制约与上级主管部门、国家的有关政策法令等外部制约;

(3)确定会计电算化的总体目标,以及近几年内建立一个什么样的电算化会计系统;

(4)分析确定单位的会计信息需求,即确定输入、输出什么信息,对外提供哪些数据接口;

(5)确定所要建立系统的总体结构,可用数据流程图、功能图、层次图和数据结构图等表示;

(6)确定所要建立系统的资源需求,包括硬件、软件、人力和其他日常支出等;

(7)制订会计电算化总体目标的分步骤实施规划,即将总体目标结合单位现有的条件,确定分步实施计划；

(8) 选择实现的途径；

(9) 确定实施计划，即最后确定当前所要建立的电算化会计系统、实现途径和具体实施计划等。

3. 编制实施计划

编制实施计划主要是根据确定的目标和会计电算化规划，确定人力、物力、财力的具体安排和工作时间表。

4. 建立电算化的会计系统

建立电算化的会计系统主要指组织人力、财力和物力的配备，是会计电算化规划与实施计划的具体落实。

5. 建立电算化后的组织与管理体系

电算化会计系统的建立仅仅是整个会计电算化工程的第一步，更重要的是如何有效地对会计部门的人、财、物等各要素进行计划、组织、协调和控制，有效地运行电算化的会计系统，使得电算化后的会计工作水平有根本性提高，会计部门参与分析、参与控制、参与管理、参与决策的职能和作用得以充分发挥。这就要求建立电算化后的组织与管理体系。电算化后会计部门的组织主要是指电算化后单位组织机构的调整，以及各项职能、职责的重新划分。电算化后会计工作的管理，一方面是指怎样更好地运行已建立的电算化会计系统和保证电算化会计系统安全、正常运行的一系列制度和控制措施；另一方面是指电算化后，会计部门如何积极参与单位的预测、决策、控制等管理活动，当好领导的参谋。在此需说明的是，电算化后会计工作的组织与管理实质上是密不可分的，组织工作是管理工作的一部分，进行的管理工作又是以组织为基础的，管理的好坏首先取决于组织的好坏。

第三节 会计电算化的组织管理

一、会计电算化的机构设置

（一）组织结构

实施会计电算化必然会对会计工作及其组织机构产生一定的影响，为了适应电算化的要求，必须探求和设置与之相适应的机构。目前，常见的组织结构形式有以下几种情况。

1. 集中管理方式

这种形式把会计电算化工作，包括管理、开发和使用维护等都放在企业计算中心，财务部不设数据处理部门，也不安装计算机设备。财务部门定期按规定向计算中心提供核算和管理所需的数据，由计算中心负责会计电算化的日常运行。在这种情况下，财务部门的组织机构一般不做大的变动，除了一些业务由计算机处理外，许多工作仍由手工来完成。这种方式有利于充分发挥计算机的作用,提高数据共享程度,避免重复开发,也有利于企业统一领导、规划和组织。但是,集中管理也有很大的缺点:第一,计算中心人员和财务人员不能很好地协作,各自不了解对方的知识和业务特点,各自偏重本部门情况,往往导致系统质量低、实用性较差等情况;第二,各部门极易产生依赖思想,认为开展电算化工作是计算中心的事,从而不能很好地配合和支持系统的实施和运行,影响会计电算化工作的正常进行。

2. 分散管理方式

在这种方式下,企业财会部门单独配备计算机等设备,并配备一定的专业人员,会计电算化工作的实施完全由财务部门负责进行,计算中心不再参与。分散管理的优点:第一,能调动财务部门的积极性;第二,能根据财务部门的实际需要,分期分批解决急需电算化的项目,并且实用性强、投资少、见效快。其缺点也是明显的:一是缺乏整体考虑,各部门都可能从各自的目标出发,不考虑相互之间的联系,数据不能共享,系统效率不高;二是各业务部门都需要配置计算机专门人员,否则影响系统实施,平时遇到的简单问题及维护工作,都不能及时处理。这种方式一般不可取。

3. 集中管理下的分散组织形式

在这种形式下,企业设立专门的机构,统一负责企业计算机应用规划工作。规划工作包括企业电算化的总体规划,管理信息系统总体设计及子系统划分,统一编码,对所用机型等作出统一安排,指导各业务部门开展电算化工作。若企业已设立计算中心,专门机构的设置就可以计算中心为主体设置。这种方式既照顾各业务部门的特点,又能统一管理组织,是目前一种较理想的组织形式。在这种方式下,实施会计电算化后,就需要调整财务部门的内部组织机构,岗位与职能都可能发生变化。

(二)岗位设置

1. 会计电算化岗位的设置

会计电算化岗位是指直接管理、操作、维护计算机及会计软件系统的岗位。会计电算化岗位的设置除要考虑会计人员工作规则外,还要受单位电算化系统模式、规模的制约,这种制约甚至是决定性的,单位采用的系统大小、复杂程度都对岗位设置产生重要影响。具体来说,比较完善的电算化会计系统应设置如下电算化岗位:

(1)系统管理员。系统管理员负责会计电算化过程中的管理及运行工作,要求具备会计和计算机知识,以及相关的会计电算化组织管理的经验,可由会计主管兼任。采用中小型计算机和计算机网络会计软件的单位,须设立此岗位。

(2)系统操作员。系统操作员要求具备会计专业知识及上机操作知识,达到会计电算化初级知识培训的水平。

(3)数据审核员。数据审核员要求具备会计和计算机知识,由具有会计师以上职称的财会人员担任。

(4)系统维护员。系统维护员负责计算机硬件、软件的正常运行。要求具备计算机和会计知识,经过会计电算化中级培训。采用大型、小型计算机和计算机网络会计软件的单位,应专门设立此岗位,由专职人员担任。

(5)会计档案管理员。会计档案管理员负责各类数据磁盘、输出的账表、凭证及其他各种会计档案资料的存档保管工作,做好磁盘、数据及资料安全保密工作。

2. 会计电算化岗位的职责

(1)系统管理员的职责。

①在会计电算化软件的运行阶段,设置本岗位权限范围内的操作口令并进行财务分工,对有关人员的操作权限进行设置和调整,负责日常的维护和管理,监督并保证本系统的正常运行,在系统发生故障时,应及时到场,并组织有关人员尽快恢复正常运行。

②帮助系统操作员熟练掌握操作技能。

③负责计算机输出的账表、凭证的数据正确性和及时性检查工作。

④检查各操作员操作的日志记载情况,对计算机开机、关机和运行情况进行检查,防止非法调用和操作。

⑤负责本系统各有关资源(硬件资源和软件资源)的调用、修改和更新的审批手续。

⑥完善企业现有管理制度,并制定岗位责任与经济责任考核制度。

⑦为保守本单位经济秘密和会计数据的安全,不得将本单位会计数据以任何形式带出本单位或对外提供。

(2)系统操作员的职责。会计电算化的系统操作员负责会计数据的录入与输出工作,能够使用会计电算化系统的部分或全部功能。系统操作员要根据会计电算化制度的要求,严格执行计算机硬件、软件的操作规程和防范计算机病毒的措施。系统操作员岗位的职责主要包括:

①负责将经过审核的原始凭证或记账凭证及时、准确地录入计算机,对于未经审核的会计凭证不得录入计算机。

②数据输出完毕,应进行自检核对工作,核对无误后交数据审核员复核。

③根据数据审核员核实过的会计数据进行记账,并打印出有关的账表。

④每天数据操作结束后,应及时做好数据备份工作。

⑤注意安全保密,各自的操作口令不得随意泄露,备份数据应妥善保管。

⑥严格按照系统操作说明进行操作。

⑦操作过程中发现问题,应记录故障情况并及时向系统管理员报告。

(3)数据审核员的职责。

①根据会计制度的要求,数据审核员负责审核原始凭证和记账凭证及输出的会计数据、账表的正确性。

②对不真实、不合法、不完整或不规范的凭证退还给各有关人员更正后,再进行审核。

③对不符合要求的凭证和账表不予签章确认。

④为保守本单位经济秘密和会计数据的安全,不得将本单位会计数据以任何形式带出本单位或对外提供。

(4)系统维护员的职责。

①负责系统的安装和调试工作。

②定期检查硬件、软件的运行情况。

③负责指导有关人员正确掌握会计软件的使用方法。

④负责系统运行中软件、硬件故障的消除工作。

⑤为保守本单位经济秘密和会计数据的安全,不得将本单位会计数据以任何形式带出本单位或对外提供。

(5)会计档案保管员的职责。

①负责本系统各类数据磁盘、系统磁盘及各类账表、凭证资料的存档保管工作。

②做好各类数据、资料、凭证的安全保密工作,不得擅自出借。

③按规定期限,向各类电算化岗位人员催交各种有关的软盘资料和账表凭证等会计档案资料。

各单位在实施会计电算化的过程中,可根据内部牵制制度的要求和本单位的工作需要,合理设置会计电算化岗位并明确各岗位的职责,以促进会计电算化事业的进一步发展。

二、会计电算化的安全管理

(一)会计电算化系统的信息安全风险

在手工操作阶段,人们已经找到并建立了完整的安全保障措施和防范办法,而实施会计电算化后,由于存储载体的变化、处理方式的变更,使会计信息的安全性受到了严峻的挑战,其安全隐患具体表现在:

(1)电脑黑客。电脑黑客是指非法侵入计算机的用户或程序(尤以网络环境为甚)。在会计工作中的电脑黑客指竞争对手和专门进行窃取商业秘密的机构或组织。他们通过捕获、查卡、消息轰炸、电子邮件轰炸、违反业务条款等方式非法侵入计算机,窃取数据或破坏数据,因此,必须要有相应的防范措施。

(2)会计软件。会计电算化的载体是会计软件。当操作人员将原始资料输入计算机后,就在软件的控制下对信息进行加工处理,从而形成各种结果。因此,会计软件本身的好坏,将直接关系到数据的真实、安全、完整和可靠。

(3)人为的舞弊行为。电算化系统的内部工作人员为了达到窃取或泄露商业秘密、非法转移资金、掩盖各种舞弊行为等非法目的,有意协助竞争对手获取和破坏会计数据,从而对会计软件、数据等进行非法篡改和删除,给单位造成严重损失。

(4)工作人员的无意行为。由于电算化系统内的工作人员素质不高或责任心不强等原因造成的数据录入错误、操作步骤失误、监控力度不够等,使会计数据录入或处理出现错误,从而导致会计信息的不真实、不可靠和不完整。

(5)计算机病毒。电脑病毒是人们熟知的名词,除了可以通过磁盘、光盘等途径进行传播外,现在又通过网络环境进行传播,在网络环境下隐蔽性更强、破坏力更大、传播速度更快。计算机病毒不仅能对会计数据进行毁灭性的破坏,还可以对正确的会计信息资料进行删除、修改,甚至破坏计算机硬件,因此对计算机病毒的防范应引起高度重视。

(二)建立和完善会计电算化系统的安全措施

1. 保证会计信息输入的准确

要保证计算机信息的安全,输入数据的准确性是关键。为保证输入数据的准确,首先,应对进入系统的数据设置相应的审批制度;其次,应对系统的每一功能模块设置操作权限和口令密码,对特别敏感的数据还应设置多级密码控制输入;第三,应建立输入操作日志,以便随时监督和检查;第四,在会计电算化软件的输入程序中应设置对输入数据进行校验的功能,如平衡关系检验、凭证类型及连续凭证号检验、科目对应关系校验、科目窜户检验等手段。当操作员由于疏忽出现错误时,系统能自动检测出错误并拒绝接受错误数据。

2. 建立健全会计电算化系统的内部控制机制

在会计电算化环境下,内部人员的恶意行为、工作人员的无意行为都可能造成会计信息的不安全。因此,应建立必要的内部控制措施。

(1)实行用户权限分级授权管理。根据会计电算化系统的业务要求,设立各个电脑操作岗位,如系统管理员、软件操作员、系统维护员、会计档案管理员等,明确岗位职责和操作权限,使每个操作人员只能在自己的操作权限范围内进行工作,保证会计电算化系统能够正常、顺利地工作,确保会计数据的安全、准确、可靠。

(2)内部控制制度的健全与更新。内部控制制度随着会计电算化替代手工会计核算方式的转变而具有新的内容。控制方式从单纯的手工控制转化为组织控制、手工控制和程序控制相结合的全面内部控制,控制的要求也更为严格、规范。因此,要求必须建立和健全电算化环境下的内部控制制度,做到有章可循,有法可依。

3. 规范会计软件市场,增加软件的限制功能

我国的立法部门应尽快出台相关法律,规范会计软件市场,避免由于行业垄断等原因造成的重复开发、强制购买等行为。会计软件本身的好坏将直接影响到会计信息的安全性,因此,在软件的选择上应选择安全系数高、投资少、见效快、维护便捷、易于应用的软件。

会计软件的修改功能在方便用户的同时,却大大增加了系统数据的不安全性。因此,必须增加软件的修改限制功能。一是对没有记账的凭证,一经修改必须进行复核,正确后予以确认;二是对已记账的凭证系统必须提供不能直接修改账目的功能,对修改过的凭证,保留修改痕迹;三是输出的财务报表的数据由系统按照用户定义的格式和数据来源格式自动生成,不提供对数据修改的功能。

4. 建立数据的保密备份制度

备份就是对计算机系统内的相关数据进行备用拷贝,一旦系统出现故障,可随时用备份恢复系统,一般情况下不予使用,因此,良好的备份制度是充分保证会计信息安全性的有效保障。但也有一些不确定的客观因素,如自然灾害、失窃等可能会造成备份的丢失,这时已难以利用备份来恢复系统。因此,对特别敏感、重要的数据应采取双备份或多备份的制度,且将每一备份存放在不同的位置,设置不同的密码,从而确保会计数据的安全可靠。

5. 建立预防病毒的安全保障措施

计算机病毒的出现,对计算机系统的安全性造成极大的危害,从而造成对软件本身的破坏直至损坏硬件。而会计电算化系统中的会计数据是会计工作中的重要记录,一旦遭到破坏,将会造成不可估量的损失,因此,对计算机病毒的防范必须提高到议事日程上来。

三、会计电算化的规章制度

在会计电算化的应用过程中,除了遵循国家有关的规章制度以外,为了保证本单位的会计电算化系统的正常运行,保证数据安全、硬件设备安全等,防止非法使用,还应该针对本单位的具体情况,制订有关的使用、管理规章制度及设备维护制度和岗位责任制等。

(一)会计电算化账务处理制度

为了加强会计核算软件的操作使用管理,确保会计核算软件的正常运行及安全,以及在会计信息处理和保存中的效用,根据财政部的有关规定,结合本单位具体情况制订本规定。

(1)财务部门应在每年年初或上年末建立新的会计年度的完整的账务文件,根据现行财务制度,动用当前在用系统的规则正确地设置全部级次的会计科目,会计年度中间可以任意追加新的会计科目,但已制单或记账的会计科目不得修改或删除(账务的修改工作由系统管理员执行)。

(2)转换会计年度时,应在新的会计年度开始后的20天内,完成结转各账户的年初手续,并保证数据检验平衡正确。年初余额在当年记账以前可以修改,当年记账以后如有调整,只能通过填制记账凭证进行。

(3)任何登记入账的经济业务都必须填制记账凭证,摘要区要规范填入,在机器上填制的记账凭证编号应当连续。当编号出现间断时,应在断号后的第一张凭证上注明间断的编号,并在打印输出的该张凭证上注明断号的原因并签字盖章。

(4)记账凭证必须经过复核人员签字后,才能根据其登记账簿。复核人员必须在屏幕上直接对机器存储的记账凭证进行复核签字,同时要对打印输出的记账凭证或代用凭单进行签字盖章。同一张记账凭证,制单和复核不能是同一个人。

(5)记账凭证在记账以前必须打印输出(记账凭证清单),没有打印输出的记账凭证不得登记入账。

(6)总账及现金账和银行账均可采用计算机打印输出的活页账装订。出纳人员根据审核人员审查并准许报销的凭证收入或付出款项。出纳人员可以不登记订本式日记账,如现金处理收支较多可根据需要自设辅助账。

单位每天必须将当日发生的现金收支数据输入计算机并据此计算出库存日报表,并在表上签字盖章。

(7)单位根据机器使用和人员分工情况以及工作需要,确定每月的记账期限。每月至少记账一次,每月月末以前应将当月所有收支及转账业务全部登记入账。至少每月核对一次总账,每季度核对一次明细账。

(8)必须将储存在机器内的账簿数据打印输出为书面账簿,会计账簿打印间隔时间不得超过一个月,平时可以只打印已满页的账簿数据,但每年年末必须将全部账簿数据打印输出。

(二)会计电算化操作管理制度

为了加强会计核算软件的操作使用管理,确保会计核算软件的正常运行及会计信息的全面、准确与安全,特制定本制度。

1.操作使用人员

操作使用人员是指有权使用会计核算软件完成职责范围内会计电算化工作的财务人员或财务部门工作人员。

根据会计电算化工作要求,财务部门配备以下操作使用人员:

(1)系统管理人员。负责所有会计核算软件数据的初始化、数据备份与恢复、系统运行错误的登记与排除工作,负责系统操作使用的组织与管理工作,分配操作使用人员的工作权限,并设置操作使用人员的保密字。

(2)数据录入员。按照操作规程录入凭证数据,并负责录入数据的正确性校验,对操作中出现的问题作详细记录并及时报告系统管理员。数据录入员无权修改原始凭证或手制凭证上的数据,不得进行凭证复核操作。出纳人员、系统维护人员不能担任数据录入员工作。

(3)数据复核员。负责对已录入计算机的凭证编号及数据的完整性、正确性审核,确保入账数据的完整与正确。

(4)数据管理人员。负责已复核数据的入账,入账后凭证、账页的打印输出工作,协助系统管理员定期做好数据的备份工作,负责程序磁盘、备份数据磁盘、存档数据磁盘、输出凭证、账页及其他资料的保管工作,做好软件数据及资料的安全保密工作。

(5)系统维护人员。负责对会计电算化硬件和软件的检查及运行故障处理工作,以保障会计电算化工作的正常运行。

2.操作使用人员的操作权限

(1)系统管理员必须根据财务软件的特点和本单位会计核算要求,建立本单位会计电算体系与核算方式。会计科目的设置必须符合会计制度与单位核算、管理的要求。报表格式必须符合上级主管部门和财政主管部门的要求。

(2)数据录入员进行数据录入操作时应严格按照凭证内容输入数据,不得擅自修改凭证数据,如发现凭证数据错误应立即通知凭证编制人员或系统管理人员,并根据修正后的凭证修改录入的数据。数据录入员除可以进行数据录入操作外,还可以进行数据查询工作,但不得进行数据复核操作,复核人员也不能进行数据录入操作。复核时发现凭证录入错误,必须通知数据录入员进行修改,复核人员不得进行已录入数据的修改操作,需待数据录入员修正录入数据后再进行复核签字操作。

(3)系统维护人员除实施数据维护外,一般情况下不允许随意打开系统数据库进行操作。实施维护时不准许修改数据库结构。其他操作人员一律不允许实施数据库操作。

(4)用于会计电算化的硬件和会计软件,只有操作人员才能上机操作使用,其他人员一律不允许上机。操作人员必须经过培训并经系统管理员认可合格后方可上机。

(5)操作使用人员上机操作前后必须填写"上机操作登记簿",如实填写操作人员姓名、上机时间、操作内容、下机时间、操作期间系统运行情况等。操作人员的保密字必须牢记,并注意要安全保密,如果出现问题,操作人员和系统管理人员有不可推卸的责任。

(6)出纳员、维护人员和程序人员均不准实施数据录入操作。

(7)备份数据磁盘和存档数据磁盘、账页、凭证、报表及其他资料由数据管理人员按规定统一复制、核对、存放和保管。

3. 会计凭证的审核与管理

会计凭证是计算机处理会计核算业务的依据。必须保证入账前录入计算机的会计凭证准确、可靠,因此应从以下几个方面严格把关。

(1)业务凭证的审核。财务部门收到业务人员编制的业务凭证后,首先由会计人员审核业务发生的真实性和准确性,确认无误后再审查业务凭证有无业务负责人、业务主管的签章,如确认无误,则依此手工编制记账凭证。

(2)手制记账凭证的审核。制单人手工编制完的记账凭证必须交稽核人员审核后才能交数据录入员录入。稽核人员必须认真审核凭证摘要的规范性、清晰性,凭证分录和数据的合法性、准确性。审核无误后再检查凭证科目的平衡关系,最后审查制单人员是否签字。

(3)机制凭证的复核。数据录入员录入凭证数据后,由数据复核人员对录入的凭证进行复查,确保与手工凭证的一致性,复核人员复核无误后签字。

(4)复核后的凭证必须打印输出,并经有关人员(如稽核员、制单人员、出纳、数据录入员、数据复核人员、会计主管等)确认签字后方可进行记账操作。

(三)会计电算化硬件设备维护管理制度

为了保障会计电算化硬件设备的正常运行,加强会计电算化硬件设备的管理,可制定会计电算化硬件设备维护管理制度。

1. 硬件设备配置情况

会计电算化硬件设备是指专门用于或主要用于会计电算化的计算机及其配套设备,包括计算机主机、显示器和打印机等。

为了确保会计电算化工作的正常进行,财务部门配备一台计算机和一台打印机。这些计算机设备专门用于会计电算化工作,其他部门不得任意使用或占用。

2. 硬件设备的维护与管理

(1)硬件设备的管理。会计电算化专用硬件设备由财务部门统一管理和使用,其他部门一般情况下不得使用财务硬件设备,确实需要使用时必须经财务部门有关负责人批准,并确认不影响会计电算化的正常工作。操作使用硬件时必须进行操作登记,并在上机登记表上注明批准人姓名和批准时间。

为使会计电算化设备有一个良好的运行环境,财务部门应设专门机房,机房内应保持良好的卫生环境。

会计电算化硬件设备专门用于运行账务处理系统、报表处理系统和其他会计事务处理。任何人员不得将其用于游戏、个人文字处理,不得用于对外服务。

为了保证计算机不受病毒干扰,所有磁盘必须先进行病毒检测和消除病毒操作才能进行其他操作。

(2)硬件设备的维护。硬件设备的维护是对计算机硬件进行检测、功能修复及零部件配置工作。

会计电算化硬件设备的检测工作由系统维护人员负责进行,一般每周末全面检查一次,并做好检查记录。

3. 安全与保护

(1)财务部门必须加强会计电算化安全与保护工作。

(2)计算机和打印机除每周一次全面检查外,应定期清洗计算机和打印机上的脏物。

(3)为了保障计算机安全正常运行,机房应安装空调设备以保持适当温度。机房内不准吸烟,杜绝一切火源。为防止意外事故的发生,机房内应配备灭火设备。

(4)机房内的一切电器设备必须经过用电管理部门同意后才能安装,需注意以下几点:

①机房内只能有一个电源总闸开关,该总闸开关由专业电工安装,财务部门必须指定专人操作。

②工作中突然停电时必须立即关掉总闸开关及所有电器设备。

③操作人员离开机房时应关闭自己使用设备的电源,下班时必须关闭机房内电源总闸。

④硬件设备的启用必须按照以下顺序:首先开总闸开关,其次开 UPS 电源设备,接着开打印机,然后开显示器,最后开计算机主机。

(四)会计电算化软件维护管理制度

为了保障会计软件的正常运行,加强会计软件的管理,可制定会计电算化软件维护管理制度。

1. 会计软件配置情况

会计核算软件是指用于完成会计业务处理的软件及其有关资料。

按照分步实施的方针,财务部门应先后配备通用账务处理软件、通用报表软件、通用工资管理软件和固定资产软件四个商品化软件。上述软件已通过了国家财政部评审。

2. 会计软件的维护与管理

(1)会计软件的维护是指保证会计软件原设计功能的正常实现所能实施的程序修正、会计软件参数调整和会计数据的更正与恢复等工作。程序修正和会计软件参数的调整一般由软件公司实施,会计数据的更正与恢复一般由系统维护人员负责,其他操作人员一律不得进行维护操作。维护人员实施数据更正与恢复必须做好详细记录。

(2)程序修正与会计软件数据调整手续如下:

①操作使用人员在实际工作中发现财务软件的原设计功能未正常实现(如套打控制不准确)时,立即作详细记录后报告系统管理员。

②系统管理员对软件公司提出程序修正和会计软件参数调整要求。

③财务部门在收到软件公司修正程序或调整参数后的正确软件时,应由系统管理员进行安装和运行,测试后才能交操作使用人员运行使用。

(3)会计数据的修正与恢复。

①会计数据的修正与恢复操作必须由系统维护人员或软件公司专业维护人员负责,其他操作人员均不得进行维护操作。

②由于凭证填制或录入错误而导致会计账簿数据的错误,只能通过凭证更正方法进行数据的修正,不得通过维护操作给予修正。

③仅在以下几种情况时维护人员能实施数据修正操作:第一,未录入年初余额或年初余额未平但已经记账;第二,记账时中断;第三,错误操作引起的数据错误。

④一般情况下不允许实施数据恢复操作,只有当硬盘数据已被破坏,并且无法修正或更换硬件设备时,才能实施数据恢复操作。

⑤数据修正与恢复的程序如下:首先,系统管理员对维护人员提出数据修改和恢复要求;然后,系统维护人员在系统管理员或会计主管人员的指导下修正或恢复会计数据;最后,系统管理员检查修正或恢复后的数据,确定准确无误后通知操作使用人员。

(4)会计软件的管理。

①财务部门在获得会计软件后必须做好多套磁盘备份,并分别存放在档案室、机房和财务人员办公室的专用铁柜内,存放在档案室的备份软件由档案管理员管理,存放在其他两处的备份软件由数据管理员统一保管。

②用于操作的会计软件必须安装在计算机硬盘中,一般情况下不得重新安装。

3. 安全与保护

①财务部门必须加强会计软件、会计数据的安全与保护工作。

②操作人员运行的会计软件必须是经过编译的程序,会计数据文件存放的子目录必须设有密码。

③应根据软件提供的功能和工作需要设置操作人员的操作权限和密码,操作人员必须对自己的操作密码严格保密,不得泄露。

（五）会计电算化档案管理制度

为了加强会计档案管理,确保会计档案的安全,特制定本规定。

(1)单位应根据账簿数据准确编制或由机器正确生成会计报表,报表格式由会计主管部门统一设计或认可。

(2)报表的编制要求做到数据真实、计算正确、内容完整、手续齐备,做到账证、账表、表表之间钩稽严密,有所属单位应将所属单位的报表数据输入机器进行汇总,并将本单位报表、所属单位报表和汇总表一并报出。书面报表必须由分管财务的领导、会计主管和制表人签名盖章。

(3)单位的会计档案包括存储在磁盘(硬盘和U盘)中的会计文件和以书面形式存放的会计凭证、会计账簿和会计报表。

存储在磁盘中的会计文件必须按规定及时打印输出书面形式,未打印之前不得删除。

由机器打印输出的会计档案发生缺损时,必须补充打印,并由操作使用人员在打印输出的页面上签字或盖章注明,由系统管理员签字盖章认可。

磁盘形式的会计档案保管期限必须在两年以上,其中会计科目和总账数据(包括年度和月度汇总数据)必须永久保存,明细账、记账凭证及其他数据资料在两年后可根据需要决定继续保存或销毁。

(4)必须经常对硬盘中的会计数据建立磁盘备份。备份是通过对硬盘的会计数据建立软盘副本来实现信息存储的,每月备份不得少于一次。不得直接对硬盘中的会计数据和作为正式档案的备份磁盘上的会计数据进行任何非法操作。如果要对磁盘会计数据进行加工,必须使用备份磁盘的副本,不得删改硬盘和备份磁盘的数据。恢复系统数据必须使用最新的正式备份。

(5)必须妥善保管好会计数据的备份磁盘,备份磁盘应贴上写保护标签并用印章或封条签封,或由专人保管。备份磁盘应装在保护封套和包装盒中,存放在安全、洁净、防热、防潮、防磁的场所,并定期进行转存。硬盘和正式备份磁盘不得随便乱放和外借。

(6)会计数据的备份磁盘及自行开发原程序的备份分别存放在三个以上地点,应根据数据量和硬盘空间的大小情况,每隔一定时期(如半年或一年以上)清理一次硬盘,删除硬盘中以前年度的会计数据,以利于提高机器的利用率和运行速度,没有做过备份的硬盘数据不得清理删除(三个存放地点分别为机房、档案室、财务室)。

(7)磁盘会计档案的管理工作,包括数据备份、数据恢复和硬盘清理等,由系统管理员专职执行并对磁盘会计档案的安全和正确负责。

（六）计算机上机操作记录制度

《会计核算软件管理的几项规定》(试行)中对会计核算软件的使用单位有明确要求,即要有必要的上机操作制度。为了更好地完成系统维护的任务,了解故障发生的原因、地点、时间以及如何处理和处理结果等情况,并作为下一阶段合理调整机时分配的依据,严格财务微机管理制度,现规定如下:

(1)计算机操作人员必须登记当天所有上机操作情况,要求填写日期、操作员姓名、操作内容、运行时间和运行情况。

(2)若操作过程中没有问题,则在运行情况及备注栏填写运行正常字样;若有问题发生,则应及时登记记录并向系统管理员报告。

(3)不得进行未作登记记录的任何软硬件维护工作。

(4)系统管理员在维护过程中发现的异常现象和处理方法、处理结果都应有所记载,对于重大运行故障,除按规定登记外还需另行填写故障报告单。

(5)操作记录每月装订成册,日常由档案管理人员妥善保管,年终整理归档。

(6)要真实完整地填写操作记录,发生问题不登记者,按经济责任制有关条款处理。

以上规定由系统管理员监督执行,请所有操作及维护人员遵照执行。

本章小结

本章从会计电算化的几个基本概念入手,介绍了会计电算化工作的发展历程及其发展趋势,阐述了会计电算化对会计工作发展的积极意义,对经济和科技发展带来的重大影响,详细叙述了企业实施会计电算化的过程与需要注意的事项。最后对企业开展会计电算化的组织机构设置、岗位职责分工、安全管理及相关规章制度进行了介绍。

Chapter 2 第二章

会计软件基本理论

【学习要点及目标】

会计软件是会计电算化工作一个重要构成要素。在本章中要求重点掌握会计软件在 ERP 系统中的地位及作用;掌握会计软件的相关基本理论,包括会计软件的概念、发展历程和各种分类,典型会计软件的安装方法;了解 ERP 与会计软件的关系。

第一节 会计软件概述

一、会计软件的概念

会计软件是指专门用于完成财务会计工作的计算机应用软件,包括程序代码和有关的文档技术资料。会计软件是现代信息技术(包括感测技术、计算机技术和通信技术)与财务管理、会计核算工作相结合的产物。它用于配合计算机完成会计核算和财务管理工作,如日常核算、会计报表编制、本量利分析、筹资决策、投资决策以及股利分配决策等工作。目前,有关会计软件的称谓并不完全统一,在有些教材和实际经济生活中,也称"财务软件""会计核算软件""会计软件系统""财务软件系统"。其实,这些称谓并无实质性区别,只是按照财政部《会计电算化管理办法》的规定和大部分财会人员的工作习惯,人们一般将其称为"会计软件"。

会计软件以会计理论和会计方法为核心,以会计制度为依据,以计算机及其应用为技术基础,以会计数据为处理对象,以向会计核算、财务管理和企业经营管理提供信息资料为目标,将计算机技术应用于会计管理工作,属于计算机应用软件的范畴。

二、会计软件的发展

自 1992 年以来,中国会计软件的发展经历了五个阶段:

(1)第一代"单项处理型会计软件"系统是以简单核算为主,其目的主要是替代手工会计核算,减轻会计人员的劳动强度,提高会计信息的质量。应用操作也只是为了满足财务人员日常的凭证录入、记账和相关的报表填报工作,属于低水平的财务软件。

(2)第二代"核算型会计软件"出现时,会计电算化已经在国内普及并迅速发展。第二代财务软件较之第一代财务软件,在核算的基础上加重了财务分支管理要素在系统整体中的比重,使财务工作从简单核算升级到以管理为目的、核算为手段的过渡阶段,其初衷在于提高企业管理水平与经济效益。

(3)第三代"管理型会计软件"以财务管理为核心,融合了财务预算、财务分析、财务决策、领导查询等决策分析型的组合应用,实现了集团型、跨地域型企业的各种远程控制(如远程记账、远程报表、远程查账、远程审计、远程监控等)和事中动态会计核算与在线财务管理,能够处理电子单据和进行电子货币结算的一种全新的财务管理模式,成为电子商务发展的一个重要组成部分。

(4)第四代"业务整合型会计软件"在中国切实落地,虽然将财务与业务两者融会贯通,合二为一,但仍然没能实现与税务的对接。然而,随着国家金税工程的深入开展,税务信息化已经发展得非常成熟。同样,财务软件进入第四代也从理论到实践得到日臻完善。

(5)第五代"财税协同型财务管理软件"的内容应涉及企业经营的全部流程,在应用需求和应用水平上都呈现出质的飞跃。其核心不再是单纯的软件开发技术,而是融合于产品之中的管理理念和管理思想,由管理技术与软件技术共同构筑产品核心竞争力。同时,产品的竞争力还应该体现在产品的稳定性、易用性、可扩展性和良好的兼容性等方面。

三、会计软件的分类

1. 按照会计信息系统的服务层次和提供信息的深入程度分类

(1)会计核算软件。会计核算软件一般指计算机代替手工记账、登账和报账的过程。主要包括财务处理软件、工资核算软件和材料核算软件等。

会计核算软件是指专门用于会计核算工作的计算机应用软件,包括采用各种计算机语言编制的用于会计核算工作的计算机程序。它由一系列指挥计算机执行会计核算工作的程序代码和有关的文档技术资料组成。凡是具备相对独立完成会计数据输入、处理和输出功能模块的软件,如账务处理、固定资产核算、工资核算软件等均可视为会计核算软件。

一般而言,会计核算软件系统的编制在分析手工会计核算的基本功能、基本工作流程、基本操作方法和规则基础之上,通过系统分析、系统设计会计核算系统各功能模块的结构,再使用计算机语言和数据库系统,将系统设计的逻辑模型编写成程序,最终形成会计核算软件。借助于会计核算软件,用户可以充分运用计算机强大的运算、存储和逻辑判断功能,对会计原始数据进行加工、储存和处理,并输出各种有用的会计信息资料。会计电算化工作因此变成会计数据的"输入—处理—输出"这样一个简单的工作流程,即输入会计数据,借助会计核算软件对会计数据进行处理,再输出会计信息,从而最终实现会计数据处理的自动化,同时大大提高了会计数据处理的速度和精度。

在大型企业中使用的 ERP 软件中,用于处理会计核算数据部分的功能模块也属于会计核算软件的范畴。

(2)会计管理软件。会计管理软件主要有资金管理软件、成本管理软件、收入及利润管理软件。

管理型会计软件应该是一种以现代化计算机技术和信息处理技术为手段,以管理会计的模型为基本方法,以核算型会计软件提供的数据为主要数据,从价值和使用价值的角度为企业管理中的结构化、半结构化、非结构化的问题提供信息支持,帮助企业管理者制定正确的科学的经营决策的人机系统。

经过多年来的开发与使用,管理型财务软件已经为财务软件业界大多数人所接受。根据人们对财务软件发展及其功能的需求,笔者认为管理型财务软件应用需具备如下特征:

①管理型财务软件应具备完善的核算功能。核算是管理的基础,管理型软件只有利用会计数据的核算结果,才能对其进一步处理,产生企业所需的管理信息。所以,管理型财务软件必须包含核算型软件的账务处理、工资、成本、销售、固定资产、报表等子系统,它建立在核算型财务软件基础之上。

②管理型财务软件应具备预测、管理的功能。对于管理型财务软件,用户不仅需要它有完整、全面的事后核算,更需要财务软件能够对经济活动进行事前的分析、预测以及事中的调整与控制。为了让用户高效、方便地使用软件,必须通过系统集成技术,把综合化的多功能系统组合起来,形成一个功能强大的管理型会计信息系统。

③管理型财务软件应是企业管理信息系统的组成部分。管理型财务软件为用户提供的是企业综合、全面的管理信息,如果只依靠财务部门是远远不够的,需要企业的生产、销售、采购等部门与管理型财务软件建立紧密的接口,及时、准确地将数据传递给会计系统,从而建立起以管理型财务软件为核心的企业管理信息系统。

(3)会计决策软件。会计决策软件用于帮助会计问题的决策者制定科学的经营决策和预测工作,主要包括量本利分析软件、利润决策软件和投资决策软件。

2. 按照会计信息共享程度分类

(1)单用户会计软件。单用户会计软件是指会计软件只装在一台或几台机器上,计算机之间单独运行,生成的数据只存储于各自计算机中,计算机之间不能进行数据交换和共享。

(2)多用户(网络)会计软件。多用户(网络)会计软件是指将会计核算软件安装在一个多用户系统的主机(或计算机网络的服务器)上,各个终端可以同时运行该软件,并且各个终端上的会计操作人员可以同时共享会计信息。

3. 根据会计软件不同的适用范围和通用性水平分类

（1）专用会计软件。定点开发的会计软件，也称单位专用会计软件，是指仅适用于个别单位会计业务的会计软件。如企业针对自身会计核算和管理的特点与要求而研制开发的会计软件。

定点开发会计软件的特点是把适合使用单位特点的会计规则与管理方法编入会计软件，如将会计科目、报表格式、工资项目、固定资产项目、计算方法等在程序中固定。其优点是比较适合使用单位的具体情况，针对性强，使用方便。其缺点是受空间和时间上的限制，只能在个别单位和一定时期内使用，灵活性较差。

按软件开发者的主体不同，定点开发会计软件又可划分为本单位自行开发的会计软件、委托其他单位开发的会计软件和其他单位联合开发的会计软件三种类型。

（2）通用会计软件。通用会计软件一般是指由专业软件公司研制，公开在市场上销售，能适应不同行业、不同单位会计与管理基本需要的会计软件。目前，我国的通用会计软件以商品化软件为主。例如，用友U8系列、金蝶K3系列的通用企业会计软件可适用于工业、商品流通、交通运输、农业、外资、股份制等各种类型的企业。如按适用范围划分，通用会计软件又可分为全国通用的会计软件和行业通用的会计软件。

为了体现"通用"的特点，通用会计软件一般都设置"初始化"模块，用户在首次使用通用会计软件时，必须首先使用该模块，对本单位的所有会计核算规则进行初始化设置，从而把通用会计核算软件转化为一个适合本单位核算情况的专用会计软件。所以，在会计电算化工作中，为了使通用会计软件专用化，通常把输入单位会计规则的工作称为"系统初始化"，如账务处理系统初始化、报表处理系统初始化、工资核算系统初始化、固定资产核算系统初始化等。

在理论上，通用会计软件可以解决软件的适用性问题，具有优越性和科学性，但在实际工作中，通用会计软件在以下几方面也存在着明显的不足：

①软件越通用，系统初始化的工作量越大。

②软件越通用，计算机资源浪费越严重。

③软件越通用，一些用户的会计核算工作的细节就越容易被忽视，有些过程的使用和结果未必能完全满足用户的需要。

在这种情况下，市场上出现了许多适应本行业和本地区特点的通用会计软件，这些软件在特定范围内也具有非常强的通用性。

第二节 ERP 与会计软件

一、ERP 的含义及其发展

ERP——企业资源规划(Enterprise Resources Planning)系统是在先进的企业管理思想的基础上,应用信息技术实现对整个企业资源的一体化管理。ERP 是一种可以提供跨地区、跨部门甚至跨公司整合实时信息的企业管理信息系统。它在企业资源最优化配置的前提下,整合企业内部主要或所有的经营活动,包括财务会计、管理会计、生产计划及管理、物料管理、销售与分销等主要功能模块,以达到效率化经营的目标。

1. ERP 产生的背景

20 世纪,信息技术得到了突飞猛进的发展,企业开始利用信息技术建立管理信息系统。同时,信息技术的发展也极大地促进了管理思想的发展。现代企业的管理模式对信息技术的依赖程度不断加深,由最初的记录数据、查询和汇总,发展到今天的全球性企业管理信息系统。其发展过程大致可以划分为以下几个阶段:

第一阶段:MRP,产生于 20 世纪 60 年代,它主要用于采购管理和库存控制。其主要功能是利用物料清单、库存数据和主生产计划计算物料的需求。

第二阶段:闭环 MRP,产生于 20 世纪 70 年代,在 MRP 的基础上,集成了粗能力计划、能力需求计划、生产和采购,形成反馈,构成封闭的循环。

第三阶段:MRPⅡ,产生于 20 世纪 80 年代,在闭环 MRP 的基础上,集成了财务、供销链管理和制造,构成了完整的企业管理流程。

第四阶段:ERP,产生于 20 世纪 90 年代初,在 MRPⅡ 的基础上,采用了更先进的 IT 技术,如 Internet 网络技术、图形界面、第四代计算机语言、关系型数据库、客户机服务器型分布式数据库处理、开放系统和简化集成等。在功能方面,ERP 的功能更强大,能够支持多种制造类型和混合制造,集成更多的功能模块包括供应链,ERP 集成了整个供应、制造和销售过程,并将系统延伸到供应商和客户。同时,系统集成功能更强,能够支持企业的全球运作。随着 ERP 作为企业管理工具功能的不断加强,其应用领域也扩展到金融、通信、零售和高科技等第三产业。

2. ERP 系统的管理思想

ERP 的核心思想是实现对整个供应链的有效管理,主要体现在三个方面:

(1)对整个供应链进行管理。现代企业要在市场上获得竞争优势,仅仅依靠自身的资源是不够的,必须把经营过程中的有关各方,如供应商、制造商、分销网络、客户等纳入一个紧密的供应链中。竞争已不再是一个单一企业与其他单一企业之间的竞争,而是一个企业供应链与其他企业供应链之间的竞争。

（2）进行精益生产和敏捷制造。精益生产（Lean Production）是指基于供应链的伙伴关系进行生产；敏捷制造（Agile Manufacturing）是指利用企业的基本供应链和短期供应链，时刻保持产品的高质量、多样化和灵活性。

（3）强调事先计划与事中控制。ERP计划体系基于整个供应链制订生产、物流、财务、人力资源等各方面计划，同时ERP在事务处理的同时生成记录，便于实现事中控制和实时决策。

3. ERP的本质

ERP系统是综合了企业管理理念、业务流程、基础数据、人力物力、计算机软硬件于一体的企业资源管理系统。它的核心是面向供应链的管理思想，它的载体是综合应用了客户机/服务器体系、关系型数据库结构、面向对象技术、网络通信等信息技术，按照ERP管理思想设计的软件产品。

二、ERP的作用

（1）提供集成的信息系统，实现业务数据和资料共享。

（2）理顺和规范业务流程，消除业务处理过程中的重复劳动，实现业务处理的标准化和规范化，提供数据集成，业务处理的随意性被系统禁止，使得企业管理的基础工作得到加强，工作的质量进一步得到保证。

（3）由于数据的处理由系统自动完成，准确性与及时性大大提高，分析手段更加规范和多样。这样不但减轻了工作人员工作强度，还将企业管理者从烦琐的事务处理中解放出来，有更多的时间研究业务过程中存在的问题，研究并运用现代管理方法改进管理，促进现代管理方法在企业中的广泛应用。

（4）加强内部控制。在工作控制方面能够做到分工明确，适时控制，对每一环节所存在的问题都可以随时反映出来，系统可以提供绩效评定所需要的数据。

（5）通过系统的应用自动协调各部门的业务，使企业的资源得到统一规划和运用，降低库存，加快资金周转的速度，将各部门联合起来形成一个富有团队精神的整体，协调运作。

（6）帮助决策。公司的决策层能适时得到企业动态的经营数据和ERP系统的模拟功能来协助进行正确的决策。

三、ERP的主要功能模块

由于各个ERP厂商的产品风格与侧重点不尽相同，因而其ERP产品的模块结构也相差较大。对于初次了解ERP的读者来说，有时可能会觉得弄不清到底哪个才是真正的ERP系统。所以，在这里，撇开实际的产品，从企业的角度来简单描述一下ERP系统的功能结构，即ERP能够为企业做什么，它的模块功能到底包含哪些内容。

ERP是将企业所有资源进行整合集成管理，简单地说，是将企业的三大流——物流、资金流、信息流进行全面一体化管理的管理信息系统。它的功能模块不同于以往的MRP或MRP II

的模块,它不仅可用于生产企业的管理,而且在许多其他类型的企业,如一些非生产、公益事业的企业,也可导入ERP系统进行资源计划和管理。这里将仍然以典型的生产企业为例介绍ERP的功能模块。

在企业中,一般的管理主要包括三方面的内容:生产控制(计划、制造)、物流管理(分销、采购、库存管理)和财务管理(会计核算、财务管理)。这三大系统本身就是集成体,它们互相之间有相应的接口,能够很好地整合在一起对企业进行管理。另外,要特别一提的是,随着企业对人力资源管理重视的加强,已经有越来越多的ERP厂商将人力资源管理纳入了ERP系统,形成了它的一个重要组成部分。

(一)财务管理模块

企业中,清晰分明的财务管理是极其重要的。所以,在ERP整个方案中它是不可或缺的一部分。ERP中的财务模块与一般的财务软件不同,作为ERP系统中的一部分,它和系统的其他模块有相应的接口,能够相互集成。比如,它可将由生产活动、采购活动输入的信息自动计入财务模块生成总账、会计报表,取消输入凭证烦琐的过程,几乎完全替代以往传统的手工操作。一般的ERP软件的财务部分分为会计核算与财务管理两部分。

1. 会计核算

会计核算主要是记录、核算、反映和分析资金在企业经济活动中的变动过程及其结果。它由总账、应收账、应付账、现金管理、固定资产核算、多币制等模块构成。

(1)总账模块。总账模块的功能是处理记账凭证输入、登记,输出日记账、一般明细账及总分类账,编制主要会计报表。它是整个会计核算的核心,应收账、应付账、固定资产核算、现金管理、工资核算、多币制等各模块都以其为中心来互相传递信息。

(2)应收账模块。应收账模块是指企业应收的由于商品赊欠而产生的正常客户欠款账。它包括发票管理、客户管理、付款管理、账龄分析等功能。它和客户订单、发票处理业务相联系,同时将各项事件自动生成记账凭证,导入总账。

(3)应付账模块。会计里的应付账是企业应付购货款等账,它包括了发票管理、供应商管理、支票管理、账龄分析等。它能够和采购模块、库存模块完全集成以替代过去烦琐的手工操作。

(4)现金管理模块。它主要是对现金流入流出的控制以及零用现金及银行存款的核算。它包括了对硬币、纸币、支票、汇票和银行存款的管理。ERP提供了票据维护、票据打印、付款维护、银行清单打印、付款查询、银行查询和支票查询等和现金有关的功能。此外,它还和应收账、应付账、总账等模块集成,自动产生凭证,过入总账。

(5)固定资产核算模块。固定资产核算模块完成对固定资产的增减变动以及折旧有关基金计提和分配的核算工作。它能够帮助管理者对固定资产的现状有所了解,并能通过该模块提供的各种方法来管理资产,以及进行相应的会计处理。它的具体功能有:登录固定资产卡片和明细账,计算折旧,编制报表,以及自动编制转账凭证,并转入总账。它和应付账、成本、总账模块集成。

(6) 多币制模块。多币制模块是为了适应当今企业的国际化经营,对外币结算业务的要求增多而产生的。多币制将企业整个财务系统的各项功能以各种币制来表示和结算,且客户订单、库存管理及采购管理等也能使用多币制进行交易管理。多币制和应收账、应付账、总账、客户订单、采购等各模块都有接口,可自动生成所需数据。

(7) 工资核算模块。工资核算模块自动进行企业员工的工资结算、分配、核算以及各项相关经费的计提。它能够登录工资、打印工资清单及各类汇总报表,计算计提各项与工资有关的费用,自动做出凭证,导入总账。这一模块和总账、成本模块集成。

(8) 成本模块。成本模块将依据产品结构、工作中心、工序、采购等信息进行产品的各种成本的计算,以便进行成本分析和规划,还能用标准成本或平均成本法按地点维护成本。

2. 财务管理

财务管理的功能主要是基于会计核算的数据,再加以分析,从而进行相应的预测、管理和控制活动。它侧重于财务计划、分析和预测。

①财务计划。根据前期财务分析做出下期的财务计划、预算等。

②财务分析。财务分析提供查询功能和通过用户定义的差异数据的图形显示进行财务绩效评估、账户分析等。

③财务决策。财务决策是财务管理的核心部分,中心内容是作出有关资金的决策,包括资金筹集、投放及资金管理。

(二)生产控制管理模块

这一部分是 ERP 系统的核心所在,它将企业的整个生产过程有机地结合在一起,使得企业能够有效地降低库存,提高效率。同时,各个原本分散的生产流程的自动连接,也使得生产流程能够前后连贯地进行,而不会出现生产脱节,耽误生产交货时间。

生产控制管理是以计划为导向的先进的生产、管理方法。首先,企业确定它的一个总生产计划,再经过系统层层细分后,下达到各部门去执行,即生产部门以此生产,采购部门按此采购,等等。

1. 主生产计划

主生产计划是根据生产计划、预测和客户订单的输入来安排将来的各周期中提供的产品种类和数量,它将生产计划转为产品计划,在平衡了物料和能力的需要后,精确到时间、数量的详细的进度计划。它是企业在一段时期内的总活动的安排,是一个稳定的计划,是以生产计划、实际订单和对历史销售分析得来的预测产生的。

2. 物料需求计划

物料需求计划是在主生产计划决定生产多少最终产品后,再根据物料清单,把整个企业要生产的产品的数量转变为所需生产的零部件的数量,并对照现有的库存量,可得到还需加工多少、采购多少的最终数量。这才是整个部门真正依照的计划。

3. 能力需求计划

能力需求计划是在得出初步的物料需求计划之后,将所有工作中心的总工作负荷,在与工作中心的能力平衡后产生的详细工作计划,用以确定生成的物料需求计划是不是企业生产能力上可行的需求计划。它是一种短期的、实际应用的计划。

4. 车间控制

车间控制是随时间变化的动态作业计划,是将作业具体分配到各个车间,再进行作业排序、作业管理和作业监控。

5. 制造标准

在编制计划中需要许多基本生产信息,这些基本信息就是制造标准,包括零件、产品结构、工序和工作中心,都用唯一的代码在计算机中识别。

①零件代码,对物料资源的管理,对每种物料给予唯一的代码识别。

②物料清单,定义产品结构的技术文件,用来编制各种计划。

③工序,描述加工步骤及制造和装配产品的操作顺序。它包含加工工序顺序,指明各道工序的加工设备及所需要的额定工时和工资等级等。

④工作中心,由相同或相似工序的设备和劳动力组成,是从事生产进度安排、核算能力、计算成本的基本单位。

(三) 物流管理

1. 分销管理

分销管理是从产品的销售计划开始,对其销售产品、销售地区、销售客户各种信息的管理和统计,并可对销售数量、金额、利润、绩效、客户服务作出全面的分析。分销管理模块大致有三个功能。

(1) 对于客户信息的管理和服务。它能建立一个客户信息档案,对其进行分类管理,进而对其进行针对性的客户服务,以达到最高效率地保留老客户、争取新客户。在这里,要特别提到的就是新出现的 CRM 软件,即客户关系管理,ERP 与它的结合必将大大增加企业的效益。

(2) 对于销售订单的管理。ERP 销售订单是 ERP 的入口,所有的生产计划都是根据它下达并进行排产的。而销售订单的管理贯穿了产品生产的整个流程。它包括:

①客户信用审核及查询(客户信用分级,审核订单交易)。

②产品库存查询(决定是否要延期交货、分批发货或用代用品发货等)。

③产品报价(为客户做不同产品的报价)。

④订单输入、变更及跟踪(订单输入后,变更的修正及订单的跟踪分析)。

⑤交货期的确认及交货处理(决定交货期和发货事物安排)。

(3) 对于销售的统计与分析。系统根据销售订单的完成情况,依据各种指标作出统计,如客户分类统计、销售代理分类统计等,然后将这些统计结果来对企业实际销售效果进行评价:

①销售统计。根据销售形式、产品、代理商、地区、销售人员、金额、数量来分别进行统计。

②销售分析。包括对比目标、同期比较和订货发货分析,从数量、金额、利润及绩效等方面作相应的分析。

③客户服务。客户投诉记录、原因分析。

2. 库存控制

库存控制用来控制存储物料的数量,以保证稳定的物流支持和正常的生产,但又最小限度地占用资本。它是一种相关的、动态的、真实的库存控制系统。它能够结合、满足相关部门的需求,随时间变化动态地调整库存,精确地反映库存现状。这一系统的功能又涉及以下内容:

①为所有的物料建立库存,决定何时订货采购,同时作为采购部门采购、生产部门制订生产计划的依据。

②收到订购物料,经过质量检验入库,生产的产品也同样要经过检验入库。

③收发料的日常业务处理工作。

3. 采购管理

确定合理的定货量、优秀的供应商和保持最佳的安全储备。能够随时提供定购、验收的信息,跟踪和催促对外购或委外加工的物料,保证货物及时到达。建立供应商的档案,用最新的成本信息来调整库存的成本。具体包括以下内容:

①供应商信息查询。如查询供应商的能力、信誉等。

②催货。对外购或委外加工的物料进行跟催。

③采购与委外加工统计。统计、建立档案,计算成本。

④价格分析。对原料价格分析,调整库存成本。

(四)人力资源管理模块

以往的 ERP 系统基本上都是以生产制造及销售过程(供应链)为中心的。因此,长期以来一直把与制造资源有关的资源作为企业的核心资源来进行管理。企业内部的人力资源越来越受到企业的关注,被视为企业的资源之本。在这种情况下,人力资源管理作为一个独立的模块,被加入到 ERP 系统中来,和 ERP 中的财务、生产系统组成了一个高效的、具有高度集成性的企业资源系统。它与传统方式下的人事管理有着根本的不同。

1. 人力资源规划的辅助决策

(1)对于企业人员、组织结构编制的多种方案,进行模拟比较和运行分析,并辅之以图形的直观评估,辅助管理者作出最终决策。

(2)制订职务模型,包括职位要求、升迁路径和培训计划,根据担任该职位员工的资格和条件,系统会提出针对本员工的一系列培训建议,一旦机构改组或职位变动,系统会提出一系列的职位变动或升迁建议。

(3)进行人员成本分析,可以对过去、现在、将来的人员成本作出分析及预测,并通过 ERP 集成环境,为企业成本分析提供依据。

2. 招聘管理

人才是企业最重要的资源,只有优秀的人才才能保证企业持久的竞争力。招聘系统一般从以下几个方面提供支持:

(1)进行招聘过程的管理,优化招聘过程,减少业务工作量。

(2)对招聘的成本进行科学管理,从而降低招聘成本。

(3)为选择聘用人员的岗位提供辅助信息,并有效地帮助企业进行人才资源的挖掘。

3. 工资核算

(1)能根据公司跨地区、跨部门、跨工种的不同薪资结构及处理流程制订与之相适应的薪资核算方法。

(2)与时间管理直接集成,能够及时更新,使对员工的薪资核算动态化。

(3)回算功能。通过和其他模块的集成,自动根据要求调整薪资结构及数据。

4. 工时管理

(1)根据该国或当地的日历,安排企业的运作时间以及劳动力的作息时间表。

(2)运用远端考勤系统,可以将员工的实际出勤状况记录到主系统中,并把与员工薪资、奖金有关的时间数据导入薪资系统和成本核算中。

5. 差旅核算

系统能够自动控制从差旅申请、差旅批准到差旅报销整个流程,并且通过集成环境将核算数据导进财务成本核算模块中去。

四、ERP 与会计软件的关系

总的来说,会计软件是 ERP 系统的一部分,但其中又分为多种情况,使它们之间又存在很大差别。就小单位而言,财务软件也就是指账务、报表、工资、固定资产等最基本的模块,一般称为会计核算软件。在规模稍大一点的单位,则要用到进销存模块和应收/应付模块的软件,但这里的进销存主要还是立足于财务角度,一般把账务、报表、工资、固定资产、进销存、应收/应付等一起称为财务软件或会计软件。ERP 软件还要包含生产制造等模块,ERP 软件也称为企业管理软件等。实际上,独立的会计软件和 ERP 软件在设计思想、功能、技术、实施、应用、维护等方面存在很大不同,对管理的提升也大大不同。

1. 从 ERP 软件的发展看

从 ERP 软件的发展看,分为两种情况:一种是首先开发生产管理方面的软件,然后引入会计软件,形成 ERP 软件;另一种是先开发会计软件,然后再扩展到生产管理等模块,形成 ERP 软件,如用友、金算盘等就属于这类。

2. 从范围上看

从范围上看,财务软件是 ERP 的一部分。ERP 软件一般按照模块可以分成财务管理、销售管理、后勤管理(采购管理、售后服务管理和库存管理)、生产管理和人力资源管理等。因此，ERP涵盖的管理范围比会计软件广，它对企业的整个资源进行有效整合，使企业的资源能够得到最有效的利用。会计软件是ERP中的一个组成部分，可以单独使用或与其他模块紧密集成使用。

3. 从工作原理的角度看

从工作原理的角度看，会计软件因为主要是针对企业业务进行核算和管理的，因此，核算的前提是对各项业务单据编制凭证手工输入系统，系统再进行汇总和分析。会计人员大部分的时间仍然要面对烦琐的凭证录入工作而无法将时间用在管理工作上。而ERP中企业的业务是以流程为导向的，会计模块通过ERP中的自动凭证制作系统将这些流程紧密集成在一起，针对不同的业务类型自动触发会计业务事件，而这些会计业务事件对应的凭证已经预先定义会计科目和相关参数，所以当业务发生时，系统自动产生会计凭证，并自动记录到有关账簿。会计人员的工作内容就是对这些凭证进行审核或由系统自动审核，从而大大地减轻会计人员的工作量，将时间集中在管理工作上。

4. 从会计软件与ERP核心的角度看

从会计软件与ERP核心的角度看，财务软件的核心是总账，以此为中心设置了许多分类账，如往来账、存货账、销售账等，它从财务的角度将企业的活动资金化。财务信息十分重要，它是经营的成果数据，体现了一个企业的业绩和价值。财务信息的"结果"来源于供、产、销等活动。制造企业的核心价值是将低价值的原料通过生产加工，产出较高价值的符合市场需求的产品，通过市场的分销渠道以适当的营销方式使用户接受其产品。制造企业通过物流的增值来体现自身的价值，围绕整个物流增值过程的供应链管理的核心基础是产品属性（有关生产、计划、成本、财务、库存等）、产品结构和产品生产工艺（BOM）。ERP软件正是以此为核心，进行整个供应链的管理和规划，并通过凭证接口等方式与财务集成，将供、产、销等业务数据及时、准确地转化为会计上所需要的信息，从而对企业的经营过程进行控制。

5. 从功能上看

从功能上看，目前会计软件主要以核算为基本目的，从表面上已经能够满足企业的会计核算要求。但是从深层次和管理角度看，管理人员或决策高层更需要的是对各项业务进行分析。如通过财务提供的销售收入、成本和销售毛利，希望能从多角度（如客户类型、产品、销售流向区域、销售部门、业务员业绩、计划等）来分析销售情况，如果单纯从会计数据加工角度，就无法完全满足要求。ERP软件则是以业务流程为导向，因此，各种发生的会计数据能够与业务联系在一起，在分析时就能够与业务联系起来，进行不同层次的分析。

6. 从实施角度看

从实施角度看，会计软件的实施相对较为简单，一般由开发商的分支机构或代理实施，或者由用户直接实施，实施周期也短，一般一个月或两个月即可完成。而ERP的实施则很复杂，一般由第三方咨询服务机构实施，实施时间少则几个月，多则半年、一年甚至几年，实施费用很高，甚至往往超过购买ERP软件本身的费用。从实施的风险角度看，会计软件由于规范性较强、变化相对较小,所以实施的成功率很高,一般只存在应用深度问题,而不存在无法应用的问题。但 ERP 软件则不同,由于涉及企业的各种业务,而且关联性非常强,业务的变化往往引起整个应用模式的变化,实施的风险就很大。就算是现在应用了,由于市场、业务、管理的变化也可能导致 ERP 软件无法运行下去。当然,ERP 软件也在发展,如果以平台等具备良好二次开发环境为基础开发和定制的软件,则能够较好地、动态地适应客户不断变化的需求,使软件适应管理的变化和发展。

在实施中遇到的阻力也不同。由于会计制度非常规范,涉及的部门、人员较少,在实施过程中遇到的阻力不大。但 ERP 的实施在调研、培训、实施过程中将遇到很大的阻力,因为 ERP 涉及企业内部的诸多部门利益,甚至涉及一些部门的存在与否,以及企业内部的业务流程重组、实施甚至因为这些原因而中途夭折。

7. 从应用角度看

从应用角度看,会计软件一般具有区间性要求,如一天、一月、一年,而 ERP 软件则具有实时性要求。若是 24 小时的连续生产,则要求各环节也要同步。在实际应用过程中对人员的要求也不一样,会计软件涉及的人员较少,要求操作人员对计算机和自己的业务比较熟悉就可以了。而 ERP 软件则基本上涉及整个企业的员工,还要求使用者对企业的整体情况有所了解,才能实现内部的协同工作。在应用成本上,会计软件应用费用主要是消耗材料和较少的服务费。而 ERP 软件一般有按年收取的软件更新费用,服务费用也比会计软件高得多。

不仅可以从不同的角度分析会计软件与 ERP 软件的异同,在具体工作中还要从自己的应用深度、规模大小、使用的软件情况不同来进行更深入的分析,以适应从会计软件到 ERP 软件的转换。

第三节 用友 ERP-U8 简介及其安装

一、用友 ERP-U8(8.72 版)简介

用友 ERP-U8.72 版企业应用套件是在全面总结、分析、提炼中国中小企业业务运作与管理特性的基础上,针对中小企业不同管理层次、不同管理与信息化成熟度、不同应用与行业特性的信息化需求设计而成的。

1. 用友 ERP-U8 系统构成

用友 ERP-U8 经过多年的发展,已经形成了全面、完整的总体架构,涉及财务会计、管理会计、客户关系管理、供应链、生产制造管理、人力资源、OA(办公自动化)、决策支持、分销管理、连锁零售、集团应用十余个产品体系 61 个模块(不包含分销模块),以精细管理、敏捷经营为核心应用理念,为中小型企业提供全面完整的整体解决方案。

(1)财务会计领域。财务会计部分主要包括总账管理、应收款管理、应付款管理、工资管

理、固定资产管理、报账中心、财务票据套打、网上银行、UFO 报表和财务分析等子模块。这些子模块从不同的角度实现了从预算、核算到报表分析的财务管理全过程。

通过对财务会计系列的产品应用，可以充分满足企事业单位对资金流的管理和统计分析需求。

(2) 管理会计领域。管理会计部分主要包括项目管理、成本管理及专家财务分析等模块，通过项目和成本管理实现各类工业企业对成本的全面掌控和核算，运用专家财务分析系统帮助企业对各种报表及时进行分析，及时掌握本单位财务状况（如赢利能力、资产管理效率、偿债能力和投资回报能力等）、销售及利润分布状况和各项费用明细状况等，为企业管理决策提供依据、指明方向。

(3) 供应链管理。供应链管理部分主要包括物料需求计划、采购管理、销售管理、库存管理和存货核算等模块。该部分模块的功能主要在于：增加预测的准确性，减少库存，提高发货供货能力，缩短工作流程周期，提高生产效率，降低供应链成本，减少总体采购成本，缩短生产周期，加快市场响应速度。同时，在这些模块中提供了对采购、销售等业务环节的控制以及对库存资金占用的控制，完成对存货出入库成本的核算，使企业的管理模式更符合实际情况，制订出最佳的企业运营方案。

(4) 集团财务管理。集团财务管理部分主要包括资金管理、行业报表、合并报表等模块及分行业的解决方案。

资金管理实现对企业内外部资金的计息与管理，行业报表和合并报表等则为行业和集团型的用户进行统一管理提供便利。

(5) 商务智能。通过管理驾驶舱满足了企业领导移动办公的需求，企业领导可以随时、随地、随身实现对企业的实时监控。

(6) Web 应用。系统的 Web 应用部分实现了企业互联网模式的经营运作，主要包括 Web 财务管理、Web 资金管理和 Web 购销存管理，通过 Web 应用系统，实现了集团财务业务信息及时性、可靠性和准确性，并加强了远程仓库、销售部门和采购部门的管理。

(7) 行业解决方案系列。参照各个行业的最佳业务实践，总结 30 万用户的成功经验，提炼共性需求，开发个性插件，用友 ERP-U8 平台可以为多个行业提供个性化的解决方案。

2. 用友 ERP-U8.72 版新特性

目前，制造企业面临的市场竞争十分激烈，多数制造企业客户更要做好精细化管理，降低成本，用友 ERP-U8.72 正是在这样一个市场背景下应运而生的管理利器。尤其突出的是，用友 ERP-U8.72 是应对当前经济环境，针对中国制造企业所面临的重大难题与转型升级的迫切需求精心打造而成的。它不仅实现了制造业更加深入的应用，增加了对多种最新业务模式的支持，满足了当前中国制造企业行业先进管理的需要，而且在严格的成本控制、业务过程管控、质量管理、快速接单、主动服务响应、高效的内部审核与协同、人员考核与评价等多种应用方面也实现了全面加强与提升。

用友 ERP-U8.72 以其应用更完整、开放性更强、使用更方便、行业适应性更广、系统更安全、实施更快捷等众多优秀特性，更好地服务于广大客户的实际应用。

其关键的新特性主要有如下几方面：

（1）制造新特性。生产制造管理作为用友 ERP-U8.72 中国企业最佳经营管理平台的一个核心应用，主要帮助企业增强面向订单生产的适应能力，提高计划前产能平衡的准确度，同时降低生产成本与生产管理的复杂度，提高工厂的制造柔性，加快生产周转速度，更好地适应市场敏捷性需求。

（2）供应链新特性。供应链管理作为用友 ERP-U8.72 中国企业最佳经营管理平台的一个基础应用，在市场竞争激烈多变的情况下，帮助企业解决了原材料价格难以控制、交货期经常变动、销售订单难以预测、生产成本控制困难、各业务部门难以有效协作、分析评价体系不完善等问题。通过供应链管理帮助企业实现销售、生产、采购、财务部门的高效协同，逐步消除管理瓶颈，建立竞争优势。

（3）财务新特性。财务管理作为用友 ERP-U8.72 中国企业最佳经营管理平台价值管理的核心应用，能帮助成长中的企业解决财务核算效率低、业务信息传递不及时、内控管理难、预算执行难、资金使用不合理、企业经营风险增大、财务分析不全面、报告不及时等问题。通过财务管理帮助企业实现多角度的预算控制、实时的资金管理、高效的财务核算。

（4）关键行业新特性。在原有行业插件的基础上，新增或完善了机械行业、电子行业、制药行业、化工行业、服装行业、汽配行业等插件，使其在行业适用性方面更深、更广。

（5）人力资源管理新特性。新劳动法出台后，企业人力成本越来越高，用友 ERP-U8.72 根据新劳动法，在人力成本管理方面进一步完善了考勤休假业务，集成考勤机应用，提供人事变动整合应用，预制人力结构分析报表，帮助企业提高人力管理效率和决策。

（6）分销零售新特性。用友 ERP-U8.72 进一步增强了企业对销售通路和渠道的掌控能力，实现了批零一体化的管理，使得"ERP+分销零售整合"成为现实。

（7）信息安全新特性。随着萨班斯法案的推广和实施，身份认证成为企业进行 IT 内控的首要问题。有效的身份识别方式才能够为追溯行为和责任体系、审计证据提供最有效和最有力的支持。除了传统的"用户名+口令"，还支持动态密码和 CA 认证两种身份识别的方式，使得用户的所有操作都留有线索，出现问题时可以进行追溯。

（8）内控严格新特性。为满足企业审批时限控制以及业务流程规范化的管理，在工作流中新增审批时效结点，系统可以对审批结点进行超时设置，指定超时时限，超时后按某时间间隔进行超时后自动提醒或自动转给他人审批，不符合条件的自动退回到发起人。通过审批时效的管理，一方面加快业务处理的效率，另一方面也加强了对业务的内控管理。

二、安装用友 ERP-U8（8.72 版）软件

安装用友 ERP-U8（8.72 版）软件，不仅对计算机的硬件有较高要求，而且需要为其正常

运行配备所需的操作系统和相关的数据库管理系统,下面将从用友 ERP-U8(8.72 版)的系统技术架构入手,详细介绍该软件的安装过程。

1. 用友 ERP-U8 系统开发技术架构

用友 ERP-U8 管理软件采用三层架构体系,从逻辑上来说,分为数据服务器、应用服务器和客户端。采用三层架构设计,可以提高系统效率与安全性,降低硬件投资成本。

但从物理上来说,上述三个部分在安装使用时,可分可合。既可以将数据服务器、应用服务器和客户端安装在一台计算机上(即单机应用模式),也可以将数据服务器和应用服务器安装在一台计算机上,而将客户端安装在另一台计算机上(网络应用模式,但只有一台服务器),当然,还可以将数据服务器、应用服务器和客户端分别安装在三台不同的计算机上(网络应用模式,且有两台服务器)。如果是 C/S 网络应用模式,在服务端和客户端分别安装了不同的内容,需要进行三层结构互连。在系统运行过程中,可根据实际需要随意切换远程服务器,即通过在登录时改变服务器名称来访问不同服务器上的业务数据,从而实现单机到网络应用模式的转换。

通过参数设置,可以实现用友 ERP-U8 数据服务器、应用服务器和客户端各层互连,从而方便地实现单机应用模式和网络应用模式的转变。

(1)客户端与应用服务器的连接。通过客户端"用友 ERP-U8"→"系统服务"→"远程配置"或者在系统登录时选择"服务器"来实现客户端与应用服务端的连接。

(2)应用服务端与数据服务端的连接。在应用服务端,双击任务栏上的"U8 服务管理器"图标,打开"U8 服务管理器"窗口,双击其中的"设置 U8 服务参数",打开"配置 U8 服务"对话框,输入数据库服务器名,即可实现应用服务器与数据库服务器的连接。

2. 系统运行环境

用友 ERP-U8 管理软件属于应用软件范畴,需要按以下要求配置硬件环境,准备系统软件,如表 2.1 所示(此处给出的硬件环境为最低配置,一般而言,近两三年来的主流硬件配置可完全满足系统运行需求)。

表 2.1

分类	硬件环境(最低配置)	操作系统
客户端	内存 512 MB 以上;CPU P3 800 MHz 以上; 安装盘(U8.72 所安装的盘符)空间 10 GB 以上;系统盘(操作系统所安装的盘符)有 2 GB 以上的空间	WindowsXP+SP2 或 Windows 2000 Server/Professional+SP4 或 Windows 2003 Server+SP2 或 WindowsNT+SP6a
数据服务器	内存 1GB 以上;CPU 频率 1.8 GHz 以上; 磁盘空间 40 GB 以上	Windows 2000 Server+SP4 或 Windows 2003 Server+SP2 或 WindowsNT+SP6a

续表 2.1

分 类	硬件环境(最低配置)	操作系统
应用服务器	内存 1 GB 以上；CPU 1.8 GHz 以上；磁盘空间 40 GB 以上	WindowsXP+SP2 或 Windows 2000 Server+SP4 或 Windows 2003 Server+SP2
网络协议	IE6.0+SP1，TCP/IP，Named Pipe	

【注意】 (1)如果是单机安装,即把数据服务器、应用服务器、客户端安装在一台机器上,需要满足以上三项最低配置要求。

(2)无论将用友 ERP-U8 系统安装至任何磁盘分区,都应保证操作系统所在磁盘至少有 2G 的剩余空间,因为一些共享组件要安装到系统目录。

(3)在数据服务器安装、单机版安装或安装所有产品的情况下,需首先安装 SQL Server 2000+SP4。

(4)如果在 Vista 操作系统上安装和运行 U8.72 产品,建议至少配置 2G 以上内存。

(5)在进行系统安装前,请确保计算机名中无"-"字符,无中文字符,否则将会影响系统的正常安装。

3. SQL Server 2000 数据库的安装

用友 ERP-U8 管理软件要求以 SQL Server 2000 及以上版本作为后台数据库。SQL Server 2000 有个人版、标准版、企业版、专业版等多种版本,建议服务器上安装 SQL Server 2000 标准版;客户端视其安装的操作系统安装 SQL Server 2000 标准版或个人版。下面以安装 SQL Server 2000 个人版为例介绍安装过程。其操作步骤如下:

(1)双击运行 SQL Server 2000 安装文件 Setup 后,打开 SQL Server 2000 自动菜单,如图 2.1 所示。选择其中的"安装 SQL Server 2000 组件",打开"安装组件"对话框,如图 2.2 所示。

图 2.1　SQL Server 2000 自动菜单

图 2.2　"安装 SQL Server 2000 组件"对话框

(2)选择其中的"安装数据库服务器"选项,打开"安装向导-欢迎"对话框,单击"下一步"按钮,打开"计算机名"对话框,如图2.3所示。选择"本地计算机"选项,单击"下一步"按钮,打开"安装选择"对话框,如图2.4所示。

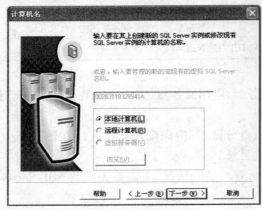
图2.3 "计算机名"对话框

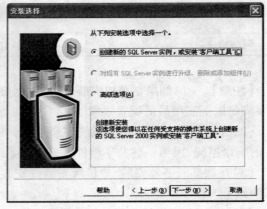
图2.4 "安装选择"对话框

(3)选择"创建新的SQL Server实例,或安装'客户端工具'"选项,单击"下一步"按钮,打开"用户信息"对话框。输入姓名,单击"下一步"按钮,打开"软件许可证协议"对话框。阅读后,单击"是"按钮,打开"安装定义"对话框,如图2.5所示。

(4)选择"服务器和客户端工具"选项,单击"下一步"按钮,打开"实例名"对话框,采用系统默认,单击"下一步"按钮,打开"安装类型"对话框。选择"典型"选项,并选择文件安装路径,单击"下一步"按钮,打开"选择组件"对话框。采用系统默认,单击"下一步"按钮,打开"服务账户"对话框,如图2.6所示。

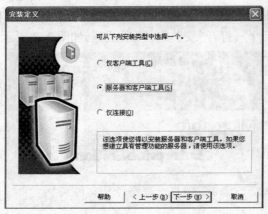
图2.5 "安装定义"对话框

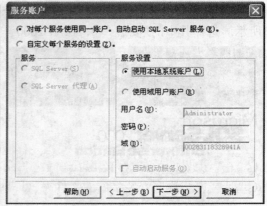
图2.6 "服务账户"对话框

(5)选择"对每个服务使用同一账户。自动启动SQL Server服务"选项,将服务设置为"使用本地系统账户",单击"下一步"按钮,打开"身份验证模式"对话框,如图 2.7 所示。

(6)为了加强系统安全性,选择"混合模式(Windows 身份验证和 SQL Server 身份验证)",选中"空密码"复选框,单击"下一步"按钮,打开"开始复制文件"对话框。

(7)单击"下一步"按钮,对前面所做的设置进行确认,如没有问题继续单击"下一步"按钮。

(8)系统安装结束后,显示"安装结束"对话框,单击"完成"按钮,结束 SQL Server 2000 安装。

(9)接下来,安装 SQL Server 2000 的 SP4 补丁包(其安装过程与前述步骤类似)。

4. 安装用友 ERP-U8.72

(1)以操作系统管理员身份注册进入系统,将用友 ERP-U8 管理软件光盘放入光驱中,打开光盘目录,双击 Setup.exe 文件,之后进入安装欢迎界面,如图 2.8 所示。

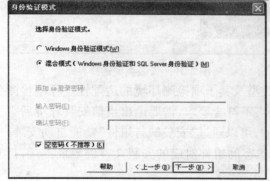
图 2.7 "身份验证模式"对话框

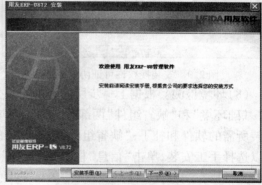
图 2.8 用友 ERP-U8.72 安装欢迎界面

(2)单击"下一步"进入安装授权许可证协议界面,接受协议内容才能继续安装,如图 2.9 所示。

(3)单击"下一步",首先检测是否存在历史版本的 U8 产品。

(4)如果存在历史版本残留内容,提示并开始清理历史版本残留内容(清理 MSI 安装包时间较长,请耐心等待);如果因为安装过程(包括卸载、修改或修复过程)异常中断导致失败,有可能在清理完毕后提示重新启动,按照提示操作即可;没有执行此操作的情况下直接进入第(5)步;重新启动的机器再次执行以上四步操作后进入第(5)步。

(5)在以上界面输入用户名和公司名称,用户名默认为本机的机器名。

(6)选择安装程序安装文件的文件夹,可以单击"浏览"修改安装路径和文件夹。

(7)单击"下一步",有五种选择,选择最适合自己的安装类型。

①标准。除 GSP、专家财务评估之外的"全产品安装"。

②全产品。安装应用服务器、数据库服务器和客户端所有文件。

③服务器。安装应用服务器、数据库服务器、Web服务器的相关文件,用户也可分别选择进行安装。

④客户端。只安装应用客户端相关文件,不使用的产品可以不安装。

⑤自定义。如果上述安装都不能满足用户要求时,用户可自定义选择安装产品。

这里我们选择"全产品",单击"下一步"按钮,如图2.10所示。

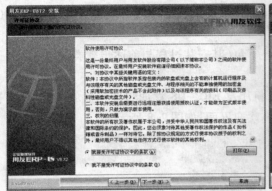
图2.9 安装授权许可证协议界面

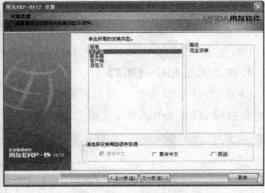
图2.10 安装类型选择界面

(8)环境检测。根据上一步所选择的安装类型及其子项检测环境的适配性。环境检测分为"基础环境"和"缺省组件"两部分,"基础环境"不符合要求,需要退出当前安装环境后手工安装所需的软件和补丁;"缺省组件"没有安装的,可以通过"安装缺省组件"功能自动安装,也可以选择手工安装,单击"信息"栏中"不符合"状态的组件对应的安装文件的地址链接,打开安装文件所在文件夹。

下面进行手动安装,双击已被选中的安装文件,直到所有"不符合"状态的组件全部安装完毕。单击"系统环境检查"对话框下的"取消",弹出"退出安装"对话框,单击"否",出现"安装类型"对话框,重新选择"全产品",单击"下一步"按钮,再次环境检测,则系统环境应当完全符合要求,如图2.11所示。

(9)当"基础环境"和"缺省组件"都满足要求后,单击"确定"进入下一步;检测报告以记事本自动打开并显示出检测结果,可以保存。

(10)单击"下一步",可以选择是否记录安装每一个MSI包的详细日志,默认不勾选(勾选将延长一定的安装时间并占用部分磁盘空间,正常情况下不推荐使用)。

(11)单击"安装"按钮,进行产品安装,无论哪种类型的安装完成后,系统会提示已成功安装,是否需要立即重新启动计算机,建议您选择"是,立即重新启动计算机"。重启计算机后,即完成了ERP-U8.72的安装。

(12)应用服务端安装。计算机重新启动后需要安装应用服务器,在数据库实例处写上计算机的名称,口令按照安装数据库时录入的口令。

（13）产品启动。安装用友 ERP-U8 成功后重新启动计算机进入 Windows 操作平台,在右下角任务栏显示,表示 SQL Server 服务管理器安装成功,托盘显示,双击进入"U8 应用服务管理"界面,如图 2.12 所示,其中包括 U8 加密服务、定时服务、报表服务、远程代理服务、Key 管理服务、制造远程管理服务、供应链远程管理服务。如果列出以上服务,表示安装成功。

图 2.11 "系统环境检查"对话框

图 2.12 "U8 应用服务管理"界面

本章小结

工欲善其事,必先利其器,想要在实际工作中用好会计软件,就需要先了解会计软件的相关理论。在本章中,对会计软件的概念、发展及其分类进行了详细介绍,并将很多读者容易弄混的"ERP"和"会计软件"两个概念进行系统对比,以便于读者能够了解会计软件在企业管理系统中所起到的重要作用。最后为读者详细介绍本书所用工具——用友 ERP-U8.72 的安装及其所需系统环境的设置,为后续章节的学习及练习做好准备工作。

第三章
Chapter 3

基本会计核算业务演练

【学习要点及目标】

通过本章学习,了解手工会计核算与会计电算化的处理流程及各自的特点,掌握两种会计工作方式的异同对比。本章以几个简单的典型会计业务为例,让读者初步认识会计电算化工作的业务流程,为后续的深入学习提供基础。

第一节 电算化与手工会计核算的对比

一、手工会计处理流程及其特点

1. 手工会计账务处理流程

手工会计账务处理流程包括记账凭证账务处理程序、科目汇总表账务处理程序、汇总记账凭证账务处理程序、日记总账账务处理程序等多种方式,最基础的方式是记账凭证账务处理程序,其业务流程如图 3.1 所示。

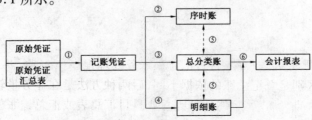

图 3.1 记账凭证账务处理流程

图 3.1 中的每一步完成以下工作：
①根据原始凭证或原始凭证汇总表填制记账凭证,记账凭证可以分为收款凭证、付款凭证、转账凭证三种,也可以不分,采用通用的记账凭证；
②根据记账凭证登记序时账簿(现金日记账和银行存款日记账)；
③根据记账凭证登记总账；
④根据记账凭证登记明细账；
⑤对账；
⑥根据总账,并适当参考明细账编制会计报表(如资产负债表、损益表等)。

其他几种账务处理程序和记账凭证账务处理程序的业务流程大致相同,区别主要体现在登记总账的方法和依据不同。例如,科目汇总表账务处理流程中登记总账的依据是科目汇总表,如图 3.2 所示。

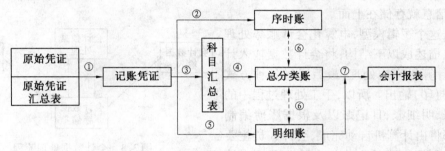

图 3.2　科目汇总表账务处理流程

2. 手工账务处理流程的特点

手工账务处理程序具有以下特点：

(1) 强调岗位分工。账务处理程序的每一个步骤均设立一个岗位,由一个人完成该项工作(有的岗位可以兼任)。例如,登账工作,分为序时账、总分类账、明细账三种。序时账(现金日记账和银行存款日记账)由出纳登记；总分类账由总账会计登记；明细分类账由明细账岗位会计登记,到期末相互对账。

(2) 考虑内部控制的需要。在分设岗位的基础上考虑内部控制,便于实行会计监督。

(3) 充分考虑会计人员的劳动强度。由于采用手工处理,所以在整个账务处理流程中处处考虑每一个岗位操作人员的劳动强度在合理的范围之内。例如,将原始凭证先汇总成原始凭证汇总表,对记账凭证进行分类,然后由不同人员编制,登账工作分设不同的岗位等。值得注意的是,记账凭证账务处理程序、科目汇总表账务处理程序和汇总记账凭证账务处理程序的记账方法最主要的区别是登记总账的依据不同,后两种方法是在业务量较大、登记总账工作量太大时采取的一种改进,即先将记账凭证汇总成科目汇总表或汇总记账凭证,再根据科目汇总表或汇总记账凭证登记总账,这样就减轻了总账登记工作的难度与强度。

（4）符合手工处理习惯。比如，在实际工作中，将记账凭证分为收款凭证、付款凭证和转账凭证之后，用不同的颜色区分开来，以便于对凭证的查询，因为在手工处理方式下，查询凭证完全依赖肉眼的辨别。账簿之间的对账也是考虑了手工处理的特点。

在实施电算化以后，劳动强度的均衡分配将不在账簿上登记。由于不是采取多人分工的登记账簿方法，岗位之间的内部控制必须进行调整。此外，"对账"这种用于发现人为记账错误的技术将不再需要，手工方式下的账务处理流程将发生很大改变。

二、电算化会计处理流程及其特点

1. 电算化账务处理流程

计算机条件下账务处理程序可以概括成如图3.3所示的类似模型，编制记账凭证是将数据输入系统，对账务核算过程进行处理，最后通过报表输出。账簿既是分类工具，又是存储介质，会计信息就存储在上面。

根据这个逻辑模型，电算化会计账务处理系统可以描述成以下结构：将会计数据输入计算机，由计算机完成处理，最后通过各种方式（屏幕或打印）输出。所以，手工处理过程中的登记总账、明细账、日记账以及根据账簿编制报表等都将由计算机自动完成，会计人员主要的工作是利用合适的方法将会计业务输入计算机系统。

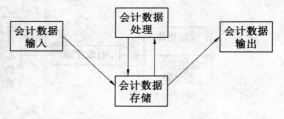

图3.3　会计数据处理流程

由于计算机处理的特点，账簿的设置、登账等过程实际上是一种虚拟的过程，计算机中并不存在也不需要存在实际形式的账簿，所有数据都存在于一个凭证库文件中，需要账簿时按照一定的条件生成临时文件即可。

因此，图3.3所描述的会计处理流程变成图3.4所示的流程图。

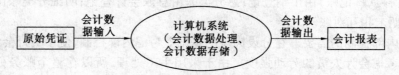

图3.4　电算化账务处理流程

在图3.4中，椭圆形的处理过程全部由计算机自动完成，原始凭证的输入可以采取人工或者计算机生成的办法，计算机输出的会计信息（会计报表）也是按照人工的指令自动完成的。

2. 电算化账务处理流程的特点

（1）数据输入阶段。在手工模式下，数据全部靠手工输入，在会计电算化系统中可以混合输入或自动收集数据，因此，数据输入方式发生一些变化。在手工方式下，所有数据依会计人员填制和审核会计凭证输入会计系统,通常将凭证分为收款、付款、转账三种,也有分为五种或更多,也有业务量较小的单位不进行分类而使用通用记账凭证。在计算机条件下,记账凭证所需的数据许多可以直接从业务产生,减少输入工作量。例如,工资、固定资产、存货、销售等各个子系统的变动和处理结果,可以直接生成记账凭证,这样就减少账务处理所需数据的输入量。当人工输入时,也可以对输入数据的正确性、有效性、合法性进行检查,输入数据的质量得到了提高。由于可以采用更快捷、准确的方法查找凭证,所以记账凭证的分类也不常必要。

(2)数据处理阶段。在手工系统中,出纳根据收款凭证和付款凭证登记现金日记账和银行存款日记账。

根据业务量的大小,分别由多个会计登记各种明细账;总账会计负责登记总账。整个工作由多人分步完成,时间得不到保证,并可能出现一些错误,所以需要进行对账。在电算化系统中,实际上有形的账簿已经不复存在,系统内的账簿是一些数据库文件,账务处理过程实际上是数据文件的处理过程。和手工相比,其特点一是时间快,可以在很短时间内完成;二是准确性高,不会出现人为的差错,也不需要对账;三是处理数据量大,需要考虑计算机的性能参数是否匹配,现在的计算机已经能够满足所有会计数据处理。

实行电算化以后,数据处理方式一般有两种。一种是成批处理,即定期收集会计数据,成批进行处理。这是会计电算化系统中应用最广泛的方式,实现起来相对容易。另一种是实时处理,即当产生一次数据或会计人员有一次要求时,就进行一次处理,如银行办理存取款业务,就必须进行实时处理,否则就会发生差错。实时处理要求计算机必须随时接受处理要求,及时进行处理,对系统的响应时间、可靠性和安全性要求都比较高。目前,有的财务软件,已经具备实时处理的功能。

(3)数据输出阶段。在手工方式下,会计人员期末从账簿中摘录会计信息填入报表对外报送,这是信息输出的主要方式,其过程比较复杂,而且时间性较差。

电算化系统会计信息的输出主要有两种方式:一是屏幕显示输出,这是临时性的信息,不能长期保存,但可以实现交互式信息输出,而且时间很快;二是打印输出,将会计信息打印到纸介质上,类似于手工输出,输出信息的数量、质量和速度都比手工输出好。

此外,也可以通过软盘或网络实现数据传送。

(4)数据存储。在手工处理方式下,所有的会计数据(如记账凭证、账簿、报表等)都以纸张的形式存放。其工作量很大,效率很低,也容易出现差错。但纸张介质可以长时间保存,不易被篡改,而且可以直接查看。

在电算化系统中,所有数据都以电子文件形式保存在磁性介质中,肉眼无法看见,必须借助计算机才能查看。

三、会计电算化对传统会计的影响

会计电算化,是以计算机替代人工记账、算账、报账以及对会计信息进行分析和利用的过程。它是管理现代化和会计自身改革以及发展的需要。近些年,会计电算化的推广与普及,大大减轻了财务人员的工作强度,提高了会计的工作效率与工作质量,但不容忽视的是它对传统的会计形式产生了巨大的影响。

1. 记账规则发生变化

手工记账规则规定日记账、总账要使用订本账册,明细账要使用活页式账册,通过若干个套账来实现相互牵制、相互核对。凭证、账本记录的错误之处要用画线法和红字更正法更正。

电算化会计形成的账页是打印输出的,可装订成活页式,不可能是订本式,打印输出的一般是日记账、总账和报表,明细账涉及大量的二级科目、三级科目,打印数量大,一般用磁盘、光盘等形式输出。账证、账册核对依靠会计软件完成,只要输入的原始凭证是正确的,计算机可以迅速完成手工条件下的各种账务处理功能。手工会计下的账册核对功能在会计电算化条件下已由计算机代替,明细账记载的各种会计资料只需计算机查询功能就可完成显示或打印。人们更多的是依赖电算化系统建立各种辅助账,反映和控制经济活动。

对于账簿记录错误的处理,已不再采用手工方式下的改错法,但为了保证监督审核,一般规定,凡是已经审核过的数据不得更改。如果出现错误,那一定是合理性问题,采用输入"更正凭证"的方法加以更正,类似于红字更正法,以便留下更改的痕迹。

2. 账务处理程序发生变化

前文中已提及,手工会计的账务处理程序一般有记账凭证账务处理程序、科目汇总表账务处理程序、汇总记账凭证账务处理程序、日记总账账务处理程序等,在组织会计核算时,可根据会计业务的繁简和管理的需要,选用其中的一种,但无论采用哪一种处理程序,其共同特点是序时、平行登记,即来源于记账凭证的会计信息总是序时、等量、平行地记录于总分类账和明细分类账中。这样,一方面各有侧重地反映会计信息,同时,发挥总分类账对明细分类账的统辖作用,通过二者之间的对账发现可能出现的记账错误,及时加以纠正。

但会计电算化账务处理程序中,所考虑的是会计数据处理的目标,即获得管理所需的各种会计信息。它的中间数据处理都可以认为是源于原始会计数据的加工处理,因此,从输入会计凭证到输出会计报表,一切的中间加工过程都由计算机控制,上一过程数据处理的结果又作为下一过程数据处理的来源,整个处理过程在会计软件程序的安排下完成,具有数据处理集中化和自动化的特点。存储于数据库中的会计信息,可以根据需要按总账或明细账的格式输出。

3. 内部控制制度发生变化

在手工操作下,有不同的岗位责任制和内部牵制制度,保证了手工核算下会计信息的准确性、企业资产的完整和安全。计算机的引入使得内部控制制度的形式、内容等方面都发生了一定的变化。

(1)内部控制的形式发生变化。手工会计操作下的人员均是会计人员,由他们按不同的分工各司其职,组织会计工作的运转。而电算化会计中的人员,除会计专业人员外,还有系统管理员和操作员等,按新的分工形式完成会计工作的运作。原手工操作下的一些内部控制措施在电算化后没有存在的必要性,如编制科目汇总表、凭证汇总表等试算平衡的检查,凭证的借贷平衡审查,余额、发生额的平衡检查,都由计算机来完成。因此,会计电算化后的内部控制分为以组织控制措施为主的一般控制和以计算机控制程序为主的系统控制。

(2)内部控制制度内容的变化。计算机的介入,给会计工作增加了新的内容,同时也增加了新的控制措施,如计算机硬件的配置及软件的操作,维护人员与计算机操作人员的内部牵制,计算机机内及磁盘内会计信息的安全保护,计算机病毒防治,计算机操作管理,系统管理员和系统维护人员的岗位职责等。传统的手工会计处理系统的内部控制是建立在不相容职能分离及相应职责分工的基础上。采用电算化后,由于技术和知识的高度集中,导致会计职责的集中,原手工操作下不宜合并的岗位,采用电算化后可以合并,会计人员大大减少,致使这些原则的重要性下降。某些会计人员可能既从事数据的输入、处理,又负责数据的输出、报送,他们可能在熟悉数据来源的相互关系、数据如何处理、分配及输出的使用等方面知识的同时,也熟知内部控制的缺陷,这就有可能使他们在未经批准的情况下,直接对使用中的程序和数据库进行非法的删改处理,加大出现错误与弊端的可能性,所以,有必要增加新的可行的内部控制措施。

(3)内部控制的重点也发生变化。会计电算化后的内部控制的重点将放在原始数据输入计算机的控制、会计信息的输出控制、人机交互处理的控制、计算机系统之间连接的控制几方面,按不同的职责,划分操作权限,设置操作密码,杜绝未经授权的人员操作计算机软件,健全计算机硬件和软件的日常维护以及在排除故障时的管理措施,保证会计数据的完整性。

第二节 会计电算化处理基本功能体验

一、基本功能介绍

在使用用友软件之前,要理解用友软件中各模块的功能,以及各模块之间数据是如何传递的。只有在充分理解用友软件的各模块数据流程后,才能根据企业自身的业务特点和核算规模来决定应该购买哪些模块。

用友 ERP-U8.72 的数据流程如图 3.5 所示。具体模块功能介绍如下:
(1)应收款管理。应收会计使用,处理客户应收账款。应收会计在此可以完成如下功能。
①录入销售发票和应收单据,并进行审核。
②填制收款单据,并进行审核。
③核销应收账款。
④生成凭证传递到总账管理中。
⑤提供应收账龄分析、欠款分析和回款分析等统计分析。
⑥提供资金流入预测功能,根据客户信用度或信用天数,系统提供自动报警和预警功能。
(2)应付款管理。应付会计使用,处理供应商应付账款。应付会计在此可完成如下功能。

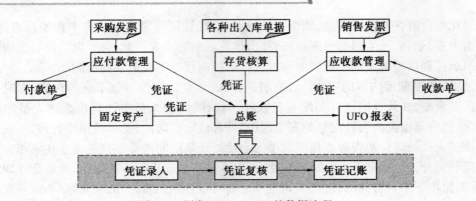

图 3.5 用友 ERP-U8.72 的数据流程

①录入采购发票和应付单据,并进行审核。
②填制付款单据,并进行审核。
③核销应付账款。
④生成凭证传递到总账管理中。
⑤提供应付款的账龄分析、欠款分析等统计分析。
⑥提供资金流出预算功能。

(3)存货核算。材料会计使用,处理存货的会计信息。材料会计在此可完成如下功能。
①录入各种出入库单据(如采购入库单、成品入库单、销售出库单、材料领用单等)。
②审核记账根据预先定义好的成本结转方式(如先进先出、后进先出、移动平均等)自动结转出库成本。
③调整存货的出入库成本,生成凭证传递到总账中。

(4)固定资产管理。财务部门使用,管理固定资产业务,可完成如下功能。
①将固定资产用卡片形式登记。
②处理固定资产的维修、自动计提折旧和部门转移等业务。
③处理一个固定资产多部门使用的情况(如复印机可能是多个部门使用,部门数为 2~20)。
④固定资产卡片还可以关联图片。
⑤生成固定资产的相关凭证(如固定资产购进、折旧和报废等),并将其传递到总账管理系统中。

(5)总账管理。处理由各模块传递过来的凭证,也可以自己填制凭证,生成财务报表,进行月底结转、月末处理等工作。如果只使用总账管理系统,则企业的所有业务处理都在总账管理系统中以填制凭证的方式完成,这是用友财务管理系统最简单的使用方式,适合于信息核算简单的单位使用。

(6)UFO 报表。提供资产负债表、损益表等报表模板,也可以自定义需要的报表。

下面将以某企业的业务数据为例,演示用友 ERP-U8.72 的基本账务处理功能。

二、做好初次体验的准备工作

1. 业务背景

龙江沐菲高科技有限公司是黑龙江一家生产教育产品的企业,成立于 2001 年,其主要产品包括各种培训教材及教学光盘。该公司从 2011 年 1 月起开始使用用友 ERP-U8.72 系统进行账务处理,依照新会计制度及会计准则进行会计核算。为了内部控制的需要,公司财务部设立了主管会计、出纳、总账会计等岗位,刘丹(用户编号 103)为公司总账会计,负责公司日常的会计核算业务及报表编制工作。下文将以几笔相对简单的会计业务为例,为读者展示用友 ERP-U8.72 的基本账务处理功能。

2. 引入基础数据

为了保障账务处理的正常进行,本书已为读者准备好了相关的基础数据,读者只需将包含该公司基础数据的专用文件(即账套)引入系统,便可以开始会计信息系统的体验之旅。具体操作步骤如下:

(1)运行"系统管理"功能模块。选择"开始"→"所有程序"→"用友 ERP-U8.72"→"系统服务"→"系统管理",如图 3.6 所示。

图 3.6　打开系统管理界面

(2)注册登录"系统管理"。选择"系统"→"注册",如图 3.7 所示。调出登录界面后,在该界面中输入操作员"admin",密码为空,单击"确定"按钮,如图 3.8 所示。

图3.7 "系统管理"界面

图3.8 系统管理"登录"界面

(3)引入基础数据账套。选择"账套"→"引入",如图3.9所示。弹出"请选择账套备份文件"窗口如图3.10所示。选择光盘中的"1 初体验基础数据账套"文件夹里的"UfErpAct.Lst"文件,单击"确定",按钮弹出选择账套引入的目录窗口,单击"确定"按钮,选择系统默认路径开始账套的引入,直到出现引入成功的提示窗口。

图3.9 引入基础数据账套界面

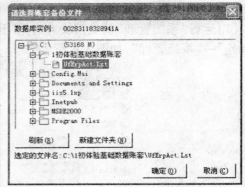
图3.10 "选择账套备份文件"窗口

三、开始初次体验

1. 凭证录入

一月份发生以下经济业务,请进行会计核算处理。

(1)运行总账系统,并以总账会计刘丹(操作员编号103)的身份注册登录。具体操作步骤:选择"开始"→"所有程序"→"用友ERP-U8.72"→"企业应用平台",弹出"登录"窗口,在窗口中输入操作员编号103,选取302账套,单击"确定",即可登录进企业应用平台,如图3.11所示。

(2)进入企业应用平台后,用鼠标左键依次双击"业务工作"→"财务会计"→"总账"→

"凭证"→"填制凭证",调出"记账凭证"录入窗口,如图 3.12 所示。

图 3.11　登录进企业应用平台界面

图 3.12　"记账凭证"录入窗口

①1 月 3 日,出纳从银行提取 10 000 元现金,准备发放上月工资。

借:库存现金　10 000

　贷:银行存款/工行存款　10 000

【操作步骤】　选择"制单"→"增加凭证",单击按钮"参照"(即"⬚"),双击选择"记账凭证",修改制单日期为"2011.01.03",输入附单据数"1",输入摘要"提取现金发放工资",输入科目名称"库存现金",在借方金额输入"10 000",回车增加一行分录,自动带出上一分录的摘要,输入第二行分录的科目名称"银行存款/工行存款",在贷方金额输入"10 000",单击存盘按钮,提示凭证保存成功。至此完成第一笔业务的凭证录入过程,数据参考如图 3.13 所示。

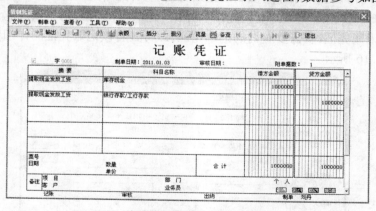

图 3.13　"记账凭证"数据参考(一)

②1 月 10 日总经理办公室支付业务招待费 1 200 元。

借:管理费用/其他费用　　1 200

　贷:银行存款/工行存款　　1 200

【操作步骤】 选择"制单"→"增加凭证",单击按钮"参照",双击选择"记账凭证",修改制单日期为"2011.01.10",输入附单据数"1",输入摘要"支付业务招待费",单击科目名称下的按钮"参照",弹出科目参照窗口,依次双击"损益"→"管理费用"→"其他费用",回车后弹出部门辅助项窗口,单击按钮"参照",双击"总经理办公室",单击"确定",完成部门辅助信息的录入,在借方金额输入"1 200",回车后增加一行分录,自动带出上一分录的摘要,输入第二行分录的科目名称"100201",在贷方金额输入"1 200",单击存盘按钮,提示凭证保存成功。至此完成第二笔业务的凭证录入过程,数据参考如图3.14所示。

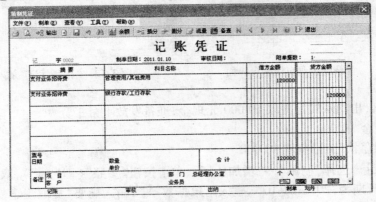

图 3.14 "记账凭证"数据参考(二)

2. 凭证查询

通过本操作,可以查询刚才所填制的记账凭证。具体操作步骤如下:

双击"总账"→"凭证"下的"查询凭证",弹出"凭证查询"窗口,单击"确定"按钮,列出符合条件的所有记账凭证,双击要查询的记账凭证,即可查看该记账凭证的详细信息。其过程如图3.15和图3.16所示。

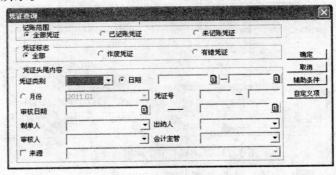

图 3.15 查询凭证界面(一)

图 3.16　查询凭证界面（二）

3. 审核凭证

按照财会制度的要求，审核员须对制单员填制的记账凭证进行检查核对，具体操作步骤如下：

单击"重注册"更换当前操作员，使用"101"操作员进入体验账套。双击"财务会计"→"总账"→"凭证"下的"审核凭证"，弹出凭证过滤条件设置窗口，单击"确定"，列出所有符合条件的记账凭证，双击第一张凭证，进入凭证审核界面，单击"审核"按钮，完成第一张凭证的审核，继续单击"审核"按钮，完成第二张凭证的审核。其过程如图 3.17、图 3.18 和图 3.19 所示。

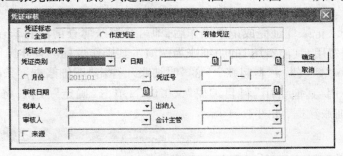

图 3.17　审核凭证界面（一）

图 3.18　审核凭证界面（二）

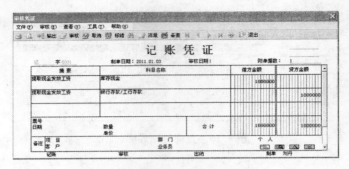

图 3.19　审核凭证界面(三)

4. 记账及账簿查询

(1)记账。经过审核签字后的记账凭证,即可用来登记各种账簿。具体操作步骤如下:

双击"总账"→"凭证"下的"记账",弹出"记账"窗口,单击"全选"选择记账范围,单击"记账"开始执行记账,首次记账会出现"试算平衡"窗口,如果平衡,则完成记账过程,如图 3.20 所示。

(2)账簿查询。记账凭证完成记账操作后,即可通过账簿查询功能来查看相关账簿数据,下面以查询"管理费用/其他费用"的明细账为例演示其操作过程。具体操作步骤如下:

双击"总账"→"账表"→"科目账"下的"明细账",弹出"明细账查询条件"设置窗口,输入待查询的"管理费用/其他费用"科目编码"660205",单击"确定"按钮,将自动生成"管理费用/其他费用"明细账数据,如图 3.21 所示。

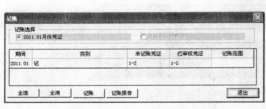

图 3.20　"记账"界面

图 3.21　"明细账查询"界面

5. 报表编制及查询

借助用友 ERP-U8 的 UFO 报表编制系统,可以完成制作表格、数据运算、图形制作、打印等电子表的所有功能,从而使得报表编制工作变得更加快捷、更加准确。下面将以调用系统自带报表模板的方式编制本企业 1 月份的资产负债。具体操作步骤如下:

(1)双击"财务会计"下的"UFO 报表",如图 3.22 所示。

(2)进入报表系统后,单击"文件"菜单下的"新建"(或按"Ctrl+N"快捷键),新建一个空白报表文件,如图 3.23 所示。

图 3.22 打开"UFO 报表"
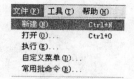
图 3.23 新建空白报表文件

（3）单击"格式"菜单下的"报表模板"，如图 3.24 所示。

（4）弹出"报表模板"对话框后，所在行业选择"2007 新会计制度科目"，财务报表选择"资产负债表"，单击"确认"，如图 3.25 所示。

图 3.24 打开报表模板
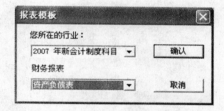
图 3.25 打开资产负债表模板

（5）弹出格式覆盖确认对话框后，单击"确定"，单击左下角红色"格式"按钮，切换到数据状态，单击"数据"菜单下的"关键字"→"录入关键字"，弹出"录入关键字"对话框，依次输入 2011 年 1 月 31 日，单击"确认"，提示是否重算第 1 页，单击"是"，待数据计算完毕，2011 年 1 月的资产负债就产生了。

本章小结

为了会计软件的初学者能更快进入良好的学习状态，在本章中用会计手工处理方式与电算化处理方式进行了详细的对比分析，阐述了两种会计处理方式的流程及其特点，并从记账规则、账务处理程序、内部控制制度等方面分析了会计电算化对传统会计所带来的积极影响。会计软件系统功能复杂、模块较多，为了让读者能在没有深入学习会计软件的情况下，了解其基本功能，在本章中设计了会计软件基本功能体验环节，不需要进行过多复杂的初始设置，就能完成一个简单会计处理流程。

第二篇

提 高 篇

第二篇

戰區篇

第四章
Chapter 4

系统管理

【学习要点及目标】

通过本章学习,了解系统管理在整个软件管理中的作用,掌握其主要功能,包括账套的管理、用户和角色的管理以及如何给用户赋权限等。

【知识体系导图】

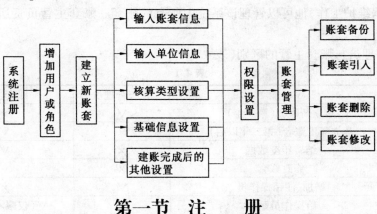

第一节 注 册

系统管理是用友 ERP-U8 管理软件中一个非常特殊的组成部分。它的主要功能是对用友 ERP-U8 管理软件的各个产品进行统一的操作管理和数据维护,具体包括账套管理、年度账套管理、操作员及权限的集中管理、系统数据及运行安全的管理等方面。

【例4.1】 以系统管理员(Admin)注册系统管理。

【操作步骤】 (1)选择"开始"→"用友 ERP-U8"→"系统服务"→"系统管理",进入系统管理模块。

(2)选择"系统"→"注册"功能菜单,显示登录系统界面。

(3)选择服务器,输入操作员名称,即直接在"操作员"栏中输入 admin 即可,如图4.1所示。初始密码为空,如果需要修改密码,可勾选"改密码"选项,则会弹出密码修改窗口,输入两次新密码后单击"确定"即可。

图4.1 系统管理登录界面

【注意事项】 (1)系统管理员(Admin)和账套主管。系统允许以两种身份注册进入系统管理:一种是以系统管理员的身份,另一种是以账套主管的身份。系统管理员负责整个系统的总体控制和数据维护工作,他可以管理该系统中所有的账套。账套主管负责所属账套的维护工作。

(2)系统管理员与账套主管的区别(表4.1)。

表4.1

序号	功能	系统管理员	账套主管
1	建立新账套(第一年)	√	×
2	建立年度账套(第二年以后)	×	√
3	结转年度数据	×	√
4	修改账套	×	√
5	增加、注销操作员	√	×
6	给操作员赋权	√	√(仅限本账套)
7	指定账套主管	√	×
8	清除异常任务和单据锁定	√	×
9	查看上机日志	√	×
10	账套输出和引入(备份和恢复)	所有账套	本年度账套

第二节 角色和用户

一、角色

角色是指在企业管理中拥有某一类职能的组织,这个角色组织可以是实际的部门,也可以是拥有同一类职能的人构成的虚拟组织。

【操作步骤】 (1)在"系统管理"主界面,选择"权限"菜单中的"角色",单击进入角色管理功能界面。

(2)在角色管理界面,单击"增加"按钮,显示增加角色界面,输入角色编码,在所属用户名称中可以选中归属该角色的用户。单击"增加"按钮,保存新增设置。

(3)可以使用"定位"功能,在角色列表中查找,选中要修改的角色,单击"修改"按钮,进入角色编辑界面,对当前所选角色记录进行编辑,除角色编号不能进行修改之外,其他的信息均可以修改。

(4)删除当前的角色。单击"删除"按钮,则将选中的角色删除,在删除前系统会让用户进行确认。如果该角色有所属用户,是不允许删除的,必须先进行修改,将所属用户置于非选中状态,然后才能进行角色的删除。

二、用户

用户是指有权限登录系统,对系统进行操作的人员,即通常意义上的"操作员"。每次注册登录系统,都要进行用户身份的合法性检查。只有分配了具体的用户权限后,才能进行相关的操作。

【例4.2】 对表4.2中操作员进行增加、修改和删除操作。

表4.2

编号	姓名	认证方式	口令	所属部门
101	孟非	用户+口令(传统)	1	财务部
102	王晓	用户+口令(传统)	2	财务部
103	刘丹	用户+口令(传统)	3	财务部
201	张扬	用户+口令(传统)	1	市场部

【操作步骤】 (1)在"系统管理"主界面,选择"权限"菜单中的"用户",单击进入用户管理功能界面。

(2)在用户管理界面,单击"增加"按钮,显示增加用户界面。此时录入编号、姓名、口令、所属部门、E-mail、手机号等内容，并在"所属角色"中选中归属的内容，如图 4.2 所示。然后单击"增加"按钮，保存新增用户信息。

（3）可以使用"定位"功能，在用户列表中查找，选中要修改的用户信息，单击"修改"按钮，可进入修改状态，但正在启用的用户只能修改口令、所属部门、E-mail、手机号和所属角色的信息，可以使用"定位"功能，在角色列表中查找所属角色。此时，系统会在"姓名"后出现"注销当前用户"的按钮，如果需要暂时停止使用该用户，则单击此按钮。此按钮会变为"启用当前用户"，可以单击继续启用该用户。

（4）选中要删除的用户，单击"删除"按钮，可删除该用户。但正在启用的用户不能删除。

【注意事项】　（1）用户和角色设置不分先后顺序，用户可以根据自己的需要先后设置。但对于自动传递权限来说，应该首先设定角色，然后分配权限，最后进行用户的设置。这样在设置用户的时候，如果选择其归属哪一个角色，则其自动具有该角色的权限。

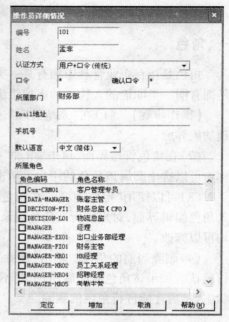

图 4.2　增加操作员详细情况

（2）一个角色可以拥有多个用户，一个用户也可以分属于多个不同的角色。

（3）若角色已经在用户设置中被选择过，系统则会将这些用户名称自动显示在角色设置中的所属用户名称的列表中。

（4）若修改用户的所属角色，则该用户对应的权限也跟着角色的改变而相应改变。

（5）所有新增用户默认都属于"普通用户"角色。

（6）只有系统管理员有权限进行本功能的设置。

第三节　建立新账套

账套是指一组紧密相关的账务数据。一般为集团企业中每一个独立核算的单位建立一个账套，用友 ERP-U8 管理系统中最多可以创建 999 个账套。

在使用系统之前，首先要新建本单位的账套。用户在系统管理界面单击"账套"菜单选择"建立"，进入建立单位新账套的功能。

一、输入账套信息

用于记录新建账套的基本信息，界面中的各栏目说明如下：

(1) 已存账套。系统将现有的账套以下拉框的形式在此栏目中表示出来,用户只能参照,而不能输入或修改。其作用是在建立新账套时可以明晰已经存在的账套,避免在新建账套时重复建立。

(2) 账套号。用来输入新建账套的编号,用户必须输入,可输入 3 个字符(只能是 001～999 之间的数字,而且不能是已存账套中的账套号)。

(3) 账套名称。用来输入新建账套的名称,作用是标识新账套的信息,用户必须输入,最多可以输入 40 个字符。

(4) 账套语言。用来选择账套数据支持的语种,也可以在以后通过语言扩展对所选语种进行扩充。

(5) 账套路径。用来输入新建账套所要被保存的路径,用户必须输入(可以参照输入),但不能是网络路径中的磁盘。

(6) 启用会计期。用来输入新建账套将被启用的时间,具体到"月",用户必须输入。

(7) 会计期间设置。因为企业的实际核算期间可能和正常的自然日期不一致,所以系统提供此功能进行设置。

【例 4.3】 创建以下账套信息。

账套号:302;账套名称:龙江沐菲高科技股份有限公司;采用默认账套路径;启用会计期:2011 年 1 月;会计期间设置:默认。

【操作步骤】 (1) 执行"账套"→"建立"命令,打开"创建账套"对话框。

(2) 输入账套信息,如图 4.3 所示。

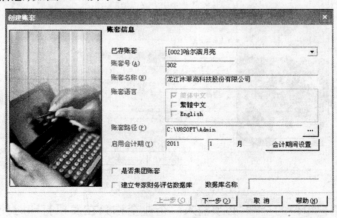

图 4.3 "账套信息"对话框

① 已存账套:系统将已经存在的账套以下拉列表框的形式显示,用户只能查看,不能输入或修改。

② 账套号:必须输入。输入账套号"302"。

③账套名称:必须输入。输入"龙江沐菲高科技股份有限公司"。

④账套路径:用来确定新建账套将要被放置的位置,系统默认的路径为"C:\U8SOFT\Admin",用户可以人工更改,也可以利用"……"按钮进行参照输入,本例采用系统默认路径。

⑤启用会计期:必须输入。系统默认为计算机的系统日期,更改为"2011年1月"。

⑥是否集团账套,是否建立专家数据库:不选择。

【注意事项】 只有系统管理员用户才有权限创建新账套。

二、输入单位信息

用于记录本单位的基本信息,单位名称为必须输入项目。输入完成后,单击"下一步"按钮,可进行"核算类型"设置。

【例4.4】 输入以下单位信息。

单位名称:龙江沐菲高科技股份有限公司;单位简称:沐菲公司;单位地址:哈尔滨市南岗区学府路99号;法人代表:肖宏;邮政编码:150001;联系电话:66666666;税号:111110000888221。

【操作步骤】 (1)在例4.3录入界面,即图4.3"账套信息"对话框中单击"下一步"按钮,进入"单位信息"对话框。

(2)输入单位信息,如图4.4所示。

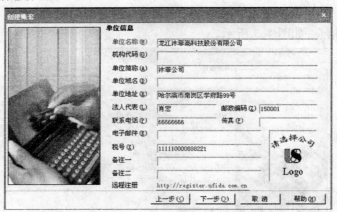

图4.4 "单位信息"对话框

①单位名称:用户单位的全称,必须输入。企业全称只在发票打印时使用,其余情况全部使用企业的简称。本例输入"龙江沐菲高科技股份有限公司"。

②单位简称:用户单位的简称,建议输入。本例输入"沐菲公司"。

其他栏目都属于任选项。

三、核算类型设置

用于记录本单位的基本核算信息,界面各栏目说明如下:

(1)本币代码。用来输入新建账套所用的本位币的代码。系统默认的是人民币的代码"RMB"。

(2)本币名称。用来输入新建账套所用的本位币的名称。系统默认的是"人民币",此项为必有项。

(3)账套主管。用来确认新建账套的账套主管,用户只能从下拉框中选择输入。对于账套主管的设置和定义请参考操作员和划分权限。

(4)企业类型。用户必须从下拉框中选择输入与自己企业类型相同或最相近的类型。系统提供工业、商业和医药流通三种选择。

(5)行业性质。用户必须从下拉框中选择输入本单位所处的行业性质。

(6)是否按行业预置科目。如果用户希望采用系统预置所属行业的标准一级科目,则在该选项前打钩,那么进入产品后,会计科目由系统自动已经设置;如果不选,则由用户自己设置会计科目。

【例4.5】 采用以下核算类型。

该企业的记账本位币:人民币(RMB);企业类型:工业;行业性质:2007年新会计制度科目;科目预置语言:中文(简体);账套主管:孟非;选中"按行业性质预置科目"复选框。

【操作步骤】 (1)在例4.4录入界面,即单击图4.4"单位信息"对话框的"下一步"按钮,进入"核算类型"对话框。

(2)设置以下内容,如图4.5所示。

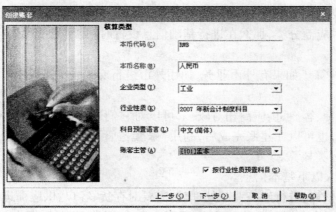

图4.5 "核算类型"对话框

①本币代码:必须输入。本例采用系统默认值"RMB"。

②本币名称：必须输入。本例采用系统默认值"人民币"。

③企业类型：用户必须从下拉列表框中选择输入。系统提供了工业、商业两种类型。如果选择工业模式，则系统不能处理受托代销业务；如果选择商业模式，委托代销和受托代销都能处理。本例选择"工业"。

④行业性质：用户必须从下拉列表框中选择输入，系统按照所选择的行业性质预置科目。本例选择行业性质为"2007年新会计制度科目"。

⑤科目预置语言：中文（简体）（U8.72为多语言版本）。

⑥账套主管：必须从下拉列表框中选择输入。本例选择"[101]孟非"。

⑦按行业预置科目：如果用户希望预置所属行业的标准一级科目，则选中该复选框。本例选择"按行业性质预置科目"。

四、基础信息设置

界面各栏目说明如下：

(1) 存货是否分类。如果存货较多且类别繁多，可以在"存货是否分类"选项前打钩，表明要对存货进行分类管理；如果存货较少且类别单一，也可以选择不进行存货分类。注意，如果选择了存货需要分类，那么在进行基础信息设置时，必须先设置存货分类，然后才能设置存货档案。

(2) 客户是否分类。如果客户较多，且希望进行分类管理，可以在"客户是否分类"选项前打钩，表明要对客户进行分类管理；如果客户较少，也可以选择不进行客户分类。注意，如果选择了客户分类，那么在进行基础信息设置时，必须先设置客户分类，然后才能设置客户档案。

(3) 供应商是否分类。如果供应商较多，且希望进行分类管理，可以在"供应商是否分类"选项前打钩，表明要对供应商进行分类管理；如果供应商较少，也可以选择不进行供应商分类。注意，如果选择了供应商分类，那么在进行基础信息设置时，必须先设置供应商分类，然后才能设置供应商档案。

(4) 有无外币核算。如果有外币业务，如用外币进行交易业务或用外币发放工资等，可以在此选项前打钩。

如果单位的存货、客户、供应商相对较多，可以对它们进行分类核算。如果此时不能确定是否进行分类核算，也可以在建账完成后，利用"账套主管"身份进入"系统管理"，在"修改账套"功能中再设置分类核算。

【例4.6】 录入以下基本信息。

该企业有外币核算，进行经济业务处理时，需要对存货、客户、供应商进行分类。

【操作步骤】 (1) 在例4.5录入界面，即图4.5"核算类型"对话框中单击"下一步"按钮，进入"基础信息"对话框。

(2) 按照本例要求，选中"存货是否分类""客户是否分类""供应商是否分类""有无外币核算"四个复选框,如图4.6所示,单击"完成"按钮,弹出系统提示"可以创建账套了么",单击"是"按钮,打开"编码方案"对话框。

【注意事项】 (1)此处创建账套需要的时间较长,请耐心等待。

(2)输入完成后,若单击"完成"按钮,系统提示"可以创建账套了么",单击"是",完成上述信息设置,进行下面设置;若单击"否",则返回确认步骤界面;若单击"上一步"按钮,则返回上一步设置;若单击"取消"按钮,则取消此次建账操作。

五、确定编码方案

为了便于对经济业务数据进行分级核算、统计和管理,系统要求预先设置某些基础档案的编码规则,即规定各种编码的级次及各级的长度。建账完成后,可以继续进行相关设置,也可以以后从企业门户中进行设置。

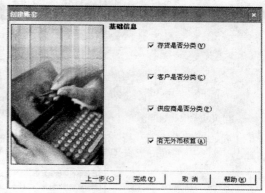

图4.6 "基础信息"对话框

(1)科目编码方案。在账套信息录入完毕后单击"完成"时,会出现一个界面,即编码级次界面。如果设置科目编码级次为422。其意义为:

第一级科目的编码长度为4,最多可以设立9 999个一级科目。

第二级科目的编码长度为2,最多可以设立99个二级科目。

第三级科目的编码长度为2,最多可以设立99个三级科目。

(2)部门编码方案。部门编码级次默认为12。其意义为:

第一级部门的编码长度为1,最多可以设置10个部门(即从0到9)。

第二级部门的编码长度为2,最多可以设置100个部门(即从00到99)。

【例4.7】 录入以下编码方案。

科目编码级次:4222;客户分类编码级次:234;供应商分类编码级次:234;部门编码级次:122;地区分类编码级次:234;结算方式编码级次:12。

【操作步骤】 (1)在"编码方案"对话框中,根据资料所给内容修改系统默认值,如图4.7所示。

(2)单击"确认"按钮,再单击"取消"按钮,可打开"数据精度定义"对话框。

【注意事项】 (1)此设置也可以利用"企业门户"→"基础设置"→"基础信息"下面的"编码方案"功能进行修改。

(2)除了科目编码级次的第1级以外,其他编码级次都可以根据需要进行修改。

(3)由于建立账套时,按照账套的所选行业会计制度系统预置了一级会计科目,因此第一级科目编码级次不能修改。

图 4.7 "编码方案"对话框

六、确定数据精度

数据精度是指定义数据的小数位数。由于不同企业对数量、单价等的核算精度要求一般不尽相同,因此系统提供了自定义数据精度的功能。如果需要进行数量核算,则需要认真填写该项。

【例4.8】 该单位需要对数量、单价等进行数量核算,小数位定义为2。

【操作步骤】 (1)根据资料修改小数位数,本例采用系统默认值,如图4.8所示。

(2)单击"确认"按钮,再单击"取消"按钮。系统弹出"创建账套"系统提示对话框,单击"否"按钮,暂不进行系统启用的设置。系统提示"请进入企业应用平台进行业务操作!",单击"确定"按钮返回。

【注意事项】 (1)当系统弹出"创建账套"系统提示对话框,若单击"是"按钮,则可以进行系统启用设置,若单击"否"按钮,则暂不进行系统启用的设置。

(2)只有在系统启用后,系统才能进行相关业务操作。

图 4.8 "数据精度"对话框

第四节 角色和用户的权限设置

一、权限划分

随着经济的发展,用户对管理要求不断变化、提高,越来越多的信息都表明权限管理必须向更细、更深的方向发展。用友 ERP-U8 提供集中权限管理,除了提供用户对各模块操作的权限之外,还提供金额的权限管理和对于数据的字段级和记录级的控制,不同的组合方式将为企业的控制提供有效的方法。用友 ERP-U8 可以实现三个层次的权限管理。

(1)功能级权限管理。该权限将提供划分更为细致的功能级权限管理功能,包括各功能模块相关业务的查看和分配权限。

(2)数据级权限管理。该权限可以通过两个方面进行权限控制,一个是字段级权限控制,另一个是记录级的权限控制。

(3)金额级权限管理。该权限主要用于完善内部金额控制,实现对具体金额数量划分级别,对不同岗位和职位的操作员进行金额级别控制,限制他们制单时可以使用的金额数量,不涉及内部系统控制的不在管理范围内。

功能权限的分配在系统管理中的权限分配设置,数据权限和金额权限在"企业门户"→"系统服务"→"权限"中进行分配。对于数据级权限和金额级权限的设置,必须在系统管理的功能权限分配之后进行。

二、增加角色和用户的权限

角色和用户的权限是指某一操作员拥有某一账套的某些功能的操作权限。因此,在增加角色、操作员和建立账套后,可以在操作员权限设置功能中对非账套主管的操作员进行操作员功能权限设置。

【例4.9】 设置以下角色和用户权限。

101 孟非为账套主管,具有账套主管权限。

102 王晓为出纳,具有"总账—凭证—出纳签字"和"总账—出纳"的操作权限。

103 刘丹为总账会计,具有总账管理的全部权限及 UFO 报表权限。

201 张扬负责市场业务,具有公共单据、公用目录设置、应收、应付、总账、采购管理、销售管理、库存管理和存货核算等的全部操作权限。

【操作步骤】 (1)单击系统管理下的"权限"→"权限"按钮,进入"操作员权限"窗口。

(2)选择 302 账套,2011 年度。

(3)从窗口左侧操作员列表中选择"101 孟非",选中"账套主管"复选框,确定孟非具有账套主管权限。

(4)从窗口左侧操作员列表中选择"102 王晓",单击工具栏上的"修改"按钮,打开"增加和调整权限"的对话框,选中"总账"前的"+"图标,展开"总账"、"凭证"项目,选中"出纳签字"权限,再选中"总账"下的"出纳"权限,如图4.9所示,单击"保存"按钮返回。

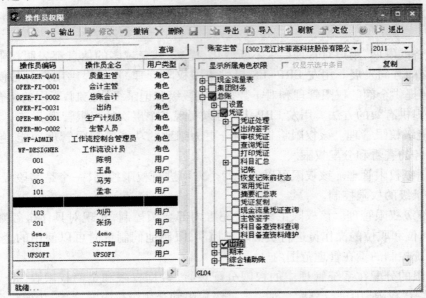

图4.9 修改操作员权限

(5)同理设置"刘丹"的权限,勾选"总账"及"UFO 报表"。

(6)同理设置"张扬"的权限,最后单击工具栏上的"退出"按钮,返回系统管理。

【注意事项】 (1)一定要先选账套号(即单位选择正确)。

(2)账套选对之后再选人员姓名,然后单击"修改"。

(3)"修改"功能是给操作员进行权限分配的。

(4)如果在增加用户和建立账套时已设定"孟非"为账套主管,此处无须再为孟非分配账套主管权限。

(5)在"增加和调整权限"对话框中,单击每一个权限前的"+",可以展开显示该权限的明细权限,用户可以根据需要增加或修改明细权限。

(6)给出纳分配权限时应注意在操作员权限界面的右侧,"总账"→"凭证"→"出纳签字"的权限容易被忽略掉。

三、设定或取消账套主管

一个账套可以拥有多个账套主管,一个操作员也可以担任多个账套的账套主管。系统默认账套主管自动拥有该账套的全部权限,在设置角色和用户权限时,一般仅对非账套主管的操作员进行相应的权限设置。账套主管的设立首先在建立账套时指定,修改时由系统管理员对账套主管进行设定与取消的操作。

（1）若要设定某操作员为账套主管,首先在"操作员权限"窗口的右上角选择所要设置的账套,然后在修改窗口左边选择操作员,最后选中所选账套左边的"账套主管"复选框即可。

（2）若要取消某操作员的账套主管权限,则取消"账套主管"复选框即可。

【注意事项】 （1）对于"账套主管"的分配,只需要将其选中即可。

（2）只有以系统管理员（Admin）的身份进入系统,才能对账套主管的权限分配。

（3）如果以账套主管的身份注册,只能分配子系统的权限。但需要注意的是,系统一次只能对一个账套的某一个年度账进行分配,一个账套可以有多个账套主管。

四、删除角色和用户权限

系统管理员或账套主管可以对非账套主管的操作员已拥有的权限进行删除。

【例4.10】 删除操作员201张扬对302账套的所有权限。

【操作步骤】 （1）在"系统管理"窗口中,选择"权限"菜单中的"权限"命令,打开"操作员权限"对话框。

（2）选择302账套。

（3）选择操作员201张扬。

（4）单击"删除"按钮,系统弹出如图4.10所示提示,单击"是"按钮。

图4.10 删除提示

【注意事项】 （1）"删除"功能将该操作员的所有权限删除。

（2）正在使用的用户权限不能进行修改、删除的操作。如果对某角色分配了权限,则在增加新的用户时（该用户属于此角色）,用户自动拥有此角色具有的权限。

第五节 账套管理

一、账套备份

账套备份即账套输出,是指将所选的账套数据进行备份输出。对于企业系统管理员来说,定时地将企业数据备份出来存储到不同的介质上（如常见的U盘、光盘、网络磁盘等）,对数据的安全性是非常重要的。如果企业由于不可预知的原因（如地震、火灾、计算机病毒、人为的误操作等）,需要对数据进行恢复,此时备份数据就可以将企业的损失降到最小。而且,对于异地管理的公司,此种方法还可以解决审计和数据汇总的问题。具体操作应根据企业实际情况加以应用。用友ERP-U8提供的账套备份方式有两种:手工备份和自动备份。

1. 手工备份

手工备份是指将所选的账套数据进行手工备份输出。

【例 4.11】 手工备份 302 账套。

【操作步骤】 (1)以系统管理员身份注册,进入系统管理模块。

(2)选择"账套"菜单下级的"输出"功能,弹出账套输出界面。

(3)在"账套号"处选择需要输出的账套"302",取消"同步输出文件服务器上相关文件"复选框,如图 4.11 所示。

(4)单击"确认"按钮,选择输出路径,再单击"确认"按钮完成输出。系统提示输出是否成功的标识。

【注意事项】 (1)只有系统管理员(Admin)有权限进行账套输出。

图 4.11 账套输出界面

(2)如果将"删除当前输出账套"同时选中,则在输出完成后系统将弹出确认提示,询问是否将该账套数据从当前系统中删除。

(3)在选择输出路径时,一定要双击选定子目录,否则不会保存到想要保存的子目录中,而会保存在上一级目录中。

(4)账套数据的备份文件前缀名统一为 UfErpAct。

(5)多次备份时,不要备份到同一文件夹。

2. 自动备份

自动备份是指设置备份计划,从而定时自动对设置好的账套进行输出。

【操作步骤】 (1)以系统管理员身份(Admin)或者账套主管身份注册,进入系统管理模块。

(2)在"系统"菜单下选择"设置备份计划",弹出"设置备份计划"功能界面。单击增加,输入备份计划,单击"退出"即可。

【注意事项】 (1)对于系统输出路径,只能是本地磁盘。

(2)对于发生天数可以按规定范围进行选择,如果手工输入超过规定数值,则在增加、修改时系统会提示有效范围。

二、账套引入

账套引入功能是指将系统外某账套数据引入本系统中。例如,当账套数据遭到破坏时,将最近复制的账套数据引入到本账套中。

【例 4.12】 引入 302 账套。

【操作步骤】 (1)系统管理员在系统管理界面单击"账套"的下级菜单"引入",进入"请选择账套备份文件"界面。

(2)选择要引入的账套302的数据备份路径及文件,单击"确定"按钮表示确认,系统弹出"请选择账套引入的目录,当前默认路径为……"提示。

(3)单击"确定"按钮,进入"请选择账套引入的目录"界面。

(4)使用默认路径,直接单击"确定"按钮。若系统已存在相应账套,则会弹出"此项操作将覆盖[302]账套当前的所有信息,继续吗?",单击"是"即可。

【注意事项】 (1)只有系统管理员(Admin)有权限进行账套引入。

(2)若系统已有相同账套号的账套,则会弹出确认提示,询问是否覆盖原有相同账套号的账套。

三、账套修改

当系统管理员建完账套后,在未使用相关信息的基础上,需要对某些信息进行调整,以便使信息更真实准确地反映企业的相关内容时,可以进行适当的调整。

【操作步骤】 (1)用户以账套主管的身份注册,选择相应的账套,进入系统管理界面。

(2)选择"账套"菜单中的"修改",则进入修改账套的功能。

(3)单击"完成"按钮,表示确认修改内容;如放弃修改,则单击"放弃"。

【注意事项】 (1)只有账套主管可以修改其具有权限的账套中的信息,系统管理员无权修改。

(2)修改账套时,有些信息可以修改,如账套名称和单位信息等;有些信息是无法修改的,如账套号等。当然,若要修改账套号,可以直接在备份文件中修改。

四、账套删除

此功能是根据客户的要求,将所希望删除的账套从系统中删除。此功能可以一次将该账套下的所有数据彻底删除。

【操作步骤】 (1)以系统管理员身份注册,进入系统管理模块。然后从"账套"菜单下级的"输出"功能进入。

(2)此时系统弹出账套输出界面,在"账套号"处选择需要删除的账套,并选中"删除当前输出账套",单击"确认"进行删除。此时系统会进行输出的工作,在系统进行输出过程中系统有一个进度条,任务完成后,系统会提示输出的路径(此处系统只可以选择本地的磁盘路径,如c:\backup下等)。选择输出路径,单击"确认"完成输出。此时系统提示"真要删除该账套吗?",确认后系统删除该账套,若取消操作,则不删除当前输出账套。

【注意事项】 (1)若正在使用账套时,系统的"删除当前输出账套"是灰色的,不允许选中。

(2)删除完成后,系统自动将系统管理员注销。

(3)账套删除和账套输出备份的操作基本一样,区别只是在输出选择界面选中删除操作和完成备份后的删除确认。

本章小结

用友 ERP-U8 软件产品是由多个产品组成,各个产品之间相互联系、数据共享。它为企业资金流、物流、信息流的统一管理提供了有效的方法和工具,完全实现财务业务一体化的管理。对于多个产品的操作,系统需要对账套进行建立、修改、删除和备份,需要设立操作员并进行角色的划分和权限的分配等,完成这些功能需要一个操作平台——系统管理模块来进行集中管理。系统管理包括新建账套、账套修改、账套删除和账套备份,根据企业经营管理中的不同岗位职能建立不同的角色,以及新建操作员和权限的分配等功能。

案例一　系统管理

一、案例要求

1. 设置操作员;
2. 建立账套(不进行系统启用的设置);
3. 设置操作员权限;
4. 将账套修改为有"外币核算"的账套;
5. 账套备份。

二、案例资料

1. 操作员及其权限(表4.3)

表4.3

编号	姓名	口令	所属部门	角色	权限
301	李平	1	财务部	账套主管	账套主管的全部权限
302	孟丽	2	财务部	总账会计	公用目录设置和总账的全部权限
303	王京	3	财务部	出纳	总账中凭证下出纳签字及出纳的所有权限

2. 账套信息

账套号:300;单位名称:龙江之星股份有限公司;单位简称:龙星公司;单位地址:哈尔滨市利民开发区学院路999号;邮政编码:150099;税号:230102127129999;启用会计期:2012年1月;企业类型:工业;行业性质:2007年新会计制度科目;账套主管:李平;基础信息:对存货、客户进行分类;

分类编码方案:

科目编码级次为4222;客户分类编码级次为123;部门编码级次为122;存货分类编码级次为122;收发类别编码级次为12;结算方式编码级次为12。

第五章
Chapter 5

创建基础信息

【学习要点及目标】

掌握系统启用的方法,建立各种分类及档案的方法,外币、会计科目、凭证类别和项目目录等财务设置方法;熟悉收付结算设置。

【知识体系导图】

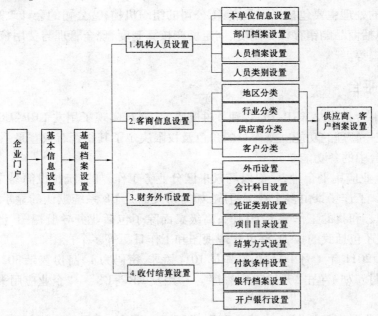

第一节 前期准备

在账套建立完毕之后,还需要为其创建基础信息。这是因为一个账套一般可以启用若干个子系统,如总账处理子系统、报表子系统、薪资管理子系统、固定资产管理子系统和应收/应付子系统等。为了实现这些子系统之间的无缝连接和信息共享,应该根据企业的实际情况为其创建基础信息,使整个系统能够顺畅地运行。

一、进行岗位设置

岗位设置的原则主要包括以下几点:
(1)业务活动与电算化活动应职责分离。
(2)系统开发和数据处理应职责分离。
(3)会计电算化人员在数据处理过程中应职责分离。
(4)出纳与计算机数据处理应职责分离,即出纳不能进行数据的录入、记账和审核等相关操作。

岗位一般包括系统开发维护员、档案管理员、审核员、会计和出纳。

二、实务材料的处理

实务材料的处理主要包括以下几点:①公司的组织机构;②公司的会计政策和内部财务会计制度,主要包括商品购销存核算制度、固定资产核算制度、现金管理与费用核算制度、工资核算和税金的计提等。

三、企业应用平台

企业应用平台是用友 ERP-U8 管理软件的唯一入口,实现了用友 ERP-U8 管理软件各产品统一登录、统一管理的功能。操作员的角色及权限决定了其是否有权登录系统,是否可以使用企业应用平台中的各功能单元。

在 U8 的企业应用平台中,一般以场景来区分业务工作,如系统预设简易桌面和高级桌面两个工作场景。工作场景由多个视图组成,如简易桌面是 U8 系统默认的显示布局,包括业务导航图、消息中心和我的工作等多个视图;高级桌面除了包括业务导航视图、消息中心和我的工作等视图外,还包括我的报表、许可管理视图和工作日历等多个视图。

【例5.1】 2011 年 1 月 1 日,由操作员 101(孟非,密码为 1)身份登录 302 账套。

【操作步骤】 (1)单击"开始"→"程序"→"用友 ERP-U8"→"企业应用平台"命令,打开"登录"对话框。

(2)输入操作员"101",输入密码为"1",选择 302 账套,选择语言区域为"简体中文",更改操作日期为"2011-01-01",如图 5.1 所示。

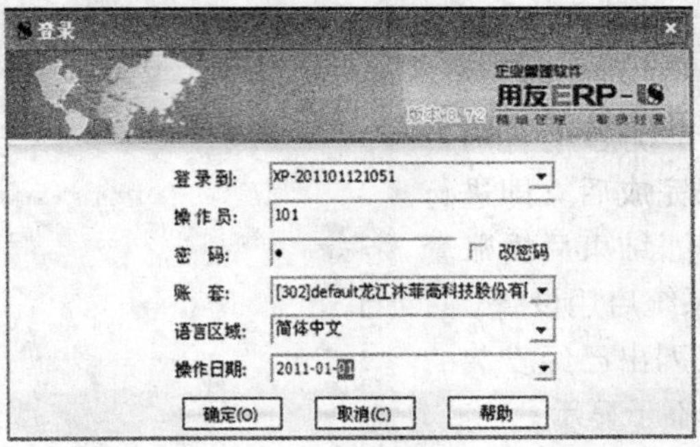

图 5.1　系统登录

(3)单击"确定"按钮,进入"UFIDA-ERP-[工作中心]"窗口。

【注意事项】　为方便用户,U8 系统提供了方便的在线帮助功能。进入企业门户后,单击"帮助"或按"F1"键均可浏览帮助信息。

第二节　基本信息与基础档案

基本信息与基础档案设置为系统的日常运行做好基础工作,主要包括基本信息设置、基础档案设置和业务参数等。由于内容较多,不能一一描述。本节主要介绍常用的基本信息设置和基础档案设置等方面内容。

一、设置基本信息

基本信息设置主要包含系统启用、编码方案修改和数据精度修改三方面内容。

1. 系统启用

用友 ERP-U8 管理系统分为财务会计、管理会计、供应链、生产制造、人力资源、集团应用、决策支持和企业应用集成等产品组,每个产品组中包含若干模块,它们中大多数可以独立运行,又可以集成使用,但两种方法的流程是有差异的。一方面企业可以根据本身的管理特点选购不同的子系统;另一方面企业也可能采取循序渐进的策略有计划地先启用一些模块,一段时间之后再启用另外一些模块。系统启用为企业提供了选择的便利,可以表明企业在何时启用了哪些子系统。只有设置了系统启用的模块才可以登录。

【例 5.2】　2011 年 1 月 1 日,由 302 账套主管 101 孟非启用总账系统,启用日期为 2011 年 1 月 1 日。

【操作步骤】　(1)在企业应用平台中,单击"基础设置"→"基本信息",双击"系统启用"选项,打开"系统启用"对话框。

(2)选择要启用的系统,输入启用日期"2011年1月1日",单击"是"按钮。系统启用结果如图5.2所示。

(3)单击"退出"按钮返回即可。

【注意事项】 (1)系统启用有两种方法:一种是在企业建账完成后立即进行系统启用;另一种是在建账结束后由账套主管在系统管理中进行系统启用设置。

(2)系统启用界面仅列出已经安装的子系统,未安装的子系统不予显示。

(3)必须进行系统启用设置,否则无法进行基础档案的录入。

(4)系统自动记录启用日期和启用人。

(5)各个子系统的会计启用期间必须大于等于账套的启用期间。

(6)各个子系统之间的启用也要注意逻辑关系,如采购子系统的启用月份必须大于或等于应付子系统的未结账月;销售子系统的启用月份必须大于或等于应收子系统的未结账月。

图5.2 "系统启用"对话框

2. 编码方案修改

编码方案修改主要用于对建账过程中确定的编码方案进行修改,即修改有编码级次档案的分级方式和各级编码长度。由于用友ERP-U8应用系统中的所有子系统均需要用到编码方案,因此,编码方案必须认真设置。

【操作步骤】 在企业应用平台中,单击"基础设置"→"基本信息",双击"编码方案"选项,打开"编码方案"对话框。修改各个项目的编码方案级次,单击"确定"即可。

【注意事项】 编码方案的修改也可通过修改账套的操作来完成。

3. 数据精度修改

数据精度修改主要用于对建账过程中确定的数据精度进行修改,即修改业务系统中一些特定数据的小数位长度。

【操作步骤】 在企业应用平台中,单击"基础设置"→"基本信息",双击"数据精度"选项,打开"数据精度"对话框。修改各个小数位,单击"确定"即可。

【注意事项】 数据精度的修改也可通过修改账套的操作来完成。

二、机构人员设置

基础档案是系统日常业务处理必需的基础资料,是系统运行的基石。一个账套是由若干个子系统构成,这些子系统共享公用的基础档案信息。在启用新账套之前,应根据企业的实际情况,结合系统基础档案设置的要求,事先做好基础数据的准备工作。

机构人员设置主要包括本单位信息、部门档案、人员档案、人员分类、职务档案和岗位档案等。其中,前四种为常用机构人员设置。

部门是指某使用单位下辖的具有分别进行财务核算或业务管理要求的单元体,可以是实际中的机构,也可以是虚拟的核算单元。系统对企业进行不同级别的部门划分,与企业实际的职能部门的划分不一定完全一致,设置部门主要是为了便于业务管理需要,特别是为了在会计核算时能清晰地按部门进行费用的归集与分配。部门档案的内容主要包括部门编码、部门名称、部门属性和成立日期等。

职员档案主要用于设置企业各职能部门中需要进行核算和业务管理的职员信息,除了固定资产和成本管理子系统以外,其他子系统均要使用职员档案。如果企业没有对职员进行核算和管理的需求,则可以不设置职员档案。

1. 本单位信息设置

用户可以利用此功能录入或修改本单位信息。

【操作步骤】 展开"基础档案"→"机构人员",双击"本单位信息",输入单位信息后单击"下一步",再单击"完成"即可。

【注意事项】 蓝色字体部分为必填项目。

2. 部门档案设置

部门档案设置主要用于设置企业各个职能部门的信息。部门指某使用单位下辖的具有分别进行财务核算或业务管理要求的单元体,可以是实际中的部门机构,也可以是虚拟的核算单元。按照已经定义好的部门编码级次原则输入部门编号及其信息。部门编号最多可分五级,编码总长12位,部门档案包含部门编码、名称、负责人等信息。

【例5.3】 录入表5.1中部门档案。

表5.1

编 号	名 称	部门属性
1	综合部	综合
101	总经理办公室	管理
102	财务部	财务
2	市场部	市场
3	开发部	开发
301	开发一部	开发
302	开发二部	开发

【操作步骤】 (1)双击"部门档案"进入"部门档案"页面。

(2) 单击"增加"按钮,输入部门档案信息(其中蓝色字体部分为必填项目),输入完毕单击"保存"图标,进行下一档案输入。其结果如图 5.3 所示。

(3) 输入完毕单击"退出"按钮或关闭本页面即可。

【注意事项】 (1) 输入档案时,应遵循事先设定的部门编码级次原则。

(2) 部门编号最多可分五级,编码总长 12 位。

(3) 新增部门档案,必须先新增上级部门,再逐级增加下一级部门。

(4) 删除部门档案,必须先删除下级部门,再逐级删除上一级部门。

3. 人员档案设置

人员档案设置主要用于设置企业各职能部门中需要进行核算和业务管理的职员信息,必须先设置好部门档案才能在这些部门下设置相应的职员档案。除了固定资产和成本管理产品外,其他产品均需使用职员档案。如果企业不需要对职员进行核算和管理,则可以不设置职员档案。

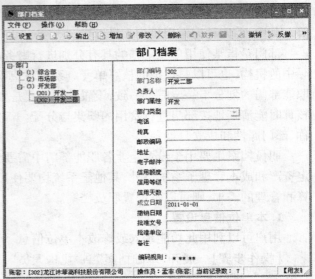

图 5.3 "部门档案"页面

【例 5.4】 录入表 5.2 中人员档案。

表 5.2

序号	编码	姓名	性别	人员类别	行政部门	是否操作员	是否业务员	业务或费用部门
1	100	肖宏	男	在职	总经理办公室	否	是	总经理办公室
2	101	孟非	男	在职	财务部	是	是	财务部
3	102	王晓	女	在职	财务部	是	是	财务部
4	103	刘丹	女	在职	财务部	是	是	财务部
5	201	张扬	女	在职	市场部	是	是	市场部

【操作步骤】 人员档案的设置操作与部门档案类似,只需双击"人员档案"进入"人员档案"页面,然后按资料输入即可。其结果如图 5.4 所示。

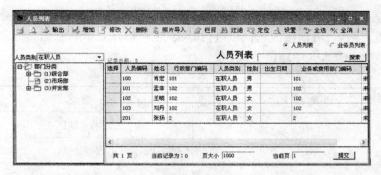

图 5.4 "人员档案"页面

【注意事项】 (1)人员档案录入必须在部门档案之后完成。

(2)"职员编号"必须录入,且必须唯一。

(3)"职员名称"必须录入,但可以重复。

(4)"部门名称"指输入该职员所属的部门,只能选定末级部门。

(5)如上述档案设置有问题,可单击"修改"或"删除"按钮进行相应的操作。

4. 人员类别设置

对企业的人员类别进行分类设置和管理,一般是按树形层次结构进行分类,系统预置在职人员、离退休人员、离职人员和其他人员四类顶级类别,用户可以自定义扩充人员子类别。

双击"人员类别"进入"人员类别"界面,单击"增加"按钮进行添加。

【注意事项】 (1)人员类别顶级由系统预置:在职人员、离退休人员、离职人员、其他人员。

(2)顶级类别可以修改,但不允许增加和删除。

(3)当某类别已有人员引用时,不允许增加其子类别。

(4)查询/定位人员时,可以选择中间类别,显示结果包含该类别下的各子类别人员。

(5)新增/修改人员信息时,只能选择末级的人员类别。

三、客商信息设置

(一)分类的设置

企业可以根据自身管理的需要对客户进行分类管理,建立相应的客户分类体系。可以将客户按行业和地区等进行划分,在设置客户分类后根据不同的分类建立客户档案。没有对客户进行分类管理需求的用户可以不使用该项功能。客商信息中一共有四种分类,即地区分类、行业分类、供应商分类和客户分类。

1. 地区分类设置

企业可以根据自身管理要求出发对客户、供应商的所属地区进行相应的分类,建立地区分类体系,以便对业务数据进行统计、分析。使用用友 ERP-U8 产品中的采购管理、销售管理、库存管理和应收/应付款管理系统都会用到地区分类。地区分类最多有五级,企业可以根据实际需要进行分类。例如,可以按区、省、市进行分类,也可以按省、市、县进行分类。

【例5.5】 录入表5.3中地区分类。

表5.3

分类编码	分类名称
01	华北地区
02	华东地区
03	其他地区

【操作步骤】 (1)展开"客商信息",双击"地区分类"进入"地区分类"页面。

(2)单击"增加"按钮,输入分类编码为"1",再输入分类名称为"华东地区",输入完毕单击"保存"图标,进行下一档案输入。其结果如图5.5所示。

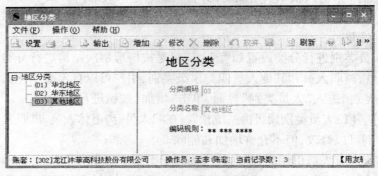

图5.5 "地区分类"页面

(3)输入完毕单击"退出"按钮或关闭本页面即可。

【注意事项】 (1)蓝色字体部分为必填项目。

(2)输入分类信息时,应遵循事先设定的编码原则。

(3)分类必须逐级增加。除了一级分类之外,新增分类的分类编码必须有上级分类编码。

(4)分类编码是系统识别不同分类的唯一标志,因此分类编码必须唯一,且不能重复或者修改。

(5)分类名称是对分类的信息描述,可以是汉字、英文字母,但不能为空。

(6)如上述信息设置有问题,可单击"修改"或"删除"按钮进行相应操作。

2. 行业分类设置

企业可以依自身管理要求对客户的所属行业进行相应的分类,建立行业分类体系,以使业务数据按行业进行统计分析。行业分类最多可以设置五级。

【操作步骤】 (1)增加。展开"客商信息",双击"地区分类"进入"地区分类"页面。单击"增加"按钮,输入行业分类信息,输入完毕单击"保存"图标,进行下一档案输入。输入完毕单击"退出"按钮或关闭本页面即可。

(2)修改。在行业树中选择要修改的行业,单击"修改"按钮,修改行业名称。行业编码不可以修改。

(3)在行业树中选择要删除的行业分类,单击"删除"按钮即可。

【注意事项】 (1)行业编码不能与已有的行业编码重复。

(2)如果不希望保存当前正在编辑的行业分类,单击"放弃"按钮,系统将回到增加前状态并且不保存当前编辑内容。

(3)如果该行业在客户档案中已被使用,不能删除。

3. 供应商分类设置

企业可以根据自身管理的需要对供应商进行分类管理,建立供应商分类体系。可将供应商按行业、地区等进行划分,设置供应商分类后,根据不同的分类建立供应商档案。没有对供应商进行分类管理需求的用户可以不使用本功能。

【例5.6】 录入表5.4中供应商分类。

表5.4

供应商分类编码	供应商分类名称
01	工业企业
02	商业企业
03	其他企业

【操作步骤】 (1)双击"供应商分类",进入"供应商分类"页面。

(2)单击"增加"按钮,输入分类编码为"01",再输入分类名称为"工业企业",输入完一个供应商分类后单击"保存"图标,进行下一供应商分类输入。其结果如图5.6所示。

(3)全部供应商分类输入完毕后单击"退出"按钮即可。

【注意事项】 (1)新增的供应商分类的分类编码必须与"编码原则"中设定的编码级次结构相符。例如,若编码级次结构为"××-×××",那么"001"是一个错误的供应商分类编码。

(2)供应商分类必须逐级增加。除了一级供应商分类之外,新增的供应商分类的分类编码必须有上级分类编码。例如,若编码级次结构为"××-×××",那么"01001"这个编码只有在编码"01"已存在的前提下才是正确的。

(3)有下级分类码的供应商分类前会出现带框的"+"符号,双击该分类码时,会出现或取消下级分类码。

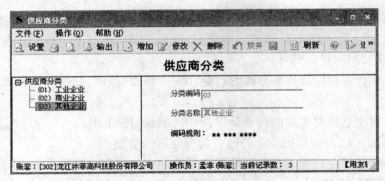

图5.6 "供应商分类"页面

4. 客户分类设置

企业可以根据自身管理的需要对客户进行分类管理,建立客户分类体系。可将客户按行业、地区等进行划分,设置客户分类后,根据不同的分类建立客户档案。没有对客户进行分类管理需求的用户可以不使用本功能。

【例5.7】 录入表5.5中客户分类。

表5.5

客户分类编码	客户分类名称
01	长期客户
02	中期客户
03	短期客户

【操作步骤】 (1)双击"客户分类",进入"客户分类"页面。

(2)单击"增加"按钮,根据实验资料输入客户分类编码为"01",再输入客户分类名称为"长期客户",输入完一个客户分类后单击"保存"图标,进行下一客户分类输入。其结果如图5.7所示。

(3)全部客户分类输入完毕后单击"退出"按钮即可。

(二)档案的设置

客商信息中有两类档案,即供应商档案和客户档案。企业可以根据自身管理的需要对供应商进行分类管理,根据不同的分类建立供应商档案。供应商档案主要用于设置往来供应商的档案信息,以便于对供应商资料管理和业务数据的录入、统计及分析。客户档案主要用于设置往来客户的档案信息,以便于对客户资料管理和业务数据的录入、统计及分析。供应商档案和客户档案一般包含基本页、联系页、信用页和其他页,每一页所设置的内容不同。

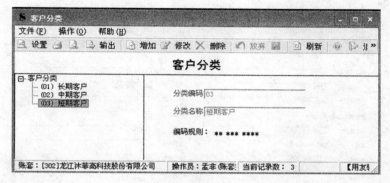

图 5.7 "客户分类"页面

1. 增加

增加供应商档案和客户档案的操作类似,下面举例说明它们的操作步骤。

【例 5.8】 分别录入以下供应商档案和客户档案。供应商档案见表 5.6。

表 5.6

编码	名称	简称	所属分类	所属地区	税号	开户行	账号
01001	上海公司	上海公司	01	02	0214567890012345	工行上海支行	0214567890
02001	联想万科有限公司	联想万科	02	01	0104567890012345	工行北京支行	0104567890

客户档案见表 5.7:

表 5.7

编码	名称	简称	所属分类	所属地区	币种	税号
02001	北京实验学校	实验学校	02	01	人民币	0123456789012345
03001	上海实达公司	实达公司	03	02	人民币	0123456789054321

【操作步骤】 (1)单击"供应商档案",进入"供应商档案"页面。

(2)单击"增加"按钮,进入"增加供应商档案"页面,分别单击"基本"、"联系"、"信用"和"其它"按钮,输入供应商信息,如图 5.8 所示。

(3)然后单击"保存"图标,进行下一档案录入。全部档案录入完毕后单击"退出"按钮或关闭本页面即可。

(4)与录入供应商档案类似,录入客户档案。

【注意事项】 (1)蓝色字体部分为必填项目。

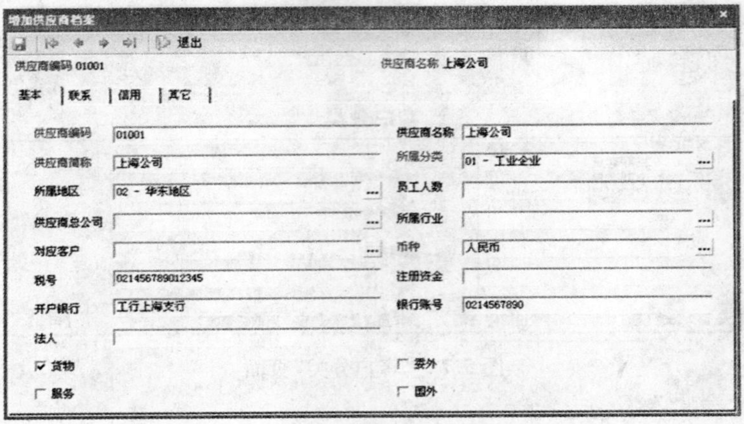

图5.8 "供应商档案"页面

（2）必须先建立客户和供应商的分类，才能进行客户档案和供应商档案的录入。

（3）已停用的供应商和客户（即供应商档案和客户档案的停用日期小于当前单据日期的客户），输入单据时不能再参照，否则系统会弹出提示信息。

（4）在进行单据或账表查询时，已停用的供应商和客户仍可继续查询。

（5）如上述信息设置有问题，可单击"修改"或"删除"按钮进行相应的操作。

（6）建立客户档案时，银行信息可在修改状态下录入。

2. 修改

单击"供应商档案"，进入"供应商档案"页面。双击所要修改的供应商，进入"修改供应商档案"页面，修改完毕后单击"保存"按钮即可。

3. 删除

单击"供应商档案"进入"供应商档案"页面。在所要删除的供应商记录上单击"选择"字段，当"选择"字段内容为"Y"时表示选中，此时单击"删除"按钮，再单击"确定"即可。

四、财务设置

用友U8.72提供的财务设置包括会计科目、凭证类别、外币设置、项目目录、备查科目设置、成本中心、成本中心对照和成本中心组等，其中外币设置、会计科目、凭证类别和项目目录较为常用。

（一）外币设置

外币设置即汇率管理，是专为外币核算服务的。如果企业有外币业务，那么必须进行外币及汇率设置。其作用主要有两个方面：一方面可以减少录入汇率的次数和差错；另一方面可以避免在汇率发生变化时出现错误。

【例5.9】 进行以下外币设置。

币符:USD;币名:美元;汇率小数位:2;固定汇率:6.43。

【操作步骤】 (1)单击"基础设置"→"基础档案"→"财务"→"外币设置",进入"外币设置"页面。

(2)单击"增加"按钮,分别输入币符为"USD",币名为"美元",汇率小数位数为"2",最大误差为默认,选择折算方式为默认,选择固定汇率,单击"确认",然后输入记账汇率为"6.43",按回车键确认,如图5.9所示。

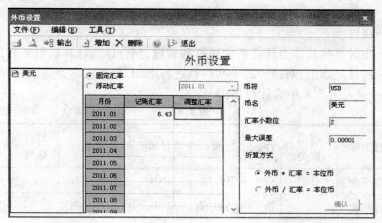

图5.9 "外币设置"页面

(3)录入完毕后单击"退出"按钮或关闭本页面即可。

【注意事项】 (1)只有账套主管具有外币设置的权限。

(2)若选择"固定汇率",则每月设置一次即可。

(3)若选择"浮动汇率",则需每天设置一次。

(4)对于已经使用的外币系统会标出红色的"已使用"字样,不能删除,且系统不允许修改其"币名",但可以修改该外币的其他信息。

(5)如果修改已经使用的外币的"币符"和"汇率",则已经记账的凭证中的"币符"会随之改变,但"汇率"不变,还是凭证录入时的汇率。

(二)会计科目

建立会计科目是会计核算方法之一,财务软件一般都提供符合国家会计规定的一级科目;明细科目的确定要根据各企业情况自行确定。其确定原则主要包括以下几点:

(1)会计科目的设置必须满足会计核算与宏观管理和微观管理的要求。在会计核算时,资产、负债、所有者权益、成本和损益等各类科目中所有可能用到的各级明细科目均需设置。

(2)会计科目的设置必须满足会计报表编制的要求。凡是报表所用数据,需从总账处理系统取数据,必须设立相应科目。

(3) 会计科目的设置必须保持科目与科目间的协调性和体系完整性。不能只有下级科目而无上级科目;既要设置总账科目,又要设置明细科目,以提供总括和详细的会计核算资料。

(4) 会计科目要保持相对稳定,会计年中不能删除。对于会计科目的名称设置,一级科目名称要符合国家会计制度的规定,明细科目名称要明确易懂。

(5) 设置会计科目要考虑与子系统的衔接。在总账处理系统中,只有末级会计科目才允许有发生额,才能接收其他各个子系统转入的数据,因此,要将各个子系统中的核算大类设置为末级科目。

1. 增加会计科目

为了满足企业对某些具体会计业务的核算和管理,充分体现计算机财务软件的优势,可在企业原有的会计科目基础上,对缺少的一些科目进行增加,以适应本企业的核算和管理工作。

【例5.10】 录入表5.8中会计科目。

表5.8

科目编码	科目名称	辅助账类	方向	余额	科目编码	科目名称	辅助账类	方向	余额
1001	库存现金	日记	借	8 059.70	4001	实收资本		贷	1 500 000
1002	银行存款		借	288 549.60	4103	本年利润		贷	0
100201	工行存款	银行日记	借	289 149.60	4104	利润分配		贷	-120 922.31
100202	中行存款	美元,银行日记	借	0	410415	未分配利润		贷	-120 922.31
1122	应收账款	客户往来	借	157 000	5001	生产成本		借	17 165.74
1221	其他应收款		借	3 800	500101	直接材料	项目核算	借	15 000.00
122101	职工借款	个人往来	借	3 800	500102	直接人工	项目核算	借	0
1231	坏账准备		贷	1 430	500103	制造费用	项目核算	借	0
1403	原材料		借	20 000	5101	制造费用		借	0
140301	光盘			20 000	510101	工资		借	0
140301	光盘	张		10 000	510102	福利费		借	0
1405	库存商品		借	199 976	510103	折旧费		借	0
140501	多媒体教程		借	87 976	6001	主营业务收入		贷	0
140501	多媒体教程	册	借	3 142	600101	多媒体教程	册	贷	0

续表 5.8

科目编码	科目名称	辅助账类	方向	余额	科目编码	科目名称	辅助账类	方向	余额
140502	多媒体课件		借	112 000	600102	多媒体课件	套	贷	0
140502	多媒体课件	套	借	3 200	6401	主营业务成本		借	0
1601	固定资产		借	1 285 680	640101	多媒体教程	册	借	0
1602	累计折旧		贷	197 584.84	640102	多媒体课件	套	借	0
1701	无形资产		借	58 500	6601	销售费用		借	
2001	短期借款		贷	200 000	6602	管理费用		借	0
2202	应付账款	供应商往来	贷	276 850	660201	工资	部门核算	借	0
2211	应付职工薪酬		贷	10 222.77	660202	福利费	部门核算	借	0
2221	应交税费		贷	−28 000	660203	折旧费	部门核算	借	0
222101	应交增值税		贷	−15 000	660204	办公费	部门核算	借	0
22210101	进项税额		贷	−30 000	660205	其他费用	部门核算	借	0
22210102	销项税额		贷	15 000	6603	财务费用		借	
222102	未交增值税		贷	−13 000	660301	利息支出		借	
2231	应付利息		贷	0	660 302	手续费		借	0

【操作步骤】 (1)单击"基础设置"→"基础档案"→"财务"→"会计科目",进入"会计科目"页面。

(2)单击"增加"按钮,分别输入科目编码为"100201"和科目名称为"工行存款",选择"日记账"和"银行账",如图 5.10 所示,单击"确定"按钮,保存所增加的会计科目。

(3)同理增加其他科目,若需外币核算则选择"外币核算"及其"币种",若需数量核算则选择"数量核算"及其"计量单位",可根据需要选择"日记账""银行账"和"受控系统",单击"确定"按钮保存所增加的会计科目。

(4)完毕后单击"关闭"按钮或关闭本页面即可。

【注意事项】 (1)只有账套主管可以进行科目设置。

(2)增加会计科目时,要遵循先建上级科目再建下级科目的原则。

(3)会计科目的编码长度及每级位数要符合编码规则。

(4)编码不能重复。

(5)被标记了"封存"标识的科目在制单时不可使用。

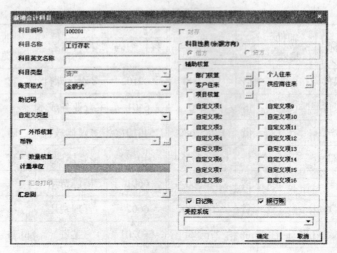

图 5.10 "新增会计科目"页面

(6)汇总打印是指在同一张凭证中当某科目或有同一上级科目的末级科目有多笔同方向的分录时,如果希望将这些分录按科目汇总成一笔打印,则需要在科目设置时设置"汇总打印",并指定汇总到的科目。

(7)如果该科目为辅助核算,则应单击相应的辅助核算;如果该科目为客户核算和供应商核算,则在"受控系统"的下拉菜单中选择空白,即无受控系统。

(8)已使用的科目可以增加下级,新增第一个下级科目为原上级科目的全部属性。

2. 修改会计科目

若要对已经预置或设置完成的科目进行修改,则应在会计科目使用之前利用会计科目的修改功能对其进行修改。

【例 5.11】 将"1001 库存现金"科目修改为"日记账"。

【操作步骤】 (1)打开"会计科目"页面。

(2)选中所要修改的会计科目"1001 库存现金",单击"修改"按钮或双击选定科目进入"会计科目_修改"页面,单击"修改"后进行修改,选中"日记账",如图 5.11 所示。

(3)单击"确定"保存修改,完毕后单击"返回"按钮或关闭本页面即可。

【注意事项】 (1)已有下级科目,不能修改其编码。

(2)已有数据的科目不能修改科目的相应属性。

(3)已经输入余额的科目,不能修改其编码,必须先删除本级及其下级科目的期初余额(设置为0),才能修改该科目。

3. 删除会计科目

打开"会计科目"页面。选中所要删除的会计科目,单击"删除"按钮即可。

【注意事项】 (1)下级科目存在时,不能删除其上级科目。

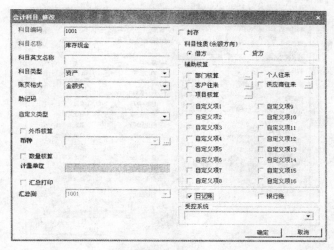

图 5.11 修改会计科目

(2) 如果科目已输入期初余额或已制单,则不能删除。

(3) 被指定为现金银行科目的会计科目不能删除,如想删除此科目,必须先取消有关现金银行科目的指定。

4. 设置会计科目辅助核算

当企业规模不大或往来业务较少时,可采用和手工方式一样的科目结构及记账方法,即将往来单位、个人、部门、项目通过设置明细科目来进行核算管理;而对于一个往来业务频繁,清欠、清理工作量大,核算要求严格的企业来说,应该采用总账处理系统提供的辅助核算功能进行管理,即将这些明细科目的上级科目设为末级科目及设为辅助核算科目,并将这些明细科目设为相应的辅助核算目录。一个科目设置了辅助核算后,它所发生的每一笔业务将会登记在总账和辅助明细账上。用友 U8.72 提供的辅助核算功能主要包括数量核算、外币核算、个人往来核算、客户与供应商往来核算、部门核算和项目核算等。

【例 5.12】 设置会计科目"2202 应付账款"为"供应商往来"辅助核算。

【操作步骤】 (1) 打开"会计科目"页面。

(2) 选中所要修改的会计科目"2202 应付账款",单击"修改"按钮或双击选定科目进入"会计科目_修改"页面,单击"修改"后进行修改,选中辅助核算"供应商往来"复选框,并将"受控系统"选择为空白,如图 5.12 所示。

(3) 单击"确定"保存修改,完毕后单击"返回"按钮或关闭本页面即可。

【注意事项】 (1) 此操作可在增加会计科目时进行。

(2) 辅助核算科目必须在末级科目上设置,但为了查询或出账方便,一般将其上级和末级科目同时设置为辅助核算科目。

(3) 若不启用往来款系统,即往来业务的核算是在总账中进行的,则应设置"受控系统"为

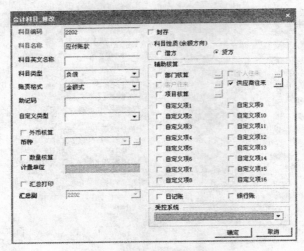

图 5.12 设置辅助核算科目

空白,即不设置受控系统。

5. 指定会计科目

为了能够进行出纳签字等操作,还需指定会计科目。所谓指定会计科目,即确定出纳的专管科目。被指定为现金科目、银行科目的科目在出纳功能中可以查询现金、银行日记账,进行银行对账,以及在制单中进行支票控制和资金赤字控制。一般情况下,现金科目要设为日记账,银行存款科目要设为银行账和日记账。

【例5.13】 指定现金科目、银行科目及现金流量科目,要求"库存现金"(1001)为现金总账科目,"银行存款"(1002)为银行总账科目。

【操作步骤】 (1)打开"会计科目"页面,选择"编辑"菜单中的"指定科目"命令进入"指定科目"页面。

(2)选中"现金科目",双击"待选科目"中的"库存现金"科目,即将"库存现金"选为"已选科目",如图5.13所示。

(3)选中"银行科目",双击"待选科目"中的"银行存款"科目,即将"银行存款"选为"已选科目",如图5.14所示。

(4)选中"现金流量科目",分别双击"库存现金"和"银行存款"的末级科目,将"库存现金""工行存款"及"中行存款"选为"已选科目",如图5.15所示。

第五章 创建基础信息

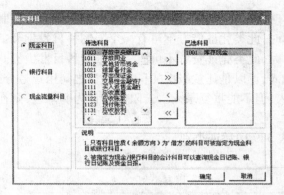

图 5.13 指定现金科目

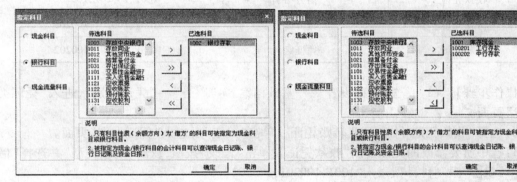

图 5.14 指定银行科目　　　　图 5.15 指定现金流量科目

(5) 设置完毕后单击"确定"即可。

【注意事项】 (1) 若要取消已经指定的会计科目,可在选中科目后单击"⇇"按钮即可。

(2) 若想完成出纳签字的操作,还需在"业务工作"→"财务会计"→"总账"→"设置"→"选项"→"权限"选项卡中,选中"出纳凭证必须经由出纳签字"复选框。

(三) 凭证类别

在 U8 系统中,第一次使用总账处理系统,首先应正确选择凭证类别的分类方式,然后再设置具体的限制条件,以便提供凭证处理的准确性。凭证类别的先后顺序,将决定明细账中账项的排列顺序。例如,设置凭证类别排列顺序为收、付、转,则在查询明细账、日记账时,同一日的凭证,将按照收、付、转的顺序进行排列。系统提供七种常用分类方式供企业选择,对选择的凭证分类可以在制单时设置对科目的限制条件。系统有以下七种限制类型供选择。

①无限制。制单时,此类凭证可使用所有合法的科目。

②借方必有。制单时,此类凭证借方至少有一个限制科目有发生额。

③贷方必有。制单时,此类凭证贷方至少有一个限制科目有发生额。

④凭证必无。制单时,此类凭证无论借方还是贷方不可有一个限制科目发生额。

⑤凭证必有。制单时，此类凭证无论借方还是贷方至少有一个限制科目发生额。
⑥借方必无。制单时，此类凭证借方不可有一个限制科目发生额。
⑦贷方必无。制单时，此类凭证贷方不可有一个限制科目发生额。

限制科目由用户输入，可以是任意级次的科目，科目之间用逗号分割，且必须为半角符号，数量不限，也可参照输入，但不能重复录入。若限制科目为非末级，则在制单时，其所有下级科目都将受到同样的限制。

【例5.14】 设置表5.9中凭证类别。

表5.9

类别名称	限制类型	限制科目
收款凭证	借方必有	1001,100201,100202
付款凭证	贷方必有	1001,100201,100202
转账凭证	凭证必无	1001,100201,100202

【操作步骤】 （1）单击"基础设置"→"基础档案"→"财务"→"凭证类别"，进入"凭证类别预置"页面。

（2）选择"收款凭证 付款凭证 转账凭证"，单击"确定"后进入"凭证类别"页面。

（3）选中所要修改的凭证类别"收款凭证"，单击"修改"按钮，双击"限制类型"并选择"借方必有"，双击"限制科目"，录入"1001,100201,100202"。

（4）选中所要修改的凭证类别"付款凭证"，单击"修改"按钮，双击"限制类型"并选择"贷方必有"，双击"限制科目"，录入"1001,100201,100202"。

（5）选中所要修改的凭证类别"转账凭证"，单击"修改"按钮，双击"限制类型"并选择"凭证必无"，双击"限制科目"，录入"1001,100201,100202"。

（6）修改后单击"退出"按钮或关闭本页面即可。

【注意事项】 （1）用友U8.72提供了凭证类别的增加、修改和删除等功能。

（2）凭证类别无论如何分类都不会影响记账结果。

（3）若限制科目为非末级科目，则在制单时，其所有下级科目都将受到同样的限制。

（4）已使用的凭证类别不能删除，也不能修改类别字。

（5）若有科目限制，则至少输入一个限制科目。若限制类型选"无限制"，则不能输入限制科目。

（6）如果直接录入科目编码，则编码间的标点符号应为英文状态下的标点符号，否则系统会提示科目编码有错误。

（四）项目目录

一个单位项目核算的种类可能有多种，如在建工程、对外投资、技术开发、融资成本和产品成本等,为了满足企业的实际需要,可以定义多类项目核算,将具有相同特性的一类项目定义成一个项目大类,一个项目大类可以核算多个项目。为了便于管理,企业还可以对这些项目进行分类管理,如将存货、成本对象、现金流量、项目成本等作为核算的项目分类。系统要求在建立会计科目时先设置相关的项目辅助核算科目,然后再定义项目目录。

用友 U8.72 提供了五种项目大类,分别如下:

(1)普通项目。用户可以自由设置任何具有相同经济性质的一类经济业务组成为一个项目大类,如一份订单、一份合同、一个建筑项目和投资项目等。

(2)使用存货目录定义项目。若企业使用存货核算系统,则可以在这里选择存货档案中已定义的存货目录作为项目进行核算管理。选择此属性为项目大类属性时,系统自动将"存货核算"作为当前项目大类名称。

(3)成本对象。若企业需要进行成本核算时,则可以选择项目大类属性为"成本对象",系统自动将"成本对象"作为当前项目大类名称。

(4)现金流量项目。以现金流量项目为项目大类进行核算管理,系统自动将"现金流量项目"作为当前新增项目大类的名称,并且在原来系统预置的四个固定栏目基础上自动增加"方向"字段,用以定义现金的流入或流出方向,为现金流量统计提供基础参数设置。

(5)项目成本核算大类。当用户选择此大类属性时,系统将在项目大类名称处自动填上"项目管理",与其他预置项目大类不同,该项允许用户修改其名称。

1. 定义项目核算会计科目

在设置项目目录前,应根据需要设置项目辅助核算科目。

【例 5.15】 将"直接材料(500101)""直接人工(500102)"和"制造费用(500103)"设置成辅助项目核算科目。

【操作步骤】 (1)打开"会计科目"页面。

(2)选中所要修改的会计科目"直接材料(500101)",单击"修改"按钮或双击选定科目进入"会计科目_修改"页面,单击"修改"后进行修改,选中"辅助核算"中的"项目核算"复选框,如图5.16所示。

(3)然后单击"确定"保存修改,完毕后单击"返回"按钮或关闭本页面。

(4)同理修改"直接人工(500102)"和"制造费用(500103)"为辅助项目核算科目。

【注意事项】 系统要求在建立会计科目时先设置相关的项目辅助核算科目,然后再定义项目目录。

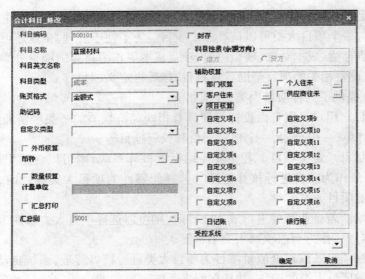

图5.16 设置项目核算科目

2. 定义项目大类

项目大类即项目核算的分类,其设置主要包括项目大类名称、定义项目级次和定义项目栏目。

【例5.16】 定义项目大类"生产成本"。

【操作步骤】 (1)单击"基础设置"→"基础档案"→"财务"→"项目目录",进入"项目档案"页面。

(2)单击"增加"按钮,输入"新项目大类名称"为"生产成本",如图5.17所示。

(3)单击"下一步"按钮,"定义项目级次"为默认,单击"下一步"按钮,"定义项目栏目"为默认,完毕后单击"完成"按钮保存。

【注意事项】 (1)在增加某项目大类时,若系统中已经存在该项目大类,则会弹出"已经存在该项目"的提示信息,不允许用户进行下一步的设置。

(2)若用户需要修改"项目大类名称""项目分类级次"和"项目栏目结构"等项信息,可单击工具栏上的"修改"按钮,进入"项目大类_修改"页面进行修改。

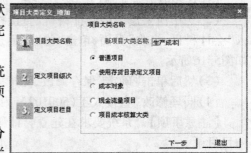

图5.17 增加项目大类

3. 指定核算科目

指定核算科目即指定需要进行辅助项目核算的会计科目。

【例 5.17】 将"直接材料(500101)""直接人工(500102)"和"制造费用(500103)"设置为"生产成本"项目大类的辅助项目核算科目。

【操作步骤】 (1)打开"项目档案"页面。

(2)在"项目大类"中选择所需指定科目的项目大类为"生产成本"。

(3)双击"核算科目"选项卡上"待选科目"中的具体科目"直接材料(500101)""直接人工(500102)"和"制造费用(500103)",即将此三项选为"已选科目",如图 5.18 所示。单击"确定"即可。

【注意事项】 一个项目大类可以指定多个科目,一个科目只能指定一个项目大类。

4. 定义项目分类

为了统计方便,一般对同一项目大类下的项目进行进一步划分,即进行项目分类定义。

【例 5.18】 定义项目分类为"1 自主研发项目"和"2 委托研发项目"。

【操作步骤】 (1)打开"项目档案"页面。

(2)切换到"项目分类定义"选项卡,单击"增加"按钮,分别输入分类编码为"1"和分类名称为"自主研发项目",完毕后单击"确定"按钮。

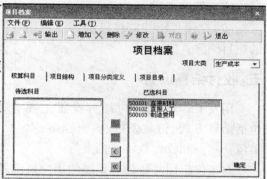

图 5.18 指定项目大类核算科目

(3)同理录入"2 委托开发项目"。其结果如图 5.19 所示。

(4)完毕后单击"确定"按钮即可。

【注意事项】 (1)分类编码应遵循定义项目分类时的设置。

(2)不能隔级输入分类编码。

(3)若某项目分类下已定义下级项目,则既不能删除也不能定义下级分类,必须先删除项目,然后再删除该项目分类或定义下级分类。

(4)不能删除标记为"已使用"的项目分类。

5. 项目目录维护

用友 U8.72 提供了项目档案的"维护"功能,主要用于录入各个项目的编号、名称、是否结算和所属分类码等信息。

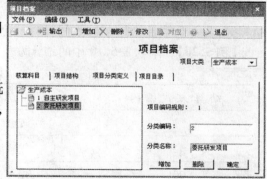

图 5.19 项目分类定义

【例 5.19】 分别录入项目编号、名称为"101 甲产品"和"102 乙产品"。

【操作步骤】 (1)打开"项目档案"页面。

(2)切换到"项目目录"选项卡,单击"维护"按钮,进入"项目目录维护"页面(在此页面可进行项目目录的增加、修改和删除等操作）。

（3）单击"增加"按钮，录入项目编号为"101"，项目名称为"甲产品"，是否结算为空白，所属分类码为"1"。

（4）同理增加"102 乙产品"。其结果如图 5.20 所示。

（5）完毕后单击"退出"按钮或关闭本页面即可。

【注意事项】 （1）标识结算后的项目不能再使用。

（2）在每年年初应将已结算或不用的项目删除。

五、收付结算设置

用友 U8.72 的收付结算设置主要包括结算方式、付款条件、银行档案、本单位开户行和收付款协议档案等。

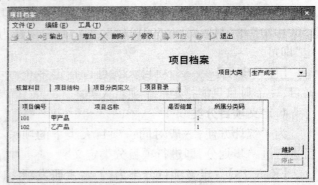

图 5.20 项目目录维护

对于仅启用总账处理系统的用户来说，仅能在此进行结算方式设置，若想进行其他设置，可启用应收款管理和应付款管理子系统。

1. 结算方式设置

为便于管理和提高银行对账的效率，系统提供了结算方式设置的功能，该功能主要用来建立和管理用户在经营活动中所涉及的结算方式。它与财务结算方式一致，如现金结算和支票结算等，若企业需通过出纳管理进行银行对账功能的使用，则必须首先设置结算方式。

【例 5.20】 录入表 5.10 中的结算方式。

表 5.10

结 算 方 式 编 码	结 算 方 式 名 称	票 据 管 理
1	现金结算	否
2	支票结算	否
201	现金支票	是
202	转账支票	是
9	其他	否

【操作步骤】 （1）单击"基础设置"→"基础档案"→"收付结算"→"结算方式"，进入"结算方式"页面。

(2)单击"增加"按钮,输入结算方式编码为"1",结算方式名称为"现金结算",票据管理选择为空白,单击"保存"按钮保存设置。

(3)同理增加其他结算方式,并根据需要选择"是否票据管理"和"对应票据类型",单击"保存"按钮保存设置。其结果如图 5.21 所示。

(4)完毕后单击"退出"按钮或关闭本页面即可。

【注意事项】 (1)结算方式等各类编码必须符合编码规则。

(2)结算方式最多可以分为 2 级。

(3)结算方式一旦被引用,便不能进行修改和删除的操作。

(4)在总账系统中,结算方式将会在使用"银行账"类科目填制凭证时使用,并可作为银行对账的一个参数。

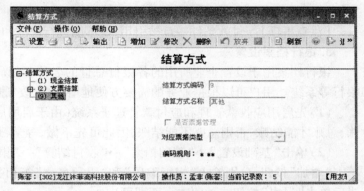

图 5.21 "结算方式"页面

2. 付款条件设置

付款条件也称现金折扣,是指企业为鼓励客户偿还贷款而允诺在一定期限内给予的规定的折扣优待。这种折扣条件通常可表示为 5/10,2/20,n/30,它的意思是客户在 10 天内偿还贷款,可得到 5% 的折扣,只付原价的 95% 的货款;在 20 天内偿还贷款,可得到 2% 的折扣,只要付原价的 98% 的货款;在 30 天内偿还贷款,则须按照全额支付货款;在 30 天以后偿还贷款,则不仅要按全额支付贷款,还可能要支付延期付款利息或违约金。

付款条件将主要在采购订单、销售订单、采购结算、销售结算、客户目录、供应商目录中引用。系统最多同时支持四个时间段的折扣。

【例 5.21】 录入表 5.11 中的付款条件。

表 5.11

付款条件编码	信用天数	优惠天数 1	优惠率 1	优惠天数 2	优惠率 2	优惠天数 3	优惠率 3
01	10	5	2.000 000	0	0.000 000	0	0.000 000
02	20	5	3.000 000	10	2.000 000	20	1.000 000
03	30	5	4.000 000	20	3.000 000	30	2.000 000

【操作步骤】 (1)先启用应收款管理和应付款管理子系统(由于启用后必须先进行应收/应付子系统结账,总账才能结账,否则总账不能结账,因此本例可先不做,等学习应收和应付系

统时再做)。

(2)单击"基础设置"→"基础档案"→"收付结算"→"付款条件",进入"付款条件"页面。

(3)单击"增加"按钮,分别输入"付款条件编码""信用天数""优惠天数1""优惠率1""优惠天数2""优惠率2""优惠天数3"和"优惠率3"等,单击"保存"按钮保存,完毕后单击"退出"按钮或关闭本页面即可。

【注意事项】 付款条件一旦被引用,便不能进行修改和删除的操作。

3. 银行档案设置

银行档案用于设置企业所用的各银行总行的名称和编码,用于工资、HR、网上报销、网上银行等系统。用户可以根据业务的需要方便地增加、修改、删除、查询、打印银行档案。

(1)先启用应收款管理和应付款管理子系统(由于启用后必须先进行应收/应付子系统结账,总账才能结账,否则总账不能结账,因此可先不做,等学习应收和应付系统时再做)。

(2)单击"基础设置"→"基础档案"→"收付结算"→"银行档案",进入"银行档案"页面。单击"增加"按钮,分别输入"银行编码"和"银行名称"等相关信息,单击"保存"按钮保存,完毕后单击"退出"按钮或关闭本页面即可。

【注意事项】 (1)银行名称不允许为空,长度不得超过20个字符。

(2)银行编码不允许为空,长度不得超过5个字符。

4. 本单位开户行设置

此功能用于维护及查询使用单位的开户银行信息。

【例5.22】 设置本单位开户银行如下:

编码:01;银行账号:1234567890;币种:人民币;开户银行名称:工商银行哈尔滨分行。

【操作步骤】 (1)先启用应收款管理和应付款管理子系统(由于启用后必须先进行应收/应付子系统结账,总账才能结账,否则总账不能结账,因此本例可先不做,等学习应收和应付系统时再做)。

(2)单击"基础设置"→"基础档案"→"收付结算"→"本单位开户行",进入"本单位开户行"页面。

(3)单击"增加"按钮,分别输入"编码"为"01","银行账号"为"1234567890","开户银行"为"工商银行哈尔滨分行","所属银行编码"为"01-中国工商银行",单击"保存"按钮保存,完毕后单击"退出"按钮或关闭本页面即可。

【注意事项】 (1)开户银行一旦被引用,便不能进行修改和删除的操作。

(2)用友 U8.72 支持多个开户行及账号的情况。

本章小结

企业应用平台集中了用友 ERP-U8 应用系统的所有功能,为各个子系统提供了一个公共的交流平台。通过企业应用平台中的"基础信息",可以完成各模块的基础档案管理、数据权限划分等设置。基础信息与基础档案设置主要包括基本信息、机构人员、客商信息、财务和收付结算等设置。

案例二 基础设置

一、案例要求

1. 在"企业门户"中启用"总账"系统(启用日期为 2012 年 1 月 1 日);
2. 设置部门档案;
3. 设置职员档案;
4. 设置客户分类;
5. 设置客户档案;
6. 设置供应商档案;
7. 设置操作员孟丽有权对李平及王京所填制凭证的查询、删除、审核、弃审以及关闭的权限;
8. 账套备份。

二、案例资料

1. 部门档案(表 5.12)。

表 5.12

部门编码	部门名称
1	人事部
2	财务部
3	市场部
301	市场一部
302	市场二部
4	加工车间

2. 职员档案(表 5.13)。

表 5.13

职员编码	职员姓名	所属部门
1	李文	人事部
2	杨丽	人事部
3	李平	财务部
4	孟丽	财务部
5	吴琼	市场一部
6	刘宏	市场二部
7	辛力	加工车间

3. 客户分类(表5.14)。

表5.14

类别编码	类别名称
1	东北地区
2	华南地区
3	华东地区
4	华北地区

4. 客户档案(表5.15)。

表5.15

客户编码	客户简称	所属分类
01	哈尔滨第一百货	1 东北地区
02	长春一汽	1 东北地区
03	深圳艺姿股份公司	2 华南地区
04	广东明德公司	2 华南地区
05	上海红星公司	3 华东地区
06	北京利达公司	4 华北地区

5. 供应商档案(表5.16)。

表5.16

供应商编码	供应商简称	所属分类
01	北京皮特公司	00
02	天力公司	00
03	博时公司	00

第六章
Chapter 6

总账处理系统

【学习要点及目标】

总账处理系统主要提供凭证处理、账簿处理、出纳管理和期末转账等基本核算功能。本章学习要点包括以下内容：

(1) 初始化总账系统。这是为总账系统日常业务处理工作做准备，主要包括设置系统参数、录入期初余额、设置凭证类别、设置结算方式等。

(2) 总账系统的凭证处理。主要包括填制凭证、出纳签字、审核凭证、记账以及查询和汇总记账凭证。

(3) 出纳管理。提供支票登记簿功能，用来登记支票的领用情况，并可查询银行日记账、现金日记账以及资金日报表，定期将企业银行日记账与银行对账单进行核对，并编制银行存款余额调节表。

(4) 账表查询。按多种条件查询总账、日记账以及明细账等，具有总账、明细账和凭证联查功能。

(5) 总账系统核算业务期末处理。完成月末自动转账处理，进行试算平衡、对账、结账以及生成月末工作报告。

本章的学习目标为能够利用建立的会计科目体系，输入和处理各种记账凭证、结账以及对账的工作，输出各种总分类账、日记账、明细账和相关辅账。

【知识体系导图】

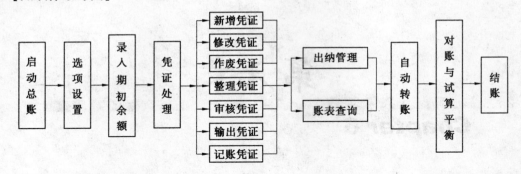

第一节 初始化总账系统

初始化总账系统是应用总账系统的基础工作,在使用总账系统之前应结合企业的实际情况,将一个通用的总账系统改造为适用本企业核算的专用系统。该设置主要包括启动总账系统、选项设置、录入期初余额和账簿清理等。

一、启动总账系统

(1)启动。登录企业应用平台,单击"业务工作"→"财务会计",展开"总账"即启动总账系统。

(2)退出。右键单击"总账",再单击"退出"即可。

【注意事项】 单击"总账"左侧的"+"可以启动总账系统,双击"总账"也可启动总账系统。

二、选项设置

选项设置是对总账处理系统的一些系统选项进行设置,以便为总账处理系统配置相应的功能或设置相应的控制。在首次启动总账系统时,应根据需要确定反映总账系统核算要求的各种参数,使得通用总账系统适用于本单位的核算具体要求。选项设置功能包括八个选项卡,分别为"凭证""账簿""凭证打印""预算控制""权限""会计日历""其他"和"自定义项核算"。选择相应选项卡可实现对应账套参数的修改。

(1)凭证参数设置。主要包括"制单控制""凭证控制""凭证编号方式"和"现金流量参照科目"等。

(2)账簿参数设置。主要包括"打印位数宽度""凭证、账簿套打"和"明细账(日记账、多栏账)打印方式"等。

(3)凭证打印设置。主要包括"合并凭证显示、打印""打印凭证的制单、出纳、审核、记账等人员姓名""打印包含科目编码"和"打印转账通知书"等。

（4）预算控制设置。主要包括"专家财务评估""控制科目包含贷方科目"和"超出预算允许保护"等。

（5）权限设置。主要包括"权限控制""允许修改、作废他人填制的凭证""可查询他人凭证"和"明细账查询权限控制到科目"等。

（6）会计日历设置。可查看启用会计年度和启用日期，以及各会计期间的起始日期和终止日期，此处仅能查看会计日历的信息，如需修改，只能在系统管理中进行修改。但在系统管理中修改有关日期必须满足以下规范要求：如已输入汇率，则不能修改总账启用日期；总账中如已输入期初余额（包括辅助期初），则不能修改总账启用日期；总账中已制单的月份不能修改总账的启用日期，其他系统中已制单的月份也不能修改总账的启用日期；第二年进入系统，也不能修改总账的启用日期。

（7）其他参数设置。主要包括"外币核算""本位币""部门排序方式""个人排序方式"和"项目排序方式"等。

重要的控制参数的说明见表6.1。

表6.1

控制参数	控制意义（或目的）	所在项目和选项卡
制单序时控制	控制系统保存凭证的顺序，可以按凭证号顺序排列也可以按日期顺序排列，选中此参数时，凭证编号必须按日期顺序排列	制单控制/凭证选项卡
支票控制	选择此参数则进行支票控制	制单控制/凭证选项卡
制单权限控制到科目	配合数据权限设置，当在数据权限设置中设置了科目权限，再选择此项时，权限设置有效，制单时，操作员只能使用具有相应制单权限的科目制单	权限控制/权限选项卡
凭证审核控制到操作员	该项参数的设置应与前期企业门户中设置的"用户"数据权限设置选项配合	权限控制/权限选项卡
出纳凭证必须经由出纳签字	选择此参数，则现金、银行科目凭证必须由出纳核对签字之后才能记账	权限控制/权限选项卡
允许修改、作废他人填制的凭证	选择此参数则可以修改、作废他人填制的凭证	权限控制/权限选项卡
明细账查询权限控制到科目	在系统管理中设置明细账查询权限，必须在此处选择此参数，才能起到控制作用	权限控制/权限选项卡

续表6.1

控制参数	控制意义(或目的)	所在项目和选项卡
按年排页	选择此参数,则打印时从本会计年度的第一个会计月开始将明细账顺序排页,再将打印月份范围所在的页打印输出,打印起始页号为所打月份在全年总排页中的页号。此时,若所选月份范围不是第一个月,则打印结果的页号有可能不是从"1页"开始	明细账(日记账,多栏账)打印方式/账簿选项卡
固定汇率	选择此参数,则制单时采用固定汇率	外币核算/其他选项卡

【例6.1】 进行以下选项设置(表6.2)。

表6.2

选项卡	参数设置
凭证	制单序时控制 支票控制 可以使用应收受控科目 可以使用应付受控科目 可以使用存货受控科目 现金流量科目必录现金流量项目 凭证编号由系统编号
权限	凭证审核控制到操作员 出纳凭证必须经出纳签字 允许修改、作废他人填制的凭证 可查询他人的凭证
会计日历	数量小数位"2" 单价小数位"2"
其他	部门、个人和项目按编码排序

【操作步骤】 (1)双击"总账"启动总账系统。

(2)展开"设置"并双击"选项",进入"选项"界面,如图6.1所示。

(3)单击"编辑"按钮开始设置,设置完毕后单击"确定"即可。

【注意事项】 在"选项"中有一些灰色选项,这些项是不可修改的。

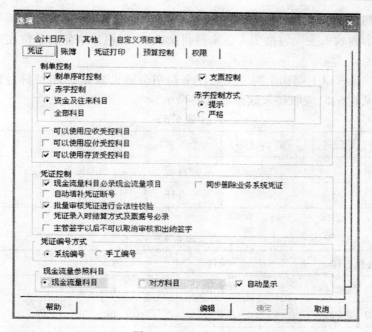

图 6.1 "选项"界面

三、录入期初余额

在开始使用总账处理系统时,应将经过整理的手工账目的期初余额录入计算机。若企业是在年初建账,则期初余额就是年初数;若是年中建账,则应先将各账户此时的余额和年初数到此时的借贷方累计发生额计算清楚。如果有辅助核算科目,还应整理各辅助项目的期初余额,以便在期初余额中录入。因此,期初余额的录入可分为两部分,分别为总账期初余额录入和辅助期初余额录入。

1. 总账期初余额录入

【例 6.2】 录入 1001"库存现金"期初余额为 8 059.70 元。

【操作步骤】 (1)单击"业务工作"→"财务会计",展开"总账",展开"设置",双击"期初余额",进入"期初余额录入"页面。

(2)单击白颜色的"库存现金"的"期初余额",输入具体金额。

(3)设置完毕后单击"退出"按钮或关闭该页面即可。

【注意事项】 (1)只输入最低级科目的余额即可,非末级科目的余额系统自动计算,用灰颜色表示自动计算区域。

(2)也可以根据需要录入"累计借方"和"累计贷方"。

(3)凭证记账后,期初余额将变为只读,即只能查询不能修改。

2. 辅助期初余额录入

辅助期初余额录入主要包括个人往来科目余额、项目科目余额和单位往来科目余额,它们的录入操作类似。

【例6.3】 录入以下期初余额。个人往来期初余额见表6.3,项目科目余额见表6.4,应付往来款余额见表6.5,应收往来款余额见表6.6。

表6.3

日期	凭证号	部门名称	个人名称	摘要	方向	金额
2010.12.15		总经理办公室	肖宏	出差借款	借	3 800
				合计	借	3 800

表6.4

科目名称	项目	方向	金额
500101 直接材料	甲产品	借	10 000
500101 直接材料	乙产品	借	5 000
	合计		15 000

表6.5

日期	凭证号	供应商单位名称	摘要	业务员	方向	金额
2010.09.20		联想万科有限公司	购买商品	张扬	贷	176 850
2010.11.25		上海公司	购买商品	张扬	贷	100 000

表6.6

日期	凭证号	客户单位名称	摘要	业务员	方向	金额
2010.10.25		北京实验学校	销售商品	张扬	借	98 000
2010.11.10		上海实达公司	销售商品	张扬	借	59 000

【操作步骤】 (1)双击"期初余额"进入"期初余额录入"页面。

(2)双击黄颜色的"职工借款"中的"期初余额",进入"辅助期初余额"界面,单击"增行",分别输入"部门""个人""方向"和"金额"。

(3)设置完毕后单击"退出"按钮或关闭该页面。

（4）同理录入应付往来款和应收往来款余额。

3. 调整余额方向

在一般情况下，大部分会计科目与系统默认的余额方向一致。但在实际工作中，有一部分会计科目可能与原有的系统默认的余额方向不一致，此时可以使用系统提供的"调整余额方向"功能对会计科目的余额方向进行调整。

（1）双击"期初余额"进入"期初余额录入"页面。

（2）选择所需调整余额方向的科目，然后单击"方向"按钮，单击"是"即可。

【注意事项】（1）总账科目与其下级明细科目的余额方向必须一致。

（2）余额的方向应以科目属性或类型为准，不以当前余额方向为准。

4. 试算

可以通过"试算"来核对期初余额。单击"试算"按钮后，系统将显示期初试算平衡表，并显示试算结果是否平衡，如果不平，可以重新调整至平衡后再进行下一步工作。

单击"试算"按钮，进入"期初试算平衡表"界面。若出现蓝色字体"试算结果平衡"，则单击"确定"即可。若出现红色字体"试算结果不平衡"，则单击"确定"返回"期初余额录入"界面，进行余额、方向的调整，直至试算结果平衡。

【注意事项】（1）若期初余额试算不平衡，则不能记账。

（2）记账后不能再录入、修改期初余额，也不能执行"结转上年余额"的功能。

5. 对账

在进行期初设置时，一些不经意的修改，可能会导致总账与辅助账、总账与明细账核对有误，系统提供对期初余额进行对账的功能，可以及时做到账账核对，并可尽快修正错误的账务数据。

（1）单击"对账"按钮，进入"期初对账"界面。

（2）单击"开始"对当前期初余额进行对账。

（3）如果对账后发现有错误，可按"对账错误"按钮，系统将把对账中发现的问题列出来。

（4）对账完毕后单击"取消"或关闭本页面即可。

四、数据权限分配

1. 数据权限控制设置

数据权限控制设置是数据权限设置的前提，用户可以根据需要先在数据权限默认设置表中选择需要进行权限控制的对象，数据权限的控制分为记录级和字段级两个层次，对应系统中的两个页签"记录级"和"字段级"，系统将自动根据该表中的选择在数据权限设置中显示所选对象。

（1）单击"企业门户"→"系统服务"→"权限"，双击"数据权限控制设置"，进入"数据权限控制设置"界面。

(2)针对记录级业务对象和字段级业务对象,选择是否进行控制,选择"√",完毕后单击"确定"即可。

2. 数据权限分配

数据权限是针对业务对象进行的控制,可以选择对特定业务对象的某些项目和某些记录进行查询和录入的权限控制。数据权限分配必须在系统管理中定义角色或用户,并分配完功能级权限后才能在这里进行"数据权限分配"。

数据权限分配主要包括记录权限分配和字段权限分配,分别如下:

(1)记录权限分配是指对具体业务对象进行权限分配。使用前提为在"数据权限控制设置"中选择控制至少一个记录级业务对象。

(2)字段权限分配是对单据中包含的字段进行权限分配。

【例6.4】 设置操作员"刘丹"具有对"孟非"所填制凭证的"查询"、"删改"、"审核"、"弃审"和"撤销"的操作权限。

【操作步骤】 (1)进入"总账",展开"设置",双击"数据权限分配"进入"权限浏览"界面。

(2)在"权限浏览"界面中选择"记录"选项卡,确定数据权限类型为"记录级"权限。

(3)选择"业务对象"为"用户"。

(4)选择该界面左侧的"用户及角色"→"用户"→"刘丹",然后单击"授权"按钮,进入"记录权限设置"界面,如图6.2所示。

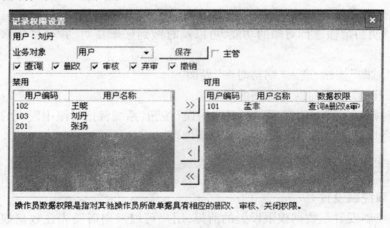

图6.2 "记录权限设置"界面

(5)双击"禁用"框中的"孟非",使其被添加到右边的"可用"框中,此时可在右边的"可用"框中查看"刘丹"所拥有的数据权限清单。

(6)设置完毕后单击"保存"按钮即可。

【注意事项】 (1)不退出"数据权限设置"界面,直接进入"系统管理"中新增一个用户或角色。在"数据权限设置"界面单击"刷新"按钮不能显示新增用户或角色,必须退出"数据权限设置"界面再次进入才可以显示。

(2)对业务对象启用记录权限控制后,默认所有操作员对此业务对象没有任何权限;对业务对象启用字段权限控制后,默认所有操作员对此业务对象有读写权限。

(3)在数据权限设置功能中还可以设置"科目""部门"及"工资权限"等权限。

3. 金额权限分配

该功能用于设置用户可使用的金额级别,对业务对象提供金额级权限设置,如科目的制单金额额度和采购订单的金额审核额度,且在设置这两个金额权限之前必须先设定对应的金额级别。

(1)进入"总账",展开"设置",双击"金额权限分配"进入"金额权限设置"界面。

(2)单击"级别"按钮,进入"金额级别设置"界面。

(3)选择所需设置的级别,如"科目级别"(科目金额级别设置用于控制操作员制单时使用科目的金额)。

(4)单击"增加"按钮,分别输入"科目编码""科目名称"和六个"级别",设置完毕后单击"保存"按钮,再单击"退出"按钮返回"金额权限设置"界面。

(5)单击"增加"按钮,分别输入"用户编码"、"用户名称"和"级别",设置完毕后单击"保存"按钮,再单击"退出"按钮即可。

【注意事项】 金额权限控制中有三种情况不受控制,分别为:

(1)调用常用凭证生成的凭证。

(2)期末转账结转生成的凭证。

(3)在外部系统生成的凭证,如果超出金额权限,保存凭证时则不受限制。

五、账簿清理

账簿清理可以将本账套本年度已经录入的"凭证及明细账""辅助总账""多辅助总账""科目总账""银行对账单""支票登记簿""汇率"和"外部凭证临时表"等内容清空。

双击"账簿清理",进入"账簿清理"对话框,单击"清理"按钮,系统弹出"执行账簿清理将丢失本账套年度数据!!! 您是否确实要清空已录入的数据?",单击"是"即可。

第二节 总账系统的凭证处理

成功初始化总账系统后,就可以开始进行日常账务处理了。日常账务主要包括凭证处理、出纳管理和账表查询等。其中,凭证处理是基础,这是因为记账凭证是登记账簿的依据,是总账处理系统的唯一数据源。凭证处理的内容主要包括新增凭证、修改凭证、作废凭证、整理凭证、审核凭证、输出凭证、记账和科目汇总表等。

一、新增凭证

记账凭证的录入是总账处理系统日常账务处理的起点,电子账簿的准确与完整完全依赖于记账凭证,因此必须正确录入记账凭证。

在总账中,记账凭证的来源主要有三类:一是根据审核无误的原始单据直接在计算机上编制记账凭证,或由人工编制记账凭证,再输入计算机;二是从其他业务系统自动传递到总账中的凭证;三是由总账系统期末结转形成的凭证。

1. 填制凭证

记账凭证的内容一般包括两部分:一部分是凭证头部分,包括凭证类别、凭证编号、凭证日期和附件张数等;另一部分是凭证正文部分,包括摘要、会计分录和金额等。若输入会计科目有辅助核算要求,则应输入辅助核算原始数据。若一个科目同时兼有多种辅助核算,则应一并输入各种辅助核算的相关内容。

【例6.5】 2011年1月2日,市场部张扬购买办公用品,支付现金500元(附单据1张)。
  借:销售费用(6601) 500
    贷:库存现金(1001) 500

【操作步骤】 (1)进入"总账",展开"凭证",双击"填制凭证",进入"填制凭证"对话框,如图6.3所示。

(2)单击"增加"按钮或按"F5"键,增加一张空白凭证。

(3)将光标定位在凭证类别上,输入或参照选择凭证类别字为"付 付款凭证",输入制单日期为"2011.01.02",输入附单据数为"1"。

(4)输入摘要为"购办公用品",输入科目名称为"6601",借方金额为"500",回车后摘要将自动带到下一行,继续录入科目名称为"1001",贷方金额为"500",回车后单击"流量"按钮。

(5)单击"增加"按钮,在"项目编码"参照中选择"经营活动/现金流出/支付的与其他经营活动有关的现金",输入金额"500",单击"确认"按钮保存并返回。

(6)单击"保存"按钮,系统会提示"凭证已成功保存!",此时单击"确定"按钮即可,如图6.3所示。

【注意事项】 (1)凭证类别为初始化已定义的凭证类别代码或名称,如果设置了不同种类凭证的限制类型及限制科目,则凭证类别选择错误时,在进入新的状态时系统会提示凭证不能满足的条件,凭证不能保存。

(2)凭证编号一般采用系统自动编号。系统自动按月、按类别对凭证进行顺序编号。编号由凭证类别编号和凭证顺序编号组成。系统规定每页凭证有五笔分录,当某号凭证不只一页,系统将自动在凭证号后标上几分之一。

(3)凭证一旦保存,其凭证类别和凭证编号将不能修改。

(4)制单日期包括年、月和日,日期随凭证号递增而递增。采用时序控制时,凭证日期应

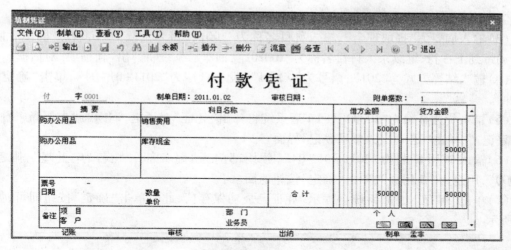

图 6.3 凭证(一)

大于或等于启用日期,不允许超过系统日期。

(5)附单据数指本张凭证所附原始单据张数,可以为空。

(6)摘要为对输入本笔分录的业务说明,可直接输入摘要的内容。若定义了常用摘要,也可以输入常用摘要的代号,或单击"参照"按钮参照输入。当前新增分录完成后,按回车键,系统将摘要自动复制到下一分录行。另外,不同分录行的摘要可以相同,也可以不同,但不能为空。

(7)科目名称可以输入科目编码、中文科目名称、英文科目名称或助记码。系统要求输入的科目编码必须在建立科目时已经定义,且必须是末级科目编码。

(8)金额即该笔分录的借方或贷方本币发生额,不能为"零",可以输入红字,方法为按键盘中的"-"键。如果方向不符,可按空格键调整金额方向。按键盘中"="键系统将取借贷方差额到当前光标位置。

(9)合计为系统自动计算借方科目和贷方科目的金额合计数。

(10)制单人签字由系统根据登录总账系统时输入的操作员姓名自动输入。

(11)该笔业务涉及现金流量辅助核算。若总账选项设置为"现金流量科目必录现金流量项目",则不录入现金流量项目而保存凭证时,会弹出"现金流量录入"界面。

【例6.6】 4日,财务部王晓从工商银行提取现金10 000元以备用(现金支票号XJ001,单据1张)。

借:库存现金(1001) 10 000
  贷:银行存款/工行存款(100201) 10 000

【操作步骤】 (1)单击"增加"按钮或按"F5"键,增加一张空白凭证。

(2)将光标定位在凭证类别上,输入或参照选择凭证类别字为"付 付款凭证",输入制单日期为"2011.01.04",输入附单据数为"1"。

(3)输入摘要为"提取现金",输入科目名称为"1001",借方金额为"10000",回车后摘要将自动带到下一行,继续录入科目名称为"100201",回车后系统将弹出"辅助项"对话框。

(4)输入结算方式为"201",票号为"XJ001",发生日期为"2011-01-04",单击"确定"按钮返回。

(5)录入贷方金额为"10000",回车后系统将弹出"凭证"对话框,询问"此支票尚未登记,是否登记?",单击"是"进入"票号登记"界面。

(6)输入领用日期为"2011-01-04",领用部门为"财务部",姓名为"王晓",限额为"10000",用途为"备用金",单击"确定"按钮返回。

(7)单击"保存"按钮,系统会提示"凭证已成功保存!",此时单击"确定"按钮即可,如图6.4所示。

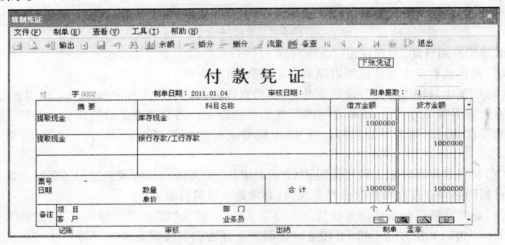

图 6.4 凭证(二)

【注意事项】 (1)现金和银行存款科目均为现金流量辅助核算科目,但本业务属于现金各项目之间的增减变动,不影响现金流量的净额,因此不需录入现金流量辅助核算。

(2)该笔业务涉及银行科目辅助核算。

(3)总账设置选择支票控制,且该结算方式设为支票管理,则银行账辅助信息不能为空,而且该方式的票号应在支票登记簿中有记录。

【例6.7】 6日,收到上海公司投资资金20 000美元,汇率1∶6.43(转账支票号ZZW001,单据1张)。

借:银行存款/中行存款(100202) 128 600
　　贷:实收资本(4001) 128 600

【操作步骤】 (1)单击"增加"按钮或按"F5"键,增加一张空白凭证。

(2)将光标定位在凭证类别上,输入或参照选择凭证类别字为"收 收款凭证",输入制单日期为"2011.01.06",输入附单据数为"1"。

(3)输入摘要为"收到投资",输入科目名称为"100202",回车后系统将弹出"辅助项"对话框。

(4)输入结算方式为"202",票号为"ZZW001",发生日期为"2011-01-06",单击"确定"按钮返回。

(5)录入外币金额为"20000",回车后系统根据显示的汇率自动算出并显示本币金额,回车后摘要将自动带到下一行,继续录入科目名称为"4001",光标单击此行贷方金额处然后单击"="。

(6)单击"流量"按钮,录入项目编码为"筹资活动/现金流入/吸收投资所收到的现金",单击"确定"按钮返回。

(7)单击"保存"按钮,再单击"确定"按钮即可,如图6.5所示。

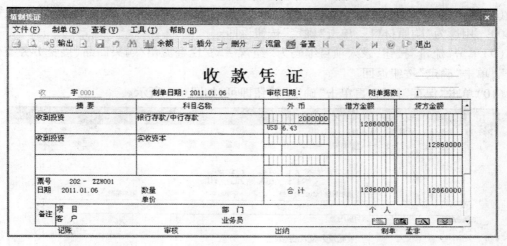

图 6.5 凭证(三)

【注意事项】 (1)该业务涉及外币科目辅助核算。

(2)汇率栏中的内容是固定的,不能输入或修改。若使用浮动汇率,则汇率栏中显示最近一次汇率,可以直接在汇率栏处进行修改。

【例6.8】 9日,市场部张扬采购原材料光盘10 000张,单价2元,增值税2 600元,材料直接入库,以银行存款支付货款(转账支票号ZZR001,单据1张,适用税率13%)。

借:原材料/光盘(140301) 20 000
　　应交税费/应交增值税/进项税额(22210101) 2 600
　贷:银行存款/工行存款(100201) 22 600

【操作步骤】 (1)单击"增加"按钮或按"F5"键,增加一张空白凭证。

(2)将光标定位在凭证类别上,输入或参照选择凭证类别字为"付 付款凭证",输入制单日期为"2011.01.09",输入附单据数为"1"。

(3)输入摘要为"购原材料",输入科目名称为"140301",回车后系统将弹出"辅助项"对话框。

(4)输入数量为"10000",单价为"2",单击"确定"按钮返回。

(5)回车后摘要将自动带到下一行,继续录入科目名称为"22210101",借方金额为"2600",回车后摘要将自动带到下一行,继续录入科目名称为"100201",回车后系统将弹出"辅助项"对话框。

(6)输入结算方式为"202",票号为"ZZR001",发生日期为"2011-01-09",单击"确定"按钮返回。

(7)光标单击此行贷方金额处然后单击"=",回车后系统将弹出"凭证"对话框,询问"此支票尚未登记,是否登记?",单击"是"进入"票号登记"界面。

(8)输入领用日期为"2011-01-09",领用部门为"市场部",姓名为"张扬",限额为"22600",用途为"购原材料",单击"确定"按钮返回。

(9)单击"流量"按钮,录入项目编码为"经营活动/现金流出/购买商品、接受劳务支付的现金",单击"确定"按钮返回。

(10)单击"保存"按钮,再单击"确定"按钮即可,如图6.6所示。

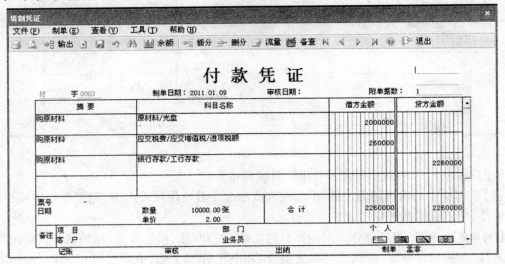

图6.6 凭证(四)

【注意事项】 (1)该业务涉及数量科目辅助核算。

(2)如未弹出"数量辅助项",请检查会计科目"140301"是否设置为数量辅助核算,且单位为"张"。

【例 6.9】 11 日,市场部张扬收到北京实验学校转来的转账支票 1 张,面值为 98 000 元,用以归还货款(转账支票号 ZZR002)。

借:银行存款/工行存款(100201) 　　98 000
　　贷:应收账款(1122) 　　　　　　　　98 000

【操作步骤】 (1)单击"增加"按钮或按"F5"键,增加一张空白凭证。

(2)将光标定位在凭证类别上,输入或参照选择凭证类别字为"收　收款凭证",输入制单日期为"2011.01.11",输入附单据数为"1"。

(3)输入摘要为"收到欠款",输入科目名称为"100201",回车后系统将弹出"辅助项"对话框。

(4)输入结算方式为"202",票号为"ZZR002",发生日期为"2011-01-11",单击"确定"按钮返回。

(5)录入借方金额为"98000",回车后摘要将自动带到下一行,继续录入科目名称为"1122",回车后系统将弹出"辅助项"对话框。

(6)输入或参照选择客户为"实验学校",业务员为"张扬",票号为"ZZR002",发生日期为"2011-01-11",单击"确定"按钮返回。

(7)光标单击此行贷方金额处然后单击"="。

(8)单击"流量"按钮,录入项目编码为"经营活动/现金流入/销售商品、提供劳务收到的现金",单击"确定"按钮返回。

(9)单击"保存"按钮,再单击"确定"按钮即可。如图 6.7 所示。

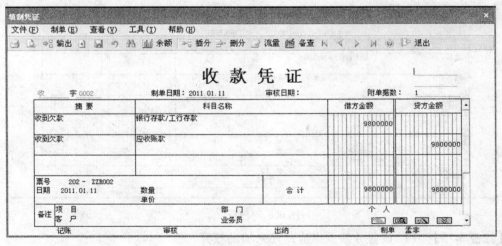

图 6.7　凭证(五)

【注意事项】 (1)该业务涉及客户往来辅助核算。

(2)如果往来单位不属于已经定义的往来单位,则要正确输入新往来单位的辅助信息,系统会自动追加到往来单位目录中。

【例 6.10】 13 日,市场部张扬从万科公司购入多媒体课件 3 000 套,单价 35 元,货税款暂欠,商品已验收库(适用税率 13%)。

借:库存商品/多媒体课件(140502)　　　　　105 000
　　应交税费/应交增值税/进项税额(22210101)　13 650
　　贷:应付账款(2202)　　　　　　　　　　　　　118 650

【操作步骤】 (1)单击"增加"按钮或按"F5"键,增加一张空白凭证。

(2)将光标定位在凭证类别上,输入或参照选择凭证类别字为"转　转账凭证",输入制单日期为"2011.01.13"。

(3)输入摘要为"购商品",输入科目名称为"140502",输入借方金额为"105000",回车后摘要将自动带到下一行,继续录入科目名称为"22210101",借方金额为"13650",回车后摘要将自动带到下一行,继续录入科目名称为"2202",回车后系统将弹出"辅助项"对话框。

(4)输入或参照选择供应商为"万科公司",业务员为"张扬",发生日期为"2011-01-13",单击"确定"按钮返回。

(5)光标单击此行贷方金额处然后单击"="。

(6)单击"保存"按钮,再单击"确定"按钮即可,如图 6.8 所示。

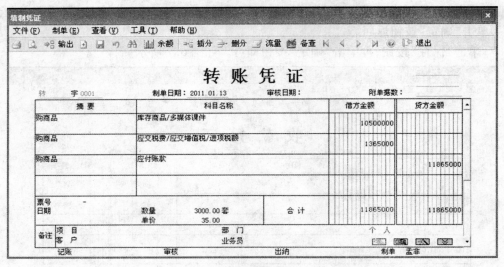

图 6.8　凭证(六)

【注意事项】 (1)该业务涉及供应商往来辅助核算。

(2)若总账选项设置选择"凭证录入时结算方式及票号必录",则必须在"供应商辅助项"中录入票号。

【例 6.11】 14 日,总经理办公室支付业务招待费 1 500 元(转账支票号 ZZR003,单据 1

张)。

借:管理费用/其他费用(660205)　　　　　　1 500
　　贷:银行存款/工行存款(100201)　　　　　　1 500

【操作步骤】 (1)单击"增加"按钮或按"F5"键,增加一张空白凭证。

(2)将光标定位在凭证类别上,输入或参照选择凭证类别字为"付　付款凭证",输入制单日期为"2011.01.14",输入附单据数为"1"。

(3)输入摘要为"支付招待费",输入科目名称为"660205",回车后系统将弹出"辅助项"对话框。

(4)输入部门为"总经理办公室",单击"确定"按钮返回。

(5)输入借方金额为"1500",回车后摘要将自动带到下一行,继续录入科目名称为"100201",回车后系统将弹出"辅助项"对话框。

(6)输入结算方式为"202",票号为"ZZR003",发生日期为"2011-01-14",单击"确定"按钮返回。

(7)光标单击此行贷方金额处然后单击"=",回车后系统将弹出"凭证"对话框,询问"此支票尚未登记,是否登记?",单击"是"进入"票号登记"界面。

(8)输入领用日期为"2011-01-14",领用部门为"总经理办公室",姓名为"肖宏",限额为"1500",用途为"支付招待费",单击"确定"按钮返回。

(9)单击"流量"按钮,录入项目编码为"经营活动/现金流出/支付的与其他经营活动有关的现金",单击"确定"按钮返回。

(10)单击"保存"按钮,再单击"确定"按钮即可,如图6.9所示。

【注意事项】 该业务涉及部门核算辅助核算。

【例6.12】 17日,总经理办公室肖宏报销差旅费3 800元。

借:管理费用/办公费(660204)　　　　　　3 800
　　贷:其他应收款/职工借款(122101)　　　　3 800

【操作步骤】 (1)单击"增加"按钮或按"F5"键,增加一张空白凭证。

(2)将光标定位在凭证类别上,输入或参照选择凭证类别字为"转　转账凭证",输入制单日期为"2011.01.17"。

(3)输入摘要为"报销差旅费",输入科目名称为"660204",回车后系统将弹出"辅助项"对话框。

(4)输入部门为"总经理办公室",单击"确定"按钮返回。

(5)输入借方金额为"3800",回车后摘要将自动带到下一行,继续录入科目名称为"122101",回车后系统将弹出"辅助项"对话框。

(6)输入部门为"总经理办公室",个人为"肖宏",发生日期为"2011-01-17",单击"确定"按钮返回。

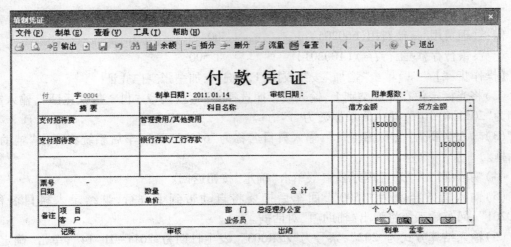

图6.9 凭证(七)

(7)光标单击此行贷方金额处然后单击"="。

(8)单击"保存"按钮,再单击"确定"按钮即可,如图6.10所示。

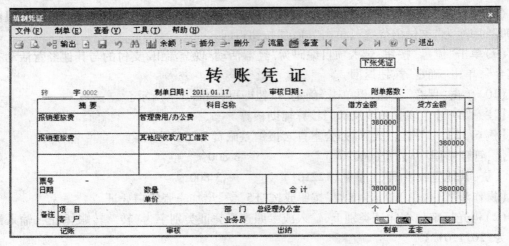

图6.10 凭证(八)

【注意事项】 (1)该业务涉及个人往来辅助核算。

(2)在输入个人信息时,也可以不输入"部门名称"而只输入"个人名称",系统将自动输入其所属的部门。

【例6.13】 21日,开发一部领用原材料光盘5 000张,单价2元,用于生产甲产品。

借:生产成本/直接材料(500101)　　　　10 000

　　贷:原材料/光盘(140301)　　　　10 000

【操作步骤】 (1)单击"增加"按钮或按"F5"键,增加一张空白凭证。

(2)将光标定位在凭证类别上,输入或参照选择凭证类别字为"转 转账凭证",输入制单日期为"2011.01.21"。

(3)输入摘要为"领用原材料",输入科目名称为"500101",回车后系统将弹出"辅助项"对话框。

(4)输入项目名称为"甲产品",单击"确定"按钮返回。

(5)输入借方金额为"10000",回车后摘要将自动带到下一行,继续录入科目名称为"140301",回车后系统将弹出"辅助项"对话框。

(6)输入数量为"5000",单价为"2",单击"确定"按钮返回。

(7)光标单击此行贷方金额处然后按"空格"键。

(8)单击"保存"按钮,再单击"确定"按钮即可,如图6.11所示。

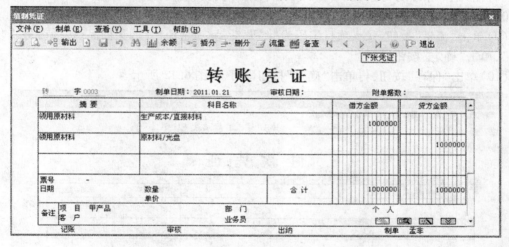

图6.11 凭证(九)

【注意事项】 (1)该业务涉及项目核算辅助核算。

(2)输入数量和单价后,系统将根据"数量×单价"自动计算出金额,并将金额先放在借方,如果方向不符,将光标移动到贷方,然后按空格键调整金额方向即可。

【例6.14】 24日,市场部张扬归还欠上海公司货款100 000元(转账支票号ZZR004,单据1张)。

借:应付账款(2202)　　　　　　　　　　　　100 000
　　贷:银行存款/工行存款(100201)　　　　　　100 000

【操作步骤】 (1)单击"增加"按钮或按"F5"键,增加一张空白凭证。

(2)将光标定位在凭证类别上,输入或参照选择凭证类别字为"付 付款凭证",输入制单日期为"2011.01.24",附单据数为"1"。

(3)输入摘要为"归还欠款",输入科目名称为"2202",回车后系统将弹出"辅助项"对话框。

(4)输入或参照选择供应商为"上海公司",业务员为"张扬",发生日期为"2011-01-24",票号为"ZZR004",单击"确定"按钮返回。

(5)输入借方金额为"100000",回车后摘要将自动带到下一行,继续录入科目名称为"100201",回车后系统弹出"辅助项"对话框。

(6)输入结算方式为"202",票号为"ZZR004",发生日期为"2011-01-24",单击"确定"按钮返回。

(7)光标单击此行贷方金额处然后单击"=",回车后系统将弹出"凭证"对话框,询问"此支票尚未登记,是否登记?",单击"是"进入"票号登记"界面。

(8)输入领用日期为"2011-01-24",领用部门为"市场部",姓名为"张扬",限额为"100000",用途为"归还欠款",单击"确定"按钮返回。

(9)单击"流量"按钮,录入项目编码为"经营活动/现金流出/购买商品、接受劳务支付的现金",单击"确定"按钮返回。

(10)单击"保存"按钮,再单击"确定"按钮即可,如图6.12所示。

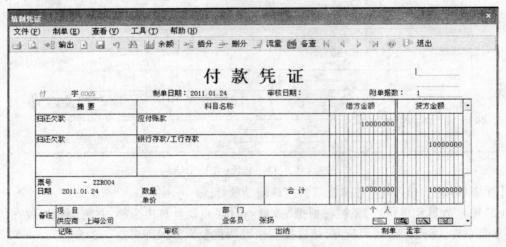

图6.12 凭证(十)

【注意事项】 该业务涉及供应商往来辅助核算。

2. 常用凭证

会计业务都有其规范性,因而在日常填制凭证的过程中,经常会有许多凭证完全相同或部分相同,如果将这些常用的凭证存储起来,在填制会计凭证时可随时调用,必将大大提高业务处理的效率。

（1）编制常用凭证。双击"常用凭证"进入"常用凭证"界面；单击"增加"按钮，新增一张常用凭证；分别输入"编码""说明""凭证类别"和"附单据数"；单击"详细"按钮，单击"增加"按钮，分别输入各分录信息及辅助信息；设置完毕后单击"退出"按钮即可。

【注意事项】 编号和凭证类别必须输入，且不能只定义凭证主要信息，却不定义凭证分录内容。

（2）保存当前凭证为常用凭证。当认为某张凭证应作为常用凭证保存时，可通过"填制凭证"界面的菜单"制单"下的"生成常用凭证"制作常用凭证。给该张凭证确定一个代号和说明，该张凭证即被存入常用凭证库中，以后按所存代号调用该常用凭证。

（3）调用常用凭证。如果在"常用凭证"中已定义了与目前将要填制的凭证相类似或完全相同的凭证，调用此常用凭证会加快凭证的录入速度。调用常用凭证后，对金额为 0 的分录系统不予保存。

调用方法一：在制单时单击"制单"菜单下的"调用常用凭证"，根据提示输入常用凭证的编号，即可调出该常用凭证。若调出的常用凭证与当时的业务有出入或缺少部分信息，可直接将其修改成所需的凭证。

调用方法二：在制单时单击"制单"菜单下的"调用常用凭证"，在输入常用凭证的编号处单击"参照"按钮或"F2"键，屏幕显示常用凭证定义窗口，将光标移到要调用的常用凭证，单击"选入"按钮或按"F3"键，可选入要调用的常用凭证。

【注意事项】 在调用常用凭证时，如果不修改直接保存凭证，此时由被调用的常用凭证生成的凭证不受任何权限的控制，如包括金额权限控制、不受辅助核算及辅助项内容的限制等。

二、修改凭证

在凭证填制完毕后，如果因为单位业务的增多或者其他情况，已经录入的凭证需要根据现有情况进行更改，则可以使用系统提供的修改凭证功能进行凭证的修改。凭证的修改可以分为"无痕迹"修改和"有痕迹"修改两种。

1."无痕迹"修改

所谓"无痕迹"修改，即不留下任何被修改的线索和痕迹。主要有两种情况可以进行"无痕迹"修改：一种是已输入但未审核的凭证可以进行"无痕迹"修改；另一种是已通过审核但未记账的凭证，在取消审核后可以对其进行"无痕迹"修改。

（1）双击"填制凭证"进入"填制凭证"界面。

（2）单击"首张凭证""上张凭证""下张凭证"和"末张凭证"按钮，或通过"查看"菜单下"查询"功能找到要修改的凭证。

(3)将光标移动到需要修改的地方直接修改即可。

(4)单击已输入"辅助项"的分录,然后将光标移动到"辅助项"处,当光标指针外形改变时双击,即可弹出"辅助项",直接修改即可。

(5)若金额方向错了,可单击错误方向的金额,然后按空格键即可。

(6)单击"保存"按钮,再单击"确定"按钮即可。

【注意事项】 (1)若总账选项设置为选择"制单序时控制",则在修改制单日期时,不能在上一张凭证的制单日期之前。

(2)若总账选项设置未选择"允许修改、作废他人填制的凭证",则不能修改或作废他人填制的凭证。

(3)外部系统传递来的凭证不能在总账系统中修改,只能在生成该凭证的系统中进行修改。

2."有痕迹"修改

所谓"有痕迹"修改,即留下被修改的线索和痕迹,通过保留错误凭证和更正凭证的方式留下修改的线索和痕迹。若发现已经记账的凭证有错,一般要求留下审计线索,即采用"有痕迹"修改。"有痕迹"修改的方法主要有红字冲销法和补充登记法。

3. 冲销凭证

该功能的作用是自动冲销某张已记账的凭证。

在录入凭证时,单击"冲销凭证"制作红字冲销凭证。输入要冲销凭证的所在月份、凭证类别和凭证号,系统自动制作一张红字冲销凭证。

【注意事项】 (1)只能针对已经记账的凭证进行"红字冲销"。

(2)制作红字冲销凭证将错误凭证冲销后,需要再编制正确的蓝字凭证进行补充。

(3)制作的红字冲销凭证,应与正常凭证一样进行保存和管理。

三、作废凭证

若在日常操作过程中遇到某张凭证需要作废时,可以使用"作废/恢复"功能,为该凭证添加作废标记,即作废该凭证。

1. 作废凭证

(1)双击"填制凭证"进入"填制凭证"界面。

(2)单击"首张凭证""上张凭证""下张凭证"和"末张凭证"按钮,或通过"查看"菜单下"查询"功能找到要作废的凭证。

(3)单击"制单"下的"作废/恢复",此时凭证左上角将显示"作废"字样,即表示已将该凭证作废。

【注意事项】 (1)作废凭证仍保留凭证内容及凭证编号,只在凭证左上角显示"作废"字样。

(2)作废凭证不能修改,不能审核。
(3)在记账时,不对作废凭证作数据处理,相当于一张空凭证。
(4)在账簿查询时,也查不到作废凭证的数据。

2. 恢复凭证

若当前凭证已作废,用鼠标单击菜单"制单"下的"作废/恢复",可取消作废标志,并将当前凭证恢复为有效凭证。

四、整理凭证

有些作废凭证不想保留,可以通过凭证整理功能将这些凭证彻底删除,并利用留下的空号对未记账凭证重新编号。

(1)双击"填制凭证"进入"填制凭证"界面。
(2)单击菜单"制单"下的"整理凭证"命令。
(3)选择要整理的月份,单击"确定"按钮后,进入"作废凭证表"界面。
(4)双击"删除"或单击"全选"按钮,为已作废的凭证加上删除标记,然后单击"确定"按钮。
(5)此时系统弹出提示,即显示选择凭证号重排方式。系统提供凭证号重排、凭证日期重排与审核日期重排三个选项。选择后单击"是"按钮,系统将所选的作废凭证从数据库中删除,并对剩下的凭证重新排号。

【注意事项】 (1)若本月有凭证已记账,那么,本月最后一张已记账凭证之前的凭证将不能作凭证整理,只能对其后面的未记账凭证作凭证整理。

(2)若想对已记账凭证作凭证整理,请先到"恢复记账前状态"功能中恢复本月月初的记账前状态,再作凭证整理。

(3)若由于手工编制凭证号造成凭证断号,也可通过此功能进行整理,方法是选择完凭证号重排方式之后不选作废凭证,直接单击"是"按钮即可。

(4)对由系统编号时,删除凭证后系统提示您是否整理空号凭证,若选取"是",则将作废凭证删除并重新排凭证编号。

五、出纳签字

出纳凭证由于涉及企业现金的收入与支出,应加强对出纳凭证的管理。出纳人员可通过出纳签字功能对制单员填制的带有现金银行科目的凭证进行检查核对,主要核对出纳凭证的出纳科目的金额是否正确。审查认为错误或有异议的凭证,应交与填制人员修改后再核对。

【例6.15】 以王晓的身份注册登录,进行出纳签字操作。

【操作步骤】 (1)以王晓身份登录,进入"总账",展开"凭证",双击"出纳签字",进入出纳签字-查询界面,如图6.13所示。

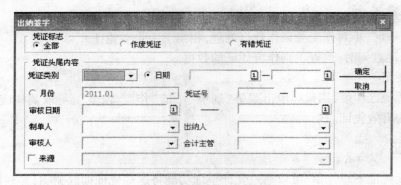

图6.13 出纳签字-查询

(2)输入查询条件,单击"确定"按钮,进入出纳签字-凭证列表界面,如图6.14所示。

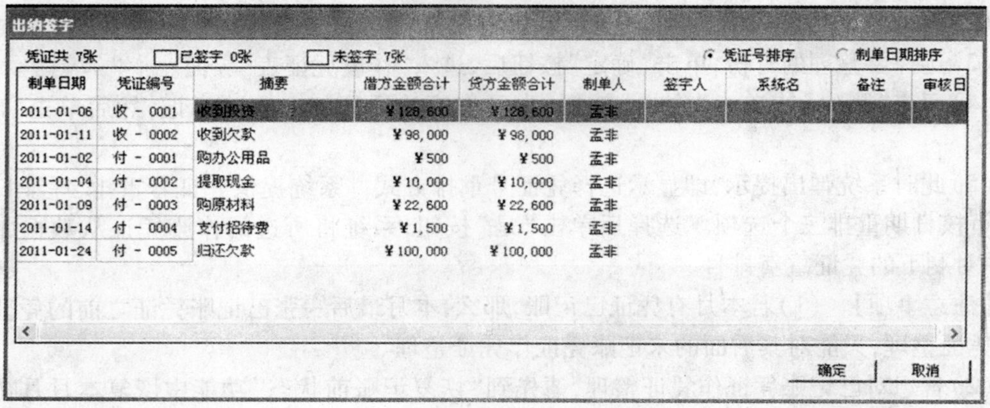

图6.14 出纳签字-凭证列表

(3)双击某张凭证,进入出纳签字-凭证界面,如图6.15所示。

(4)执行"出纳"菜单下"出纳签字"命令,或单击"签字"按钮即可。出纳签字后的凭证下方会显示"出纳　王晓"字样,如图6.16所示。

【注意事项】 (1)为了提高工作效率,系统提供对凭证进行成批签字的功能,执行"出纳"菜单下"成批出纳签字"和"成批取消签字",可进行签字的成批操作。

(2)已签字的凭证,不能被修改、删除,只能取消签字才能进行。

(3)取消签字只能由出纳自己进行。

(4)企业可根据实际需要决定是否要对出纳凭证进行出纳签字管理,若不需要此功能,可在总账选项中取消"出纳凭证必须经由出纳签字"的设置。

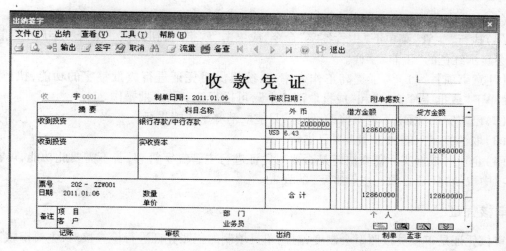

图 6.15　出纳签字-凭证

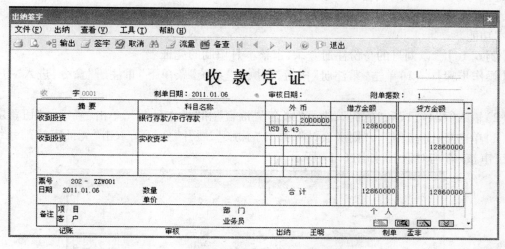

图 6.16　出纳签字后的凭证

六、主管签字

为了加强企业的集中财务管理,用友 U8.72 的会计核算中可采取主管签字的管理模式。在此模式中,经过主管签字后,这些凭证才能记账。

通过以下途径可以进行主管签字。

(1)以主管身份登录,进入"总账",展开"凭证",双击"主管签字",进入主管签字-查询界面。

(2)输入查询条件,单击"确定"按钮,进入主管签字-凭证列表界面。

(3)双击某凭证,进入主管签字-凭证界面。

(4)执行"主管"菜单下"主管签字"命令,或单击"签字"按钮即可。主管签字后的凭证右上方会显示红色的"孟非"字样。

【注意事项】 (1)为了提高工作效率,系统提供对凭证进行成批签字的功能,执行"主管"菜单下"成批主管签字"和"成批取消签字",可进行签字的成批操作。

(2)已签字的凭证,不能被修改、删除,只能取消签字才能进行。

(3)取消签字只能由签字人自己进行。

(4)企业可根据实际需要决定是否要对凭证进行主管签字管理,若不需要此功能,可在总账选项中取消"凭证必须经主管签字"的设置。

七、审核凭证

审核凭证是审核员按照财会制度,对制单员填制的记账凭证进行检查核对,主要审核记账凭证是否与原始凭证相符、会计分录是否正确等。审查认为错误或有异议的凭证,应打上出错标记,同时可写入出错原因并交与填制人员修改后,再审核。只有具有审核凭证权限的人才能使用本功能。

【例6.16】 以刘丹的身份注册登录,审核本月填制的凭证。

【操作步骤】 (1)单击"重注册"按钮,或执行"系统"菜单下"重注册"命令,进入"登录"界面。

(2)输入"操作员"和"密码",选择"账套""语言"和"操作日期",单击"确定"按钮登录。

(3)单击"业务工作"→"财务会计",展开"总账",展开"凭证",双击"凭证审核",系统弹出凭证审核-查询对话框,如图6.17所示。

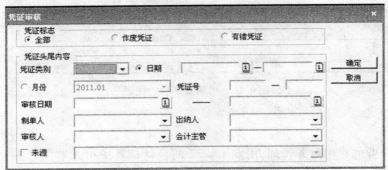

图6.17 凭证审核-查询

(4)全部条件默认,直接单击"确定"按钮,系统弹出凭证列表,如图6.18所示。

(5)单击"确定"按钮进入"审核凭证"界面,如图6.19所示。

(6)单击"审核"按钮,或执行"审核"菜单下的"审核凭证"命令,或按"F12"键,或执行

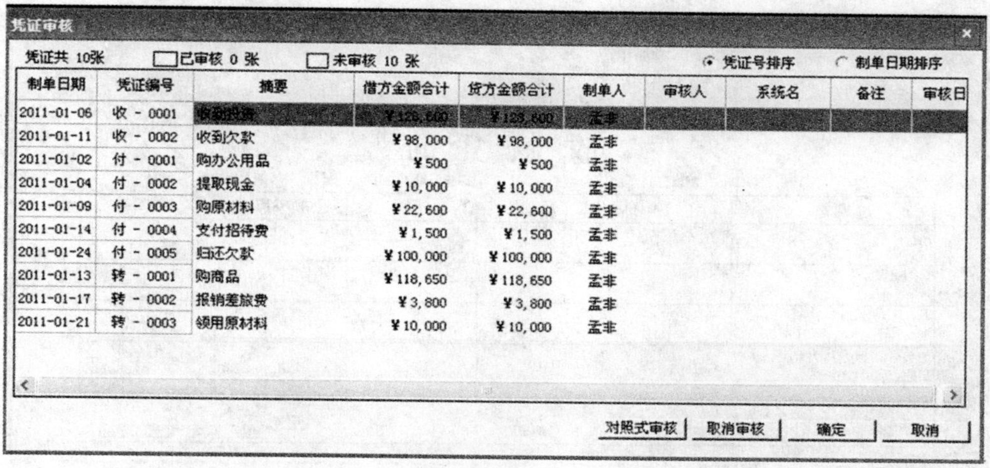

第六章 总账处理系统

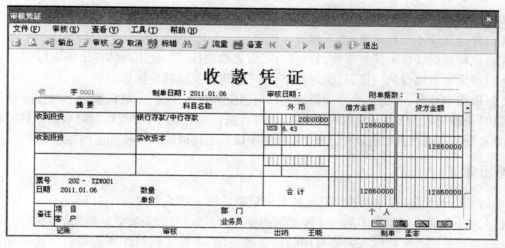

图 6.18 凭证审核-凭证列表

图 6.19 "审核凭证"界面

"审核菜单"下的"成批审核凭证"命令审核凭证。审核后的凭证下方会显示"审核 刘丹"字样,如图 6.20 所示。

【注意事项】 (1)审核人和制单人不能是同一个人。

(2)若想对已审核的凭证取消审核,单击"取消"按钮即可。取消审核签字只能由审核人自己进行。

(3)凭证一经审核,就不能被修改、删除,只有取消审核签字后才可以进行修改或删除。

(4)审核人除了要具有审核权外,还需要有对待审核凭证制单人所制凭证的审核权,这个权限可以在"数据权限"中设置。

135

图 6.20 审核后的凭证

(5) 采用手工制单的用户,在凭证上审核完后还须对录入机器中的凭证进行审核。

(6) 作废凭证不能被审核,也不能被标错。

(7) 已标错的凭证不能被审核,若想审核,需先取消标错。已审核的凭证不能标错。

(8) 预算审批通过的凭证,只能进行审核,不能进行凭证其他操作。

(9) 取消审核时,无论预算管理系统返回何值全部认为成功,系统只提示不进行控制。

(10) 企业可以依据实际需要加入审核后方可执行领导签字的控制,同时取消审核时控制领导尚未签字。可在总账选项中选中"主管签字以后不可以取消审核和出纳签字"。

八、输出凭证

该功能用于预览、打印及输出已记账及未记账凭证。相关查询条件如下:

(1) 凭证类别。可以打印某一凭证类别的凭证,也可以打印所有凭证类别的凭证。

(2) 凭证范围。可以输入需要打印的凭证号范围,不输入则打印所有凭证。凭证号范围可以输入为"1"、"3"、"5-9",其表示打印 1 号、3 号、5 至 9 号凭证。

(3) 期间范围。可以选择打印凭证的起止期间范围。

(4) 凭证格式。凭证格式即打印凭证的格式,分为金额式和数量外币式两种。

(5) 只打印符合指定格式的凭证。只打印所选凭证范围内凭证格式与指定凭证格式相同的凭证。例如,若凭证格式选择金额式,则只打印所选凭证范围内的金额式的凭证,数量外币式的凭证不打印。

(6) 所选凭证按指定格式打印。所有凭证范围内的凭证按指定格式打印。例如,所选凭证范围中有金额式凭证也有数量外币式凭证,打印时若选择金额式的凭证格式,则那些数量外币式的凭证也都按金额式打印。

(7)当前凭证。若当前凭证有多页分单,可以在这里输入要打印的分单号,如输入"3-4",表示打印凭证的第 3 张、第 4 分单。

(8)制单人。可能打印某一操作员填制的凭证。

(9)记账范围。若选择"已记账凭证",则打印已记账凭证,若选择"未记账凭证",则打印未记账凭证。

【操作步骤】 (1)双击"凭证打印",进入"凭证打印"界面。

(2)分别输入相关查询条件,然后单击"预览""打印"或"输出"按钮。

【注意事项】 (1)凭证的打印方式默认与系统"选项"中的设置保持一致,用户在打印时可能更改,系统自动保存上一次的打印选项。

(2)单击"预览"按钮可以进行打印预览。

(3)单击"打印"按钮可以进行打印。

(4)单击"输出"按钮可以将凭证内容输出为 Excel、数据库及文本等格式文件。

九、记账

记账即登记账簿,是以会计凭证为依据,将经济业务全面、系统、连续地记录到具有账户基本结构的账簿中去的一种方法。

传统手工记账是由会计人员根据已审核的记账凭证及所附有的原始凭证逐笔,或汇总后登记有关的总账和明细账。电算化记账工作由计算机自动进行数据处理,不用人工干预,即由有记账权限的操作员发出记账指令,由计算机按照预先设计的记账程序自动进行合法性检验、科目汇总和登记账簿等操作。

1. 记账

凭证经审核签字后,即可用来登记总账和明细账、日记账、部门账、往来账、项目账以及备查账等。记账一般采用向导方式,使记账过程更加明确。

【例 6.17】 以孟非身份进行记账操作。

【操作步骤】 (1)以孟非身份登录后,进入"总账"→"凭证",双击"记账"进入"记账"界面,如图 6.21 所示。

(2)输入"记账范围"或单击"全选"按钮,再单击"记账"按钮,系统弹出"期初试算平衡表",如图 6.22 所示。

(3)单击"确定"按钮,待系统弹出"记账完毕!"提示后,单击"确定"按钮即可,如图 6.23 所示。

【注意事项】 (1)未审核凭证不能记账,记账范围应小于等于已审核范围。

(2)如有不平衡凭证时不能记账。

(3)作废凭证不需审核可直接记账,记账时只为作废凭证加上记账标记,对相关科目的账簿数据没有任何影响。

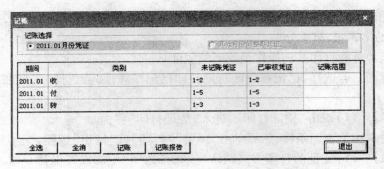

图6.21 "记账"界面

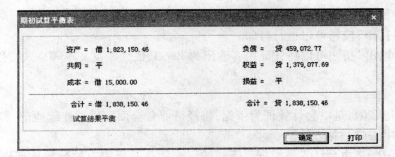

图6.22 期初试算平衡表

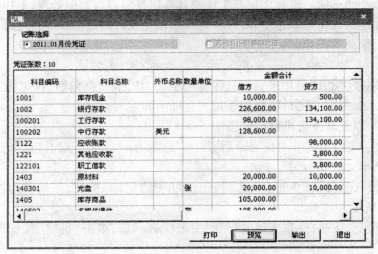

图6.23 记账-科目汇总表

(4)若上月未记账,则本月不能记账。

(5)上月未结账时,本月不得记账。

(6)在记账过程中,不得中断退出。

(7) 记账后不能整理凭证断号。

(8) 记账后的凭证不能在"填制凭证"界面查询,只能在"查询凭证"界面查询。

(9) 列示各期间的未记账凭证清单和其中的空号与已审核凭证编号,若编号不连续,则用逗号分割;若显示宽度不够,则用鼠标拖动表头调整列宽查看。

(10) 选择记账范围,可输入连续编号范围,例如"1-4"表示 1 号至 4 号凭证;也可输入不连续编号,例如"5,6,9",表示第 5 号、6 号、9 号凭证为此次要记账的凭证。

(11) 如需要对非当前登录会计月的调整期凭证记账,可选中"其他调整期"选项并选择凭证范围,单击"记账"按钮记账。

(12) 若总账选项设置选择"出纳凭证必须经由出纳签字",则还需先对凭证进行出纳签字操作,然后再记账。

(13) 若总账选项设置选择"凭证必须经由主管会计签字",则还需先对凭证进行主管会计签字操作,然后再记账。

2. 取消记账

若由于某种原因,记账后发现本月已经记账的凭证有错,且必须在本月进行修改,那么可以利用系统提供的"恢复记账前状态"功能来取消记账,然后取消审核并进行修改,修改后再进行审核、记账。

(1) 以账套主管身份进入总账,展开"期末",双击"对账"进入"对账"界面。

(2) 按"Ctrl+H"组合键,系统将弹出"恢复记账前状态功能已被激活"提示,单击"确定"按钮,再单击"退出"按钮退出"对账"界面。

(3) 双击"凭证"下边"恢复记账前状态"进入"恢复记账前状态"界面。

(4) 选择适当的恢复方式,然后单击"确定"按钮,系统弹出"输入"界面。

(5) 输入账套主管口令后,单击"确定"按钮,系统弹出"恢复记账完毕!"提示,单击"确定"按钮即可。

【**注意事项**】 (1)"恢复最近一次记账前状态"一般用于记账时系统造成的数据错误的恢复。

(2) 对于已经结账的月份,不能恢复记账前状态,但可以先取消结账再取消记账。

(3) 如果再按 Ctrl+H 组合键,则隐藏恢复记账前状态功能。

十、科目汇总表

该功能可根据输入的汇总条件,有条件地对记账凭证进行汇总并生成一张科目汇总表。

汇总条件说明如下:

(1) 月份。确定要汇总哪个会计月份的记账凭证。

(2) 凭证类别。可按收付转三种凭证类别汇总。若类别为全部,则汇总所有类别的凭证。

(3) 科目级次。指科目汇总表的汇总级次。

(4)凭证号。当凭证类别指定时,可输入要汇总的起止凭证号。

(5)日期。当不指定凭证号范围时,可输入汇总的起止日期。

(6)表内科目及表外科目。满足金融行业对科目类型设置的特殊要求,若科目类型有"表外科目",则在各查询窗中可选择相应的查询内容。

【操作步骤】 (1)进入总账,展开"凭证",双击"科目汇总"进入"科目汇总"界面。

(2)输入汇总条件后,单击"汇总"按钮,系统将显示"科目汇总表"。

(3)用光标选择科目汇总表的某一科目行,再单击"详细"按钮,则显示对方明细科目汇总表。

(4)在"科目汇总表(详细信息)"界面单击"级别"按钮,可指定汇总的级别。

(5)如果凭证中存在红字,单击"切换"按钮,可按两种方式进行展开。

(6)单击"还原"按钮,恢复系统默认的栏目列宽。

【注意事项】 在"科目汇总表"中显示背景色的数据具有辅助核算功能,双击该行或单击"专项"按钮,即可查看该科目的专项明细情况。

第三节 出 纳 管 理

出纳管理是总账系统为出纳用户提供的一套管理工具,其主要功能为完成现金和银行存款日记账的输出、支票登记簿的管理、进行银行对账以及对长期未达账提供审计报告。

用友 U8.72 系统将出纳用户的日常业务进行归类,其类别主要包括查询出纳账、支票登记簿和银行对账等。

一、查询出纳账

查询出纳账是指按照事先给定的条件查找满足条件的账簿,主要包括现金日记账查询、银行日记账查询和资金日报表查询三类。

1. 查询现金日记账

日记账是指现金和银行存款日记账。日记账由计算机登记,其作用只是用于输出。只要建立会计科目时,勾选"日记账"选项,即表明该科目要登记日记账。

该功能用于查询现金日记账,现金科目必须在"会计科目"功能下的"指定科目"中预先指定。可在"我的账簿"中选择已保存的查询条件,或设置新的查询条件进行查询。其查询条件说明如下:

(1)按月查。显示查询月的现金日记账。

(2)按日查。显示查询日的现金日记账。

(3)科目自定义类型。可选择自定义的科目类型,选择后系统按所选取内容进行过滤。

(4)编码。现金日记账显示对方科目编码。

（5）名称+编码。现金日记账可以显示对方科目编码及名称,可以选择显示一级科目或显示至末级。

（6）是否按对方科目展开。选择此项,则必须选择显示对方科目"名称+编码"。

（7）包含未记账凭证。由于未审核等原因,可能会有部分凭证尚未记账,因此,如果查询真实的现金收支情况,则最好选择"包含未记账凭证"。

【操作步骤】 （1）进入总账,展开"出纳",双击"现金日记账"进入"现金日记账查询条件"界面。

（2）输入查询条件后,单击"确定"按钮,系统将显示"现金日记账"。

（3）用光标选择科目汇总表的某一科目行,再单击"凭证"按钮,显示相应凭证。

（4）单击"总账"按钮,可查看现金科目的三栏式总账。

（5）单击"过滤"按钮,可进行快速过滤查询。

（6）单击"摘要"按钮,可设置摘要显示内容。

（7）单击"锁定"、"还原"按钮,可调整、还原栏目列宽。

（8）单击"转换"按钮,可进行中英文科目名称的转换。

（9）单击"查询"按钮,可重新选择查询条件。

（10）单击"关闭"按钮退出。

【注意事项】 （1）只有在"会计科目"功能中使用"指定科目"功能指定"现金总账"及"银行总账科目",才能查询"现金日记账"和"银行存款日记账"。

（2）系统提供四种账页格式:金额式、外币金额式、数量金额式和数量外币式。在外币金额式显示格式中,若为末级科目,则显示外币名称;若为非末级科目,则不显示。

（3）显示外币金额式账簿同时可以按不同的币种提供月初余额、合计及累计。

2. 查询银行日记账

该功能用于查询银行日记账,银行科目必须在"会计科目"功能下的"指定科目"中预先指定。可在"我的账簿"中选择已保存的查询条件,或设置新的查询条件进行查询。其查询条件说明与现金日记账查询条件类似。

（1）进入总账,展开"出纳",双击"银行日记账"进入"银行日记账查询条件"界面。

（2）输入查询条件后,单击"确定"按钮,系统将显示"银行日记账"。

（3）选择"科目",可显示相应科目的收支情况。

（4）其他按钮功能与"现金日记账"界面的按钮功能类似。

（5）单击"关闭"按钮退出。

3. 查询资金日报表

资金日报表是反映现金、银行存款日发生额及余额情况的报表。手工方式下,资金日报表由出纳员逐日填写,反映当天营业终止时现金、银行存款的收支情况及余额。在电算化方式下,资金日报表主要用于查询、输出或打印资金日报表,提供当日借、贷金额合计和余额,以及发生的业务量等信息。

该功能用于查询输出现金、银行存款科目某日的发生额及余额情况,其查询条件说明如下:

(1) 日期。可单击日历图标选择要查询的资金日报日期。

(2) 级次。选择查询科目的级次。如果选择多级查询,可以在一张资金日报表上看到所有资金发生的明细情况。

(3) 包含未记账凭证。由于企业内控制度规定或其他滞后原因,在查询时有些凭证尚未记账,如果要查询资金发生的真实情况,可以选择"包含未记账凭证"。如果只想查询账面数据,可以不选。

(4) 有无余额发生也显示。选择此项后,即使现金或银行科目在查询日没有发生业务(即没有制作凭证),只要有余额就显示。

【操作步骤】 (1) 进入总账,展开"出纳",双击"资金日报"进入"资金日报表查询条件"界面。

(2) 输入查询条件后,单击"确定"按钮,系统将显示"资金日报表",该报表显示今日余额、今日共借、今日共贷、余额方向、借方发生凭证笔数及贷方发生凭证笔数。

(3) 单击"日报"按钮,可显示、打印光标所在科目的日报单。

(4) 单击"昨日"按钮,在表头增加"昨日余额"列,可查看各现金、银行科目的昨日余额。

(5) 其他按钮功能与"现金日记账"界面的按钮功能类似。

(6) 单击"关闭"按钮退出。

【注意事项】 级次用于确定是显示一级科目,还是显示各级科目,如只查一级科目时,级次输入为1-1,否则可不输入。

二、支票登记簿

手工记账时,出纳员通常用支票领用登记簿,登记支票领用情况,为此,总账管理系统特为出纳员提供了"支票登记簿"功能,以供其详细登记支票领用人、领用日期、支票用途、是否报销等情况。当应收、应付系统或资金系统有支票领用时,自动填写。只有在"会计科目"中设置银行账的科目才能使用支票登记簿。当需要使用支票登记簿功能时,需在"结算方式"设置中对需使用支票登记簿的结算方式在"是否票据管理"前打"√"。

支票支出后,经办人持原始单据到财务部门报销,会计人员据此填制记账凭证,当在系统中录入该凭证时,系统要求录入该支票的结算方式和支票号,在系统填制完成该凭证后,系统自动在支票登记簿中将该号支票写上报销日期,该号支票即为已报销。

【操作步骤】 (1) 进入总账,展开"出纳",双击"支票登记簿"进入"银行科目选择"界面。

(2) 选择科目后,单击"确定"按钮,系统将显示"支票登记簿",此时屏幕显示所有已登记的记录情况,右上角显示已报销和未报销支票数,下方显示预计未报金额和本科目的截止余额,其中黄颜色背景表示该支票已报销,白颜色表示未报销。

(3)选择某条已报销记录,清空其"报销日期",可将已报销记录变为未报销记录。

(4)单击"增加"按钮,可新增一空行,登记支票领用人、领用日期、支票用途、是否报销等信息,新增记录为未报销记录。

(5)单击"定位"按钮,在查找窗口输入支票领用日期或支票号,单击"确定"按钮后光标停在符合条件的记录上。

(6)单击"批删"按钮,输入需要删除已报销支票的起止日期,即可删除此期间内的已报销支票。

(7)单击"过滤"按钮,即可对支票按领用人或部门进行各种统计。

(8)单击"关闭"按钮退出。

【注意事项】 (1)将光标移到需要修改的数据项上可直接修改支票登记簿内容。

(2)支票登记簿中报销日期为空时,表示该支票未报销,否则系统认为该支票已报销。

(3)已报销的支票不能进行修改。若想取消报销标志,只要将光标移到报销日期处,按空格键删掉报销日期即可。

三、银行对账

银行对账是出纳管理的一项很重要的工作,此项工作通常是在期末进行。银行对账是货币资金管理的主要内容。在总账系统中,银行对账的科目是指在会计科目设置时,指定为银行科目的科目。

使用银行对账功能,主要包括两大步骤:首先将所有期初未达账项录入到计算机系统中,这可以通过"输入银行对账期初数据"功能来完成;其次,进入日常银行对账过程,主要包括输入银行对账单、银行对账(包括自动银行对账、手工银行对账)、输出余额调节表、查询对账单或日记账核对情况以及长期未达账审计等。

1. 输入银行对账期初余额

为了保证银行对账的正确性,在使用"银行对账"功能进行对账之前,必须在开始对账的月初先将日记账、银行对账单未达账项输入系统中。"银行对账期初录入"功能是用于第一次使用银行对账模块前,输入日记账及对账单未达账项,在开始使用银行对账之后一般不再使用。

【例6.18】 沐菲公司银行账的启用日期为2011年1月1日,工行人民币户企业日记账调整前余额为322 066.58元,银行对账单调整前余额为344 088.58元,未达账项一笔,系银行已收企业未收款22 022元。

【操作步骤】 (1)进入总账,展开"出纳",展开"银行对账",双击"银行对账期初录入"进入"银行科目选择"界面,如图6.24所示。

(2)选择科目为"工行存款(100201)",单击"确定"按钮,进入"银行对账期初"界面。

（3）在"启用日期"处录入该银行账户的启用日期"2011年01月01日"。

（4）录入单位日记账调整前余额"322 066.58"和银行对账单的调整前余额"344 088.58"。

（5）单击"对账单期初未达项"按钮，进入"银行方期初"界面。

（6）单击"增加"按钮，分别输入日期为"2010.12.30"，结算方式为"202"，借方金额为"22,022"，单击"保存"按钮，再单击"退出"按钮返回，系统自动计算调整后的余额，如图6.25所示。

（7）录入完毕，单击"退出"按钮或关闭本页面即可。

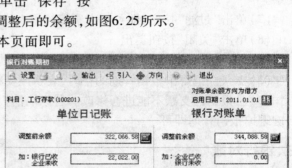

图6.24 "银行科目选择"界面

【注意事项】（1）系统默认银行对账单的方向为借方，此时，借方发生表示银行存款增加，贷方发生表示银行存款减少。单击"方向"按钮可调整银行对账单余额方向，已进行过银行对账核对的银行科目不能调整银行对账单余额方向。

（2）输入的银行对账单、单位日记账的期初未达项的发生日期不能大于等于此银行科目的启用日期。

（3）在期初未达项输入完毕后，不要随意调整启用日期，尤其是向前调。

图6.25 "银行对账期初"界面

（4）若某银行科目已进行过对账，在期初未达项中输入时，对于已核对或已核销的记录再修改。

2. 输入银行对账单

该功能用于平时录入、查询和引入银行对账单，在此功能中显示的银行对账单为启用日期之后的对账单。在制定账户（银行科目）后，可录入本账户下的银行对账单，以便于与企业银行存款日记账进行对账。另外，要实现计算机自动对账，在每月月末对账前，须将银行开出的银行对账单输入计算机。

【例6.19】 录入以下银行对账单（表6.7）。

表6.7

日期	结算方式	票号	借方金额	贷方金额
2011.01.04	201	XJ001	—	10 000
2011.01.09	—	—	—	40 000
2011.01.11	202	ZZR001	—	22 600
2011.01.13	202	ZZR002	98 000	—
2011.01.16	202	ZZR003	—	1 500

第六章 总账处理系统

【操作步骤】 (1)进入总账,展开"出纳",展开"银行对账",双击"银行对账单"进入"银行科目选择"界面。

(2)选择科目为"工行存款(100201)",月份为"2011.01-2011.01",单击"确定"按钮,进入"银行对账单"界面。

(3)单击"增加"按钮,输入银行对账单数据后,单击"保存"按钮,再单击"关闭"按钮即可,如图6.26所示。

图6.26 银行对账单

3. 自动对账

银行对账采用自动对账与手工对账相结合的方式。自动对账即由计算机根据对账数据将银行日记账未达账项与银行对账单进行自动核对勾销。对于已核对上的银行业务,系统将自动在银行存款日记账和银行对账单双方写上两清的标志,并视为已达账项,否则,视其为未达账项。由于自动对账是以银行存款日记账和银行对账单双方对账依据完全相同为条件,所以为了保证自动对账的正确和彻底,必须保证对账数据的规范合理。

【例6.20】 以最大条件进行银行自动对账。

【操作步骤】 (1)进入总账,展开"出纳",展开"银行对账",双击"银行对账"进入"银行科目选择"界面。

(2)选择科目为"工行存款(100201)",月份为"2011.01-2011.01",勾选"显示已达账",单击"确定"按钮,进入"银行对账单"界面。

(3)单击"对账"按钮,进入"自动对账"界面,如图6.27所示。

(4)选择截止日期为"2011.01.31",取消"日期相差12之内""结算票号相同"和"结算方式相同"等复选框,如图6.28所示。

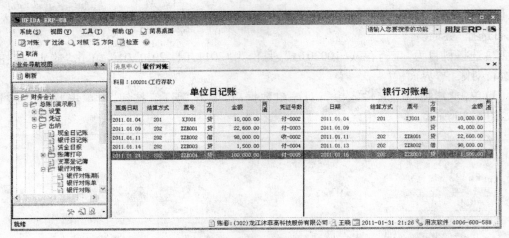

图6.27 "银行对账"界面

(5)单击"确定"按钮,以最大条件进行银行对账,结果如图6.29所示。

(6)对账完毕后,单击"检查"按钮,若检查结果平衡,则如图6.30所示。

(7)单击"确定"按钮返回,再单击"关闭"按钮关闭本页面即可。

【注意事项】 (1)对账截止日期不输入,则将所有日期的银行账进行核对。如果输入对账截止日期,系统则将截止日期前的日记账和对账单进行核对。

图6.28 "自动对账"界面

(2)单击每一项对账条件前的复选框可以取消相应的对账条件,即在对账时不考虑相应的对账条件。

(3)对于已达账项,系统自动在银行存款日记账和银行存款对账单双方的"两清"栏打上"圆圈"标记。

(4)单击"取消"按钮,系统将自动对此期间已两清的银行账取消两清标志。

4. 手工对账

手工对账是对自动对账的补充。采用自动对账后,可能还有一些特殊的已达账没有对出来,而被视为未达账项,为了保证对账更彻底明确,可通过手工对账进行调整勾销。

(1)进入总账,展开"出纳",展开"银行对账",双击"银行对账"进入"银行科目选择"界面。

(2)选择科目为"工行存款(100201)",月份为"2011.01—2011.01",勾选"显示已达账",单击"确定"按钮,进入"银行对账单"界面。

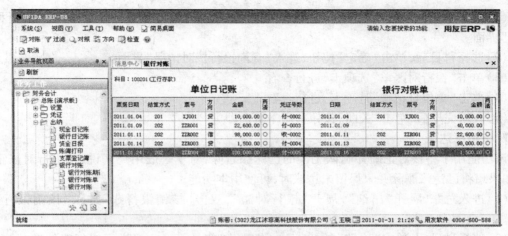

图 6.29　自动对账结果

(3) 对于一些应核对而未核对的账项,可分别双击"两清"栏,直接进行手工调整。

(4) 对账完毕后,单击"检查"按钮,若检查结果平衡,再单击"确定"按钮返回。

(5) 单击"关闭"按钮关闭本页面即可。

【注意事项】　(1) 在自动对账不能完全对上的情况下,可采用手工对账。

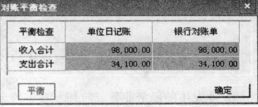

图 6.30　"对账平衡检查"界面

(2) 手工对账两清的标志为"Y",以区别于自动对账标记。

(3) 若要手动取消核对,只要双击要取消对账标志业务的"两清"按钮区即可。

5. 编制余额调节表

在对银行账进行两清核对后,便可调用该功能查询打印"银行存款余额调节表",以检查对账是否正确。进入此项操作,屏幕显示所有银行科目的账面余额及调整余额。

(1) 进入总账,展开"出纳",展开"银行对账",双击"余额调节表查询"进入"银行存款余额调节表"界面。

(2) 选择某行后,单击"查看"按钮或双击该行,可查看详细的银行存款余额调节表。

(3) 单击"打印"按钮,可打印"银行存款余额调节表"。

(4) 操作完毕后单击"关闭"按钮关闭本页面即可。

【注意事项】　此余额调节表为截止到对账截止日期的余额调节表,若无对账截止日期,则为最新余额调节表。

6. 查询对账核对情况

该功能用于查询单位日记账及银行对账单的对账结果。

(1)进入总账,展开"出纳",展开"银行对账",双击"查询对账核对情况"进入"银行科目选择"界面。

(2)选择科目后,单击"确定"按钮,进入"查询银行核对情况"界面。

(3)单击"银行对账单"选项卡,进行查看。

(4)单击"单位日记账"选项卡,进行查看。

(5)查看完毕后,单击"关闭"按钮关闭本页面即可。

7. 核销已达账

该功能用于将核对正确并确认无误的已达账删除,对于一般用户来说,在银行对账正确后,如果想将已达账删除并只保留未达账时,可使用本功能。

(1)进入总账,展开"出纳",展开"银行对账",双击"核销银行账"进入"核销银行账"界面。

(2)选择科目后,单击"确定"按钮,系统将提示"您是否确实要进行银行账核销?",单击"是",系统将提示"银行账核销完毕!",单击"确定"按钮。

(3)银行账核销完毕,单击"取消"按钮或关闭本页面即可。

第四节 账表查询

企业发生的经济业务,经过制单、审核、记账等程序后,就形成了正式的会计账簿。除了现金和银行存款的查询和输出外,账簿管理还包括基本会计核算账簿的查询输出以及各种辅助账的查询和输出。

一、科目账查询

会计科目账查询包括总账、余额表、明细账、序时账和多栏账等的查询及打印。

1. 总账的查询及打印

总账查询不但可以查询各总账科目的年初余额、各月发生额合计和月末余额,而且可查询所有二至六级明细科目的年初余额、各月发生额合计和月末余额。查询总账时,标题显示为所查科目的一级科目名称+总账,如应收账款总账。联查总账对应的明细账时,明细账显示为应收账款明细账。总账的查询条件说明如下:

(1)科目范围。可输入起止科目范围,为空时,系统认为是所有科目。

(2)科目自定义类型。可选择自定义的科目类型,选择后系统按所选取内容进行过滤。

(3)科目级次。在确定科目范围后,可以按该范围内的某级科目,如将科目级次输入为1-1,则只查一级科目,如将科目级次输为 1-3,则只查一至三级科目,如果需要查所有末级科目,则选择末级科目即可。

(4)查询包含未记账凭证的总账,选择包含未记账凭证即可。

【操作步骤】 (1)进入总账,展开"账表",展开"科目账",双击"总账"进入"总账查询条件"界面。

(2)输入查询条件后,单击"确定"按钮,进入"总账"界面。

(3)在查询结果界面,可以单击"科目"下拉框,选择需要查看的科目。

(4)单击"明细"按钮,即可联查到当前科目当前月份的明细账。当期初余额或上年结转所在行为当前行时,不能联查明细账。

(5)如果在会计科目中设置了科目的英文名称,在这里可以通过"转换"按钮,进行中英文科目名称转换。

(6)单击"打印"按钮可进行打印。

2. 余额表的查询及打印

余额表用于查询统计各级科目的本期发生额、累计发生额和余额等。传统的总账,是以总账科目分页设账,而余额表则可输出某月或某几个月的所有总账科目或明细科目的期初余额、本期发生额、累计发生额、期末余额,在实行计算机记账后,建议用户用余额表代替总账。其操作步骤较为简单,此处不作详述。

3. 明细账的查询及打印

该功能用于平时查询各账户的明细发生情况,可以按任意条件组合查询明细账。在查询过程中可以包含未记账凭证。本功能提供三种明细账的查询格式:普通明细账、按科目排序明细账和月份综合明细账。普通明细账是按科目查询,按发生日期排序的明细账;按科目排序明细账是按非末级科目查询,按其有发生额的末级科目排序的明细账;月份综合明细账是按非末级科目查询,包含非末级科目总账数据及末级科目明细数据的综合明细账,使用户对各级科目的数据关系一目了然。

4. 序时账的查询及打印

序时账,实际就是以流水账的形式反映单位的经济业务。该功能用于按时间顺序排列每笔业务的明细数据。

5. 多栏账的查询及打印

多栏账是总账系统中一个很重要的功能,用户可以使用本功能设计自己企业需要的多栏明细账,按明细科目保存为不同的多栏账名称,在以后的查询中只需要选择多栏明细账直接查询即可。该功能方便快捷,自由灵活,可按明细科目自由设置不同样式的多栏账。在查询多栏账之前,必须先定义查询格式。多栏账栏目定义有两种方式:自动编制栏目和手动编制栏目。一般先自动编制栏目,再进行手动调整,这样可以提高效率。

二、往来账查询

往来账查询包括客户往来辅助账、供应商往来辅助账、个人往来账和部门往来账等的查询、分析和输出。当供应商往来和客户往来采用总账管理系统核算时,其核算账簿的管理在总账管理系统中进行;否则,应在应收/应付款管理系统中进行。由于它们的操作较为简单,此处不作详述。

【例6.21】 以孟非身份查询并两清供应商往来账。

【操作步骤】 (1)以孟非身份注册后进入总账,展开"账表",展开"供应商往来辅助账",双击"供应商往来两清"进入"供应商往来两清"的条件录入界面。

(2)输入适当的条件,单击"确定"按钮,进入"供应商往来两清"界面。

(3)单击"凭证"按钮,查看相关凭证。

(4)单击"自动"按钮,系统将提示"是否对查询条件范围内的数据进行两清?"(如果选择"否",则只对当前界面的数据进行两清),根据需要进行选择,选择后进入"供应商往来核对结果"界面。

(5)查看完毕,单击"确定"按钮返回。

(6)单击"平衡"按钮,系统弹出"往来两清检查平衡"的提示,单击"确定"按钮即可。

【注意事项】 (1)若供应商往来清理平衡检查结果为金额不平,则系统列出金额不平的核对金额,单击"退出"按钮返回。

(2)在自动对账不能完全对上的情况下,可采用手工对账,即双击"两清"栏,增加或者清除两清标记,手工对账两清的标志为"Y"。

第五节 总账系统核算业务期末处理

期末处理主要包括银行对账、自动转账、对账、月末处理及年末处理。与日常业务相比,期末处理数量不多,但是业务种类繁杂且时间紧迫。在计算机环境下,由于各会计期间的许多期末业务具有较强的规律性,且方法很少改变,如费用计提、分摊的方法等,由计算机来处理这些有规律的业务,不但可以减少会计人员的工作量,也可以加强财务核算的规律性。

一、自动转账凭证的定义

转账分为外部转账和内部转账。外部转账是指将其他专项核算子系统生成的凭证转入总账管理系统中;内部转账是指在总账管理系统内部,把某个或某几个会计科目中的余额或本期发生额结转到一个或多个会计科目中。

转账定义主要包括自定义转账、对应结转、销售成本结转和期间损益结转等。

1. 自定义转账设置

自定义转账功能可以完成的转账业务主要有:

(1)"费用分配"的结转,如工资分配等。

(2)"费用分摊"的结转,如制造费用等。

(3)"税金计算"的结转,如增值税等。

(4)"提取各项费用"的结转,如提取福利费等。
(5)"部门核算"的结转。
(6)"项目核算"的结转。
(7)"个人核算"的结转。
(8)"客户核算"的结转。
(9)"供应商核算"的结转。

如果客户和供应商使用本公司的应收/应付系统管理,那么在总账系统中,不能按客户、供应商辅助项进行结转,只能按科目总数进行结转。

【例6.22】 根据短期借款期末余额计提短期借款利息(短期借款年利率为12%)。
借:财务费用/利息支出(660301)　　　QM(2001,月)*0.12/12
　　贷:应付利息(2231)　　　　　　　　JG( )

【操作步骤】 (1)进入总账,展开"期末",展开"转账定义",双击"自定义转账"进入"自定义转账设置"界面。

(2)单击"增加"按钮,进入"转账目录"界面。

(3)分别输入转账序号为"0001",转账说明为"计提短期借款利息",选择凭证类别为"转账凭证",单击"确定"按钮返回。

(4)单击"增行"按钮,系统会将刚刚输入的转账说明作为摘要,继续输入科目编码为"660301",方向为"借",双击"金额公式"栏并单击其"参照"按钮,进入"公式向导"界面。

(5)选择期末余额函数"QM( )",单击"下一步"按钮,继续公式定义。

(6)选择科目为"2001",其他默认,单击"完成"按钮返回。

(7)将光标移至刚刚编辑的金额公式的末尾,输入"*0.12/12",按回车键确认。

(8)单击"增行"按钮,录入科目编码为"2231",方向为"贷",输入金额公式为结果函数"JG( )",如图6.31所示。

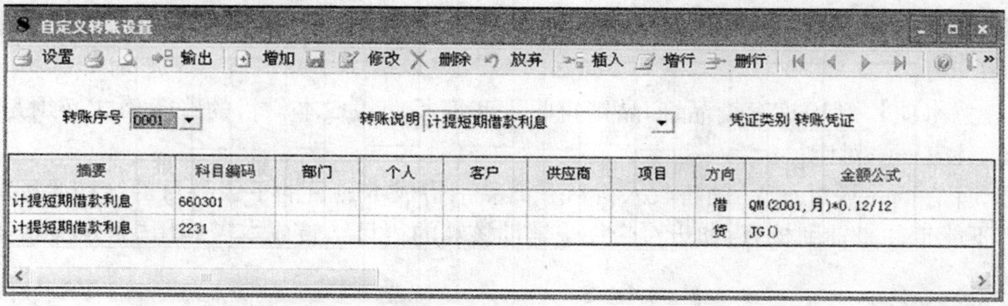

图6.31 "自定义转账设置"界面

(9)单击"保存"按钮,再单击"退出"即可。

【注意事项】 (1)转账序号是该张转账凭证的代号,不是凭证号。转账凭证的凭证号在每月转账时自动产生。一张转账凭证对应一个转账编号,转账编号可以任意定义,但只能输入数字1~9,字母a~z,A~Z,不能重号。

(2)转账科目可以为非末级科目,辅助项可以为空。

(3)若输入的是非末级科目,可先按非末级科目定义转账分录,然后再选择需要结转的明细科目,系统会自动复制明细科目转账分录。

(4)掌握公式及其含义后,可以手动直接输入公式。

2. 对应结转设置

当两个或多个上级科目的下级科目及辅助项有一一对应关系时,可将其余额按一定比例系数进行对应结转,可一对一结转,也可一对多结转。该功能只结转期末余额。

(1)进入总账,展开"期末",展开"转账定义",双击"对应结转"进入"对应结转设置"界面。

(2)分别输入编号、凭证类别、摘要和转出科目,单击"增行"按钮。

(3)输入转入科目编码和结转系数,单击"保存"按钮,再单击"退出"按钮即可。

【注意事项】 (1)转出科目与转入科目必须有相同的科目结构,但转出辅助项与转入辅助项可不相同。

(2)对应结转只结转期末余额。

(3)如果同一凭证转入科目有多个,并且若同一凭证的结转系数之和为1,则最后一笔结转金额为转出科目余额减当前凭证已转出的余额。

3. 销售成本结转设置

销售成本结转是将月末商品(或产成品)销售数量乘以库存商品(或产成品)的平均单价计算各类商品销售成本并进行结转。

(1)进入总账,展开"期末",展开"转账定义",双击"销售成本结转"进入"销售成本结转设置"界面。

(2)选择凭证类别,输入库存商品科目、商品销售收入科目及商品销售成本科目,单击"确定"按钮即可。

【注意事项】 (1)库存商品、商品销售收入和商品销售成本科目的账簿格式必须是数量金额式,且应一一对应。

(2)库存商品科目、商品销售收入科目和商品销售成本科目的下级科目的结构必须相同,并且都不能带往来辅助核算,如想对带往来辅助核算的科目结转成本需利用"自定义转账"实现。

4. 期间损益结转设置

期间损益结转设置用于期末自动计算外币账户的汇兑损益,并在转账生成中自动生成汇兑损益转账凭证,汇兑损益处理以下外币账户:外汇存款户;外币现金;外币结算的各项债权、债务,不包括所有者权益类账户、成本类账户和损益类账户。

【例6.23】 设置期间损益结转。

【操作步骤】 （1）进入总账，展开"期末"，展开"转账定义"，双击"期间损益"进入"期间损益结转设置"界面。

（2）选择凭证类别为"转 转账凭证"，输入或参照选择本年利润科目为"4103"，如图6.32所示。

损益科目编号	损益科目名称	损益科目账类	本年利润科目编码	本年利润科目名称	本年利润科目账类
600101	多媒体教程		4103	本年利润	
600102	多媒体课件		4103	本年利润	
6011	利息收入		4103	本年利润	
6021	手续费及佣金收入		4103	本年利润	
6031	保费收入		4103	本年利润	
6041	租赁收入		4103	本年利润	
6051	其他业务收入		4103	本年利润	
6061	汇兑损益		4103	本年利润	
6101	公允价值变动损益		4103	本年利润	
6111	投资收益		4103	本年利润	
6201	摊回保险责任准备金		4103	本年利润	
6202	摊回赔付支出		4103	本年利润	
6203	摊回分保费用		4103	本年利润	
6301	营业外收入		4103	本年利润	

图6.32 "期间损益结转设置"界面

（3）单击"确定"按钮即可。

【注意事项】 （1）每个损益类科目的期末余额将结转到与其同一行的本年利润科目中去。

（2）若损益类科目与本年利润科目都有辅助核算，则辅助账类必须相同。

（3）本年利润科目必须为末级科目，且为本年利润入账科目的下级科目。

二、自动转账凭证生成

定义完转账凭证后，每月月末只需执行本功能即可由计算机快速生成转账凭证，在此生成的转账凭证将自动追加到未记账凭证中去，通过审核、记账后才能真正完成结转工作。

1. 自定义转账生成

【例6.24】 以刘丹的身份进行自定义转账生成操作。

【操作步骤】 (1)以刘丹的身份进入总账,展开"期末",双击"转账生成"进入"转账生成"界面。

(2)选择"自定义转账",双击"是否结转"栏或单击"全选"按钮,如图 6.33 所示。

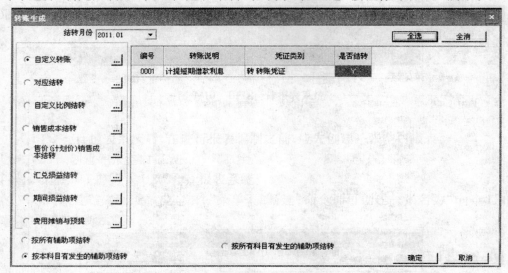

图 6.33 "转账生成"界面

(3)单击"确定"按钮,系统弹出转账凭证。

(4)单击"保存"按钮,凭证左上角显示"已生成"字样,系统自动将当前凭证追加到未记账凭证中,如图 6.34 所示。

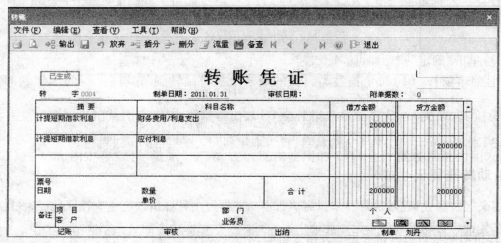

图 6.34 凭证(十一)

(5)单击"退出"按钮返回,再单击"取消"按钮或关闭本页面即可。

【注意事项】 (1)转账生成之前,注意转账月份为当前会计月份。

(2)进行转账之前,先将相关经济业务的记账凭证登记入账。

(3)转账凭证每月只生成一次。

(4)若使用应收/应付款管理系统,则总账管理系统中,不能按客户、供应商进行结转。

(5)生成的转账凭证,仍需审核,才能记账。

(6)对应结转生成和销售成本结转生成的操作与自定义转账生成的操作基本相同。

2. 期间损益结转生成

【例6.25】 以刘丹的身份进行期间损益结转生成操作,然后以孟非的身份将该凭证审核和记账。

【操作步骤】 (1)以孟非的身份将生成的自动转账凭证(包括对应结转和销售成本结转等)审核、记账(此操作若不进行,下面的期间损益结转的数据将会出错),如图6.35和图6.36所示。

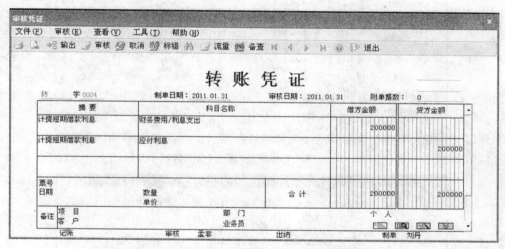

图6.35 自定义转账凭证审核

(2)以刘丹的身份重注册后进入总账,展开"期末",双击"转账生成"进入"转账生成"界面。

(3)选择"期间损益结转"单选钮,单击"全选"按钮,如图6.37所示。

(4)单击"确定"按钮,系统弹出转账凭证。

(5)单击"保存"按钮,凭证左上角显示"已生成"字样,系统自动将当前凭证追加到未记账凭证中,如图6.38所示。

(6)单击"退出"按钮返回,再单击"取消"按钮或关闭本页面。

(7)以孟非身份将生成的自动转账凭证审核、记账。

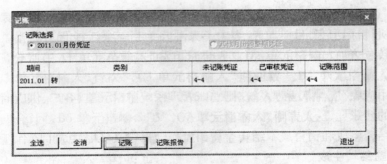

图 6.36　自定义转账凭证记账

图 6.37　期间损益"转账生成"界面

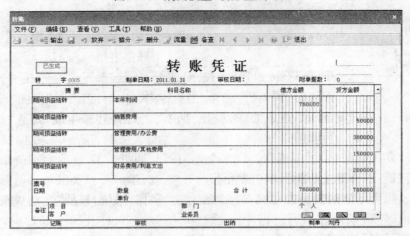

图 6.38　凭证(十二)

【注意事项】 （1）损益科目结转表中列出所有损益科目，若某损益科目参与期间损益的结转，则应填写相应的本年利润科目。

（2）损益科目结转表中的本年利润必须为末级科目，且为本年利润入账科目的下级科目。

三、对账与试算平衡

对账是对账簿数据进行核对，检查记账是否正确，以及账簿是否平衡。它主要是通过核对总账与明细账、总账与辅助账数据来完成账账核对。

试算平衡就是将系统中设置的所有科目的期末余额按会计平衡公式进行平衡检验，并输出科目余额表及是否平衡信息。

一般来说，实行计算机记账后，只要记账凭证录入正确，计算机自动记账后各种账簿都应是正确、平衡的，但是由于非法操作或计算机病毒或其他原因有时可能造成某些数据被破坏，因而引起账账不符，为了保证账证相符、账账相符，应经常使用本功能进行对账，至少一月一次，一般可在月末结账前进行。

【例 6.26】 进行对账操作。

【操作步骤】 （1）进入总账，展开"期末"，双击"对账"进入"对账"界面。

（2）将光标移至所要进行对账的月份，单击"选择"按钮或双击"是否对账"栏，如图 6.39 所示。

图 6.39 "对账"界面

（3）单击"对账"按钮，系统开始自动对账，并显示对账结果。

（4）单击"试算"按钮，系统弹出"试算平衡表"，如图 6.40 所示。

（5）单击"确定"按钮返回，再单击"退出"按钮即可完成对账工作。

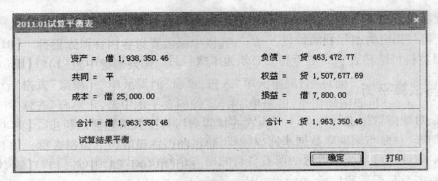

图 6.40 "2011.01 试算平衡表"界面

【注意事项】 在对账功能中,可以按 Ctrl+H 组合键激活或隐藏恢复记账前功能。

四、总账系统期末结账

每月月底都要进行结账处理,结账实际上就是计算机和结转各账簿的本期发生额和期末余额,并终止本期的账务处理工作。

在电算化方式下,结账工作与手工相比简单多了,结账是一种成批数据处理,每月只结账一次,主要是对当月日常处理限制和对下月账簿的初始化,由计算机自动完成。

1. 结账

手工会计处理都有结账的过程,在计算机会计处理中也应有这一过程,以符合会计制度的要求。因此,该系统特别提供了"结账"功能。结账只能每月进行一次。

【例 6.27】 进行结账操作。

【操作步骤】 (1)进入总账,展开"期末",双击"结账"进入"结账"界面,如图 6.41 所示。

图 6.41 "结账"界面

(2)选择要结账的月份,单击"下一步"按钮,进入结账-核对账簿界面,如图6.42所示。

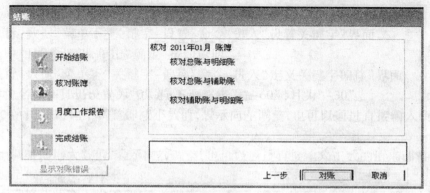

图6.42 结账-核对账簿

(3)单击"对账"按钮,系统将对要结账的月份进行账簿核对,核对完毕后如图6.43所示。

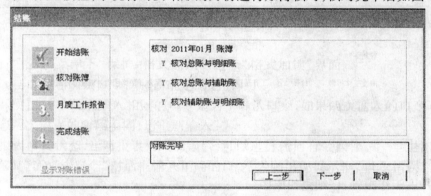

图6.43 结账-对账完毕

(4)单击"下一步"按钮,进入结账-月度工作报告界面,如图6.44所示。

(5)查看月度工作报告后,若需打印可单击"打印月度工作报告"按钮,单击"下一步"按钮,进入结账-完成结账界面,如图6.45所示。

(6)单击"结账"按钮,若符合结账要求,系统将进行结账,否则不予结账。

【注意事项】 (1)结账只能由有结账权限的人进行。

(2)结账前,要进行数据备份。

(3)本月还有未记账凭证时,不能结账。

(4)结账必须按月连续进行,上月未结账,本月也不能结账,但可以填制、审核凭证。

(5)若总账与明细账对账不符,不能结账。

(6)如果与其他系统联合使用,其他子系统未全部结账,本系统不能结账。

(7)进入结账向导四-完成结账时,如果提示"未通过检查不能结账"时,可单击"上一步"

图 6.44 结账-月度工作报告

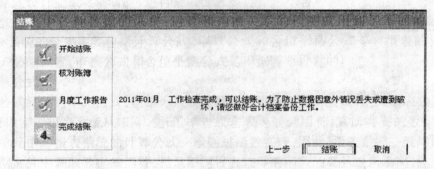

图 6.45 结账-完成结账

按钮,查看月度工作报告,仔细查找原因。

(8) 已结账月份不能再填制凭证。

2. 取消结账

当结账完毕后,由于非法操作或计算机病毒或其他原因可能会造成数据被破坏,这时可使用系统"取消结账"功能。

(1) 以账套主管身份进入总账,展开"期末",双击"结账"进入"结账"界面。

(2) 选择要取消结账的月份。

(3) 按 Ctrl+Shift+F6 键激活"取消结账"功能。

(4) 输入账套主管口令后,单击"确定"按钮,即可取消结账标记。

【注意事项】 取消结账后,必须重新结账。

本章小结

总账处理系统的任务就是利用建立的会计科目体系,输入和处理各种记账凭证、记账、结账以及对账等工作,输出各种分类账、日记账、明细账和有关辅助账。本章主要介绍总账系统选项设置、凭证处理、账簿处理、出纳管理、期末转账和期末结账等基本核算功能,并介绍个人、部门、客户、供应商和项目核算等辅助管理功能。

案例三 总账系统初始化

一、案例要求

1. 设置系统参数;
2. 设置会计科目;
3. 设置项目目录;
4. 设置凭证类型;
5. 输入期初余额;
6. 设置结算方式;
7. 账套备份。

二、案例资料

1. 300 账套总账系统的参数。不允许修改、作废他人填制的凭证;凭证审核控制到操作员。

2. 会计科目。

(1)"1001 库存现金"为现金总账科目、"1002 银行存款"为银行总账科目。

(2)增加会计科目(表6.8)。

表6.8

科目名称	辅助账类型	科目编码
工行存款	日记账、银行账	100201
应收职工借款	个人往来	122101
办公费	部门核算	660201
差旅费	部门核算	660202
工资	部门核算	660203
折旧费	部门核算	660204

(3)修改会计科目。"1122 应收账款"科目辅助账类型为"客户往来";"2202 应付账款"科目辅助账类型为"供应商往来"(无受控系统),"1605 工程物资"科目及所属明细科目辅助账类型"项目核算"。

3. 项目目录。项目大类为"自建工程",核算科目为"工程物资"及其明细科目,项目分类为1号工程和2号工程,其中1号工程包括"自建厂房"和"设备安装"两项工程。

4. 凭证类型(表6.9)。

表6.9

类型名称	限制类型	限制科目
收款凭证	借方必有	1001、1002
付款凭证	贷方必有	1001、1002
转账凭证	凭证必无	1001、1002

5. 期初余额。

库存现金:8 000(借);工行存款:222 000(借);应收职工借款——吴琼:6 000(借),系出差借款;库存商品:50 000(借);短期借款:120 000(贷);实收资本:166 000(贷)。

6. 结算方式。

结算方式包括现金结算、现金支票结算、转账支票结算及银行汇票结算。

案例四　　总账系统日常业务处理

一、案例要求

1. 由301号操作员设置常用摘要,由302号操作员对除"设置常用摘要"以外的业务进行操作;

2. 填制凭证;

3. 审核凭证;

4. 出纳签字;

5. 修改第2号付款凭证的金额为800元;

6. 删除第1号收款凭证并整理断号;

7. 设置常用凭证;

8. 记账;

9. 查询已记账的第1号转账凭证;

10. 冲销第1号付款凭证;

11. 账套备份。

二、案例资料

1. 人员分工。制单人为孟丽,审核人及记账人为李平,出纳为王京。

2. 常用摘要(表6.10)。

表6.10

摘要编码	摘要内容
1	购买包装物
2	报销办公费
3	计提折旧费

3.2012年1月发生如下经济业务。

(1)1月8日,以现金支付购买包装箱贷款600元。

借:周转材料—包装物　　　　　600
　　贷:库存现金　　　　　　　　600

(2)1月8日,以工行存款500元支付财务部办公费。

借:管理费用—办公费(财务部)　　　　500
　　贷:银行存款—工行存款(转账支票3356)　500

(3)1月12日,销售给光华公司库存商品一批,货税款93 600元(货款80 000元,税款13 600元)尚未收到。

借:应收账款(光华公司)　　　　　93 600
　　贷:主营业务收入　　　　　　　　80 000
　　　　应交税费—增值税—销项税额　　13 600

(4)1月22日,吴琼出差回来报销差旅费5 000元,并返还现金1 000元。

借:库存现金　　　　　　　　1 000
　　管理费用—差旅费　　　　5 000
　　　贷:其他应收款—吴琼　　　　6 000

4.常用凭证。

摘要:从工行提现金;凭证类型:付款凭证;科目编码:1001和1002。

案例五　出纳管理

一、案例要求

1.查询日记账;

2.查询资金日报表;

3.支票登记簿;

4.银行对账;

5.账套备份。

二、案例资料

1. 转账支票。1月22日,以转账(ZZR9988)500元支付销售部办公费。

2. 银行对账期初数据。企业日记账余额222 000元,银行对账单期初余额220 000元,有企业已收银行未收的未达账(2011年12月20日)2 000元。

案例六　账簿管理

案例要求

1. 查询"6602管理费用"三栏式总账,并联查明细账及第2号付款凭证;
2. 查询余额表并联查专项资料;
3. 查询"6602管理费用"明细账;
4. 定义"应交增值税"多栏账;
5. 查询客户往来明细账;
6. 查询部门总账;
7. 账套备份。

案例七　总账期末业务处理

一、案例要求

1. 定义转账分录;
2. 生成机制凭证;
3. 对账;
4. 结账;
5. 账套备份。

二、案例资料

1. "应交税费—应收增值税—销项税额"贷方发生额转入"应交税金—应交增值税—未交增值税"。

2. "期间损益"转入"本年利润"。

第七章
Chapter 7

会计报表编制与日常管理

【学习要点及目标】

本章的学习要点为掌握UFO报表的格式设计、数据处理和报表模板使用的工作原理和操作方法。

本章学习目标是了解UFO会计报表系统的功能和基本操作流程,掌握报表格式设计的内容和方法,掌握报表数据处理的内容和方法,熟悉报表模板的使用方法,了解自制报表模板的方法,能够利用UFO报表系统编制报表和处理数据,且能对报表进行审核、汇总和输出。

【知识体系导图】

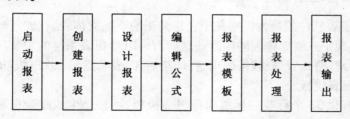

第一节 UFO会计报表管理系统概述

会计报表管理系统是会计信息系统中的一个独立的子系统,它为企业内部各管理部门及外部相关部门提供综合反映企业一定时期财务状况、经营成果和现金流量的会计信息。

用友UFO报表系统是报表事物处理的工具,它既可编制对外报表,又可编制各种内部报表。它的主要任务就是设计报表的格式和编制公式,从总账系统或其他业务系统中取得有关会计信息,自动编制各种会计报表,对报表进行审核、汇总,生成各种分析图,并按预定格式输出各种会计报表。

一、会计报表的分类

会计报表是指企业以货币为计量单位,由会计账簿的数据整理得出的,以表格的形式反映企业财务状况、经营成果和现金流量的表式报告,是财务会计报告的主体和核心,可以按照不同的标准进行分类,具体分类如下:

(1)按反映的内容分类,会计报表可分为静态报表和动态报表。静态报表反映的是企业某一特定时间点上的财务状况,如资产负债表等;动态报表反映的是企业一定时期内的经营成果,如利润表、现金流量表等。

(2)按服务的对象分类,会计报表可分为内部报表和外部报表。内部报表是指为企业内部经营管理服务而编制的不需对外公开的报表;外部报表是指必须向外提供的会计报表。企业对外提供的会计报表是财务报表。

(3)按编制时间分类,会计报表可分为月报、季报、半年报和年报。年度财务会计报告简称为年报,每年编报一次;半年度财务会计报告是指在每个会计年度的前六个月结束后编报的对外提供的财务会计报告;季度财务会计报告是指季度终了对外提供的财务会计报告;月度财务会计报告是指月度终了对外提供的财务会计报告。月报、季报和半年报统称为中期报告。

(4)按编制单位分类,会计报表可分为单位会计报表、汇总会计报表和合并会计报表。单位会计报表是指企业在自身会计核算的基础上,以本公司为会计主体编制的会计报表;汇总会计报表是上级总公司或主管部门对所属单位提供的会计报表进行汇总后编制的报表;合并会计报表是母公司以母公司个别会计报表和子公司个别会计报表为基础编制的会计报表。

二、UFO会计报表管理系统基本功能

UFO与其他电子表软件的最大区别在于它是真正的三维立体表,在此基础上提供了丰富的实用功能,完全实现了三维立体表的四维处理能力。UFO报表系统的主要功能有提供各行业报表模板、文件管理、格式管理、数据处理、打印功能、图表功能和二次开发功能,具体如下:

1. 提供各行业报表模板

UFO报表系统提供33个行业的标准财务报表模板,可轻松生成复杂报表。提供自定义模板的新功能,可以根据本单位的实际需要定制模板。

2. 文件管理功能

UFO报表系统提供各类文件管理功能,并且能够进行不同文件文本、*.MDB、EXCEL、LOTUS 1-2-3格式的转换。它支持多个窗口同时显示和处理,可同时打开的文件和图形窗口多达40个。它提供标准财务数据的"导入"和"导出"功能,可以和其他流行财务软件交换数据。

3. 格式管理功能

UFO报表系统提供丰富的格式设计功能,如设组合单元、画表格线(包括斜线)、调整行高

列宽、设置字体和颜色、设置显示比例等,可以制作各种要求的报表。

4. 数据处理功能

UFO 以固定的格式管理大量不同的表页,能将多达 99 999 张具有相同格式的报表资料统一在一个报表文件中管理,并且在每张表页之间建立有机的联系。它提供排序、审核、舍位平衡、汇总功能;提供绝对单元公式和相对单元公式,可以方便、迅速地定义计算公式;提供种类丰富的函数,可以从账务、应收、应付、工资、固定资产、销售、采购和库存等用友产品中提取数据,生成财务报表。

5. 打印功能

UFO 报表系统采用"所见即所得"的打印方式,报表和图形都可以打印输出。它提供"打印预览",可以随时观看报表或图形的打印效果。报表打印时,可以打印格式或数据,可以设置财务表头和表尾,可以在 0.3~3 倍之间缩放打印,可以横向或纵向打印,等等。支持对象的打印及预览(包括 UFO 生成的图表对象和插入 UFO 中的嵌入和链接对象)。

6. 图表功能

UFO 报表系统可以方便地对数据进行图形组织和分析。系统提供了直方图、圆饼图、折线图、面积图四大类共十种格式的图表。图表可以命名,可以选择图表名打开图表,可以修改、保存或删除图表。与报表文件一样,图表可以打印输出。

7. 二次开发功能

UFO 报表系统提供批命令和自定义菜单,自动记录命令窗中输入的多个命令,可将有规律性的操作过程编制成批命令文件;提供 Windows 风格的自定义菜单,综合利用批命令,可以在短时间内开发出本企业的专用系统。

三、UFO 会计报表系统操作流程

UFO 会计报表系统操作流程如图 7.1 所示。

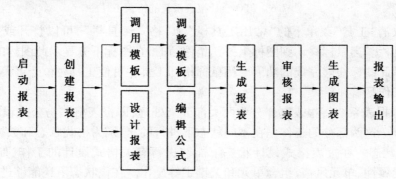

图 7.1　UFO 会计报表系统操作流程

四、熟悉 UFO 报表的界面

UFO 会计报表系统的报表窗口主要由以下部件组成：

1．标题栏

UFO 会计报表系统的标题栏如图 7.2 所示。

图 7.2　UFO 会计报表系统的标题栏

2．菜单栏

UFO 会计报表系统的菜单栏如图 7.3 所示。

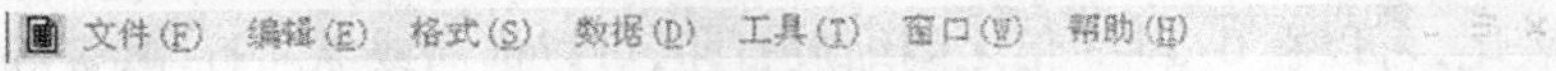

图 7.3　UFO 会计报表系统的菜单栏

3．编辑栏

UFO 会计报表系统的编辑栏如图 7.4 所示。

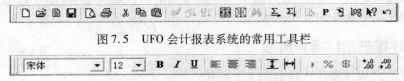

图 7.4　UFO 会计报表系统的编辑栏

4．工具栏

工具栏分为常用工具栏和格式工具栏，分别如图 7.5 和图 7.6 所示。

图 7.5　UFO 会计报表系统的常用工具栏

图 7.6　UFO 会计报表系统的格式工具栏

勾选或取消"工具"菜单下的"常用工具栏"和"格式工具栏"，可以打开或关闭常用工具栏和格式工具栏。当鼠标移动到图标上并稍稍停留时，在图标下方显示此图标的简单提示，在状态栏中显示此图标能够完成的功能。用鼠标拖动工具栏可使工具栏位于屏幕的各个位置。

5．报表工作区

UFO 会计报表系统将报表制作分为两大部分来处理，即报表格式与公式设计部分和报表数据处理部分。这两部分的工作是在不同状态下进行的，分别为格式状态和数据状态。

（1）格式状态。在报表格式设计状态下能够进行有关格式设计的工作，如报表尺寸、行高、列宽、单元属性、单元风格、组合单元和关键字等操作。在该状态下还能够进行报表的单元公式、审核公式和舍位平衡公式的定义操作。在该状态下所看到的均是报表的格式，其数据全部隐藏，所做的操作对本报表的所有表页都发生作用。在该状态下不能进行数据的输入和计算等操作，报表工作区如图 7.7 所示。

第七章 会计报表编制与日常管理

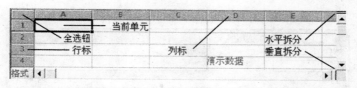

图7.7 格式状态下的报表工作区

（2）数据状态。在报表的数据状态下能够管理报表的数据，如输入数据、增加表页、删除表页、审核、舍位平衡、制作图形、汇总和合并报表等操作。在该状态下所看到的是报表的全部内容，包括格式和数据。不能在该状态下修改报表的格式。数据状态下的报表工作区如图7.8所示。

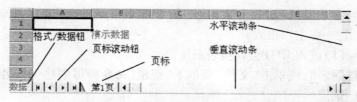

图7.8 数据状态下的报表工作区

从图7.7和图7.8中可以看到，报表工作区左下角有一个"格式/数据钮"，单击该按钮可以在"格式状态"和"数据状态"之间切换。

6. 状态栏

UFO会计报表系统的状态栏如图7.9所示。

图7.9 UFO会计报表系统的状态栏

勾选或取消"工具"菜单下的"状态栏"，可以打开或关闭状态栏。

第二节 编制会计报表

本节主要介绍如何编制会计报表，主要包括报表系统启动、报表创建、报表格式设计、报表公式定义及报表模板使用等操作。

一、创建会计报表

1. 启动UFO会计报表系统

在使用UFO会计报表系统处理报表之前，应先启动UFO会计报表系统。

【例7.1】 以账套主管身份启动会计报表系统。

【操作步骤】 （1）以账套主管身份登录企业应用平台。

（2）单击"业务工作"→"财务会计"，双击"UFO报表"即启动了UFO会计报表系统，如图

7.10 所示。

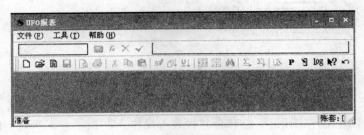

图 7.10　UFO 会计报表系统

2. 创建报表

进入 UFO 会计报表系统后,在进行报表编制之前,应先创建一张空白报表。

【例 7.2】　创建一张空白报表。

【操作步骤】　(1)进入 UFO 会计报表系统。

(2)单击"新建"按钮,或单击"文件"菜单下"新建"命令即可创建一张名为"report1"的空白报表,如图 7.11 所示。

图 7.11　空白报表

【注意事项】　(1)从图 7.11 中可以看出,UFO 会计报表系统与 Excel 类似,其实它们的操作也大同小异,因此如果熟悉 Excel,对学习 UFO 报表的使用大有帮助。

(2)在 7.11 图中有"演示数据"字样,表示现在使用的 UFO 会计报表系统为用友的演示版。

二、设计报表格式

编制一张报表,首先应设计报表数据的载体,即报表格式。报表格式设计是制作报表的基本步骤,该工作决定了整张报表的外观和结构。因此,在新建空白报表后,系统自动进入格式状态。

1. 设置报表尺寸

设置报表尺寸即设置报表的行数和列数。

【例7.3】 将报表尺寸设置为7行4列。

【操作步骤】 (1)执行"格式"菜单下"表尺寸"命令,进入"表尺寸"页面。

(2)分别输入行数为"7",列数为"4",单击"确定"即可。

【注意事项】 在设置完表尺寸后,还可以利用"编辑"菜单下的"插入"或"删除"命令,增加或减少行或列来调整表格大小。

2. 设置报表的行高和列宽

【例7.4】 设置报表的所有行高为"8",所有列宽为"32"。

【操作步骤】 (1)选中整张报表。

(2)执行"格式"菜单下"行高"命令,进入"行高"页面。

(3)输入行高"8",单击"确认"按钮返回。

(4)执行"格式"菜单下"列宽"命令,进入"列宽"页面。

(5)输入列宽"32",单击"确认"按钮即可。

【注意事项】 行高、列宽的单位为毫米。

3. 组合单元

单元又称单元格,是组成报表的最小单位。单元名称由所在行、列标识。行号用数字 1~9 999表示,列标用字母 A~IU 表示。例如,D22 表示第 4 列第 22 行的单元。

组合单元由相邻的两个或更多的单元组成,这些单元必须是同一种单元类型(如表样、数值、字符等),UFO 在处理报表时将组合单元视为一个单元。可以组合同一行相邻的几个单元,可以组合同一列相邻的几个单元,也可以把一个多行多列的平面区域设为一个组合单元。组合单元的名称可以用区域的名称或区域中的单元的名称来表示。例如,把 B2 到 B3 定义为一个组合单元,这个组合单元可以用"B2"、"B3"或"B2:B3"表示。

【例7.5】 将"A1:D1"组合为一个组合单元。

【操作步骤】 (1)选中"A1:D1"。

(2)执行"格式"菜单下"组合单元"命令,进入"组合单元"页面。

(3)单击"整体组合"按钮即可。

【注意事项】 (1)单击"取消组合"按钮可以取消组合。

(2)单击"按行组合"按钮,可以将选中的单元格只按行组合,不按列组合。

(3)单击"按列组合"按钮,可以将选中的单元格只按列组合,不按行组合。

(4)单击"放弃"按钮可以不组合而直接返回。

【注意事项】 单击常用工具栏上的"组合单元"按钮,也可以进入"组合单元"页面。

4. 输入报表项目

报表项目是指报表的文字内容,主要包括表头内容、表体项目、表尾项目等。

【例7.6】 分别在A1单元格输入"货币资金表",D2单元格输入"单位:元",A3单元格输入"项目",B3单元格输入"行次",C3单元格输入"期初数",D4单元格输入"期末数",A4单元格输入"库存现金",B4单元格输入"1",A5单元格输入"银行存款",B5单元格输入"2",A6单元格输入"合计",B6单元格输入"3",C7单元格输入"制表人:"。

【操作步骤】 (1)选中"A1:D1",输入"货币资金表"。

(2)选中D2单元格,输入"单位:元"。

(3)选中A3单元格,输入"项目"。

(4)选中B3单元格,输入"行次"。

(5)选中C3单元格,输入"期初数"。

(6)选中D4单元格,输入"期末数"。

(7)选中A4单元格,输入"库存现金"。

(8)选中B4单元格,输入"1"。

(9)选中A5单元格,输入"银行存款"。

(10)选中B5单元格,输入"2"。

(11)选中A6单元格,输入"合计"。

(12)选中B6单元格,输入"3"。

(13)选中C7单元格,输入"制表人:"。

5. 区域画线

利用该功能可以对所选单元设置线条样式,如虚线等。除此之外,还能够选择表格线的样式,如斜线等。

【例7.7】 为报表画表格线,内细外粗。

【操作步骤】 (1)选中整张报表。

(2)执行"格式"菜单下"区域划线"命令,进入"区域划线"页面。

(3)选择"网线"单选钮,样式为较细直线,单击"确认"按钮返回。

(4)执行"格式"菜单下"区域划线"命令,进入"区域划线"页面。

(5)选择"框线"单选钮,样式为较粗直线,单击"确认"按钮即可。

6. 设置单元属性

单元属性包括单元类型、字体图案、对齐和边框等。单元类型主要有以下三种:

(1)数值单元。它是数值报表数据,在数据状态(格式/数据按钮显示为"数据")下输入,其内容是 $1.7*(10E-308) \sim 1.7*(10E+308)$ 之间的任何数(15位有效数字),数字可以直接输入或由单元中存放的单元公式运算生成。建立一个新表时,所有单元的类型缺省为数值。

(2)字符单元。它是字符型报表数据,在数据状态下输入。字符单元的内容可以是汉字、字母、数字及各种键盘可输入的符号组成的字符串,一个单元中最多可输入 255 个字符。字符单元的内容也可由单元公式生成。

(3)表样单元。它是报表的格式,是定义一个没有数据的空表所需的所有文字、符号或数字。一旦单元被定义为表样,那么在其中输入的内容对所有表页都有效。表样在格式状态下输入和修改,在数据状态下不允许修改。

字体图案主要包括字体、字型、字号、前景色、背景色和图案等;对齐不仅包括水平方向的自动、居左、居中和居右等,还包括垂直方向的自动、居上、居中和居下等;边框主要为单元格边框设置线型。

【例 7.8】 将库存现金、银行存款和合计的期初数及期末数的单元类型设置为"数值",格式为"逗号",小数位数为"2",将 D7 单元格的单元类型设置为"字符"。

【操作步骤】 (1)选中"C4:D6"单元格。
(2)执行"格式"菜单下"单元属性"命令,进入"单元格属性"页面。
(3)选中"单元类型"选项卡。
(4)选择单元类型为"数值",格式为"逗号",小数位数为"2",单击"确定"按钮返回。
(5)选择 D7 单元格。
(6)执行"格式"菜单下"单元属性"命令,进入"单元格属性"页面。
(7)选中"单元类型"选项卡。
(8)选择单元类型为"字符",单击"确定"按钮即可。

【注意事项】 (1)在格式状态下输入内容的单元格均被默认为表样单元,在数据状态下不可以更改。
(2)在格式状态下未输入内容的单元格均被默认为数值单元,在数据状态下可以输入数值。
(3)若希望在数据状态下输入字符,应将其定义为字符单元。
(4)字符单元和数值单元输入后只对本表页有效,表样单元输入后对所有表页有效。

【例 7.9】 将"货币资金表"设置为黑体、16 号,将"单位:元"设置为红颜色。

【操作步骤】 (1)选中"A1:D1"单元格。
(2)执行"格式"菜单下"单元属性"命令,进入"单元格属性"页面。
(3)选中"字体图案"选项卡。
(4)选择字体为"黑体",字号为"16"。
(5)选中 D2 单元格。
(6)执行"格式"菜单下"单元属性"命令,进入"单元格属性"页面。
(7)选中"字体图案"选项卡。
(8)选择前景色为"红色",单击"确定"按钮即可。

【注意事项】 单击"工具"菜单,选中"格式工具栏"可打开"格式工具栏",此时通过格式工具栏也可设置字体和字号等内容。

【例 7.10】 将报表所有内容设置为居中对齐。

【操作步骤】 (1)选中整张报表。

(2)执行"格式"菜单下"单元属性"命令,进入"单元格属性"页面。

(3)选中"对齐"选项卡,选中水平方向的"居中"单选钮,单击确定即可。

【注意事项】 也可以通过格式工具栏设置对齐方式。

【例 7.11】 将表格最左边和最右边的边框去掉。

【操作步骤】 (1)选中"A3:D6"单元格。

(2)执行"格式"菜单下"单元属性"命令,进入"单元格属性"页面。

(3)选中"边框"选项卡,在"边框"内左侧边框线位置单击鼠标,可以看到粗线变细了,再单击一下鼠标,可以看到左侧边框线消失。

(4)在"边框"内右侧边框线位置单击鼠标,可以看到粗线变细了,再单击鼠标,可以看到右侧边框线消失,单击"确定"按钮即可。

【注意事项】 设置边框时,应先选择线型,再用鼠标单击边框的上、下、左、右、内或外。

7. 设置关键字

关键字是游离于单元之外的特殊数据单元,可以唯一标识一个表页,用于在大量表页中快速选择表页。UFO 共提供以下六种关键字,关键字的显示位置在格式状态下设置,关键字的值则在数据状态下录入,每个报表可以定义多个关键字。

(1)单位名称:字符型(最多 28 个字符),为该报表表页编制单位的名称。

(2)单位编号:字符型(最多 10 个字符),为该报表表页编制单位的编号。

(3)年:数值型(1980~2099),该报表表页反映的年度。

(4)季:数值型(1~4),该报表表页反映的季度。

(5)月:数值型(1~12),该报表表页反映的月份。

(6)日:数值型(1~31),该报表表页反映的日期。

除此之外,UFO 有自定义关键字功能,可以用于业务函数中。

【例 7.12】 为报表添加关键字"单位名称"、"年"、"月"和"日",并调整至合适位置。

【操作步骤】 (1)选中 A2 单元格。

(2)执行"数据"菜单下"关键字-设置"命令,进入"设置关键字"界面。

(3)选中"单位名称"单选钮,单击"确定"按钮返回。

(4)选中 C2 单元格。

(5)执行"数据"菜单下"关键字-设置"命令,进入"设置关键字"界面。

(6)选中"年"单选钮,单击"确定"按钮返回。

(7)选中 C2 单元格。

(8)执行"数据"菜单下"关键字-设置"命令,进入"设置关键字"界面。

(9)选中"月"单选钮,单击"确定"按钮返回。
(10)选中 C2 单元格。
(11)执行"数据"菜单下"关键字-设置"命令,进入"设置关键字"界面。
(12)选中"日"单选钮,单击"确定"按钮返回。
(13)执行"数据"菜单下"关键字-偏移"命令,进入"定义关键字偏移"界面。
(14)单位名称和日仍设置为"0",向下调整年为"-60",月为"-30"。

【注意事项】 (1)向下调整即减小数值,表示向左调整,也可以通过直接输入负数的值来调整。
(2)向上调整即增大数值,表示向右调整,也可以通过直接输入正数的值来调整。
(3)关键字偏移单位为像素。
(4)只能在格式状态下设置、取消关键字。
(5)在数据状态下也可以偏移关键字。

8. 格式加锁

报表格式加锁后,想要进入格式状态修改格式必须输入正确口令。如果口令有误,则不能进入格式状态。
(1)执行"格式"菜单下"保护-格式加锁",进入"格式加锁"界面。
(2)输入新口令和确认口令,单击"确定"按钮即可。

【注意事项】 (1)两次输入相同的口令是为了确认口令,如果两次输入的口令不同,将弹出提示框"您两次输入的密码不同,请重新输入"。
(2)在报表格式状态,当对报表格式加锁后,可以进行任何有效操作。一旦退出该状态重新进入,需在"验证格式口令"对话框输入正确的口令,否则出现提示框"口令错误! 不能进入格式设计!"。
(3)格式解锁需执行"格式"菜单下"保护-格式解锁"命令,输入正确密码。

9. 文件保护

在实际工作中,一些报表需要限制访问权限,可以为报表增加文件口令。在打开一个有口令的报表时,必须输入正确的口令才能打开该报表。
(1)执行"文件"菜单下"文件口令",进入"设置文件口令"界面。
(2)输入新口令和确认新口令,单击"确定"按钮即可。

【注意事项】 (1)两次输入相同的口令是为了确认口令。如果两次输入不同,将弹出"新口令与确认新口令不匹配,请重新输入!",否则提示"设置口令成功!"。
(2)保存该表,关闭后,再打开此报表时,会弹出文件口令对话框,在"口令"编辑栏输入正确的口令,就可以打开此报表。
(3)口令不区分大小写,如 SYSTEM 等同于 system。

10. 保存报表

该功能可以把当前报表文件的所有内容存盘。

【例7.13】 保存报表至"我的文档"文件夹下,文件名为"report1.rep"。

【操作步骤】 (1)执行"文件"菜单下"保存"命令,进入"另存为"对话框。

(2)选择保存路径和文件名。如默认路径为"我的文档",默认文件名为"report1",默认文件类型为"报表文件(＊.rep)",单击"另存为"按钮即可。

【注意事项】 (1)".rep"为用友报表文件专用扩展名。

(2)可以利用"文件"菜单下"另存为"命令制作报表文件的备份或将报表文件保存为其他文件格式。

三、编辑报表公式

报表格式设计完成之后,便可进行报表公式设计。由于各种报表之间存在着密切的逻辑联系,因此,报表中各种数据的采集、运算和钩稽关系的检测就用到了不同的公式。用友U8.72报表系统的公式主要包括计算公式、审核公式和舍位平衡公式等。报表的计算公式在一般情况下必须设置,审核公式和舍位平衡公式是根据需要设置的。

1. 计算公式

计算公式又称为单元公式,是指为报表数据单元进行赋值的公式,定义报表数据之间的运算关系,可以实现报表系统从账簿、凭证、本表或它表等处调用、运算所需要的数据,并填入相应的报表单元中。报表系统的计算公式一般通过函数实现,因此,报表系统一般均内置一整套从各种数据文件中调取数据的函数,只是不同报表软件的函数的具体表示不同,但这些函数所提供的功能和使用方法通常是相同的。

通过计算公式来组织报表数据,可以简化大量重复、复杂的劳动,既经济又省事。因此,合理设计计算公式能够大大减少劳动时间,提高工作效率。企业常用的财务报表数据一般来源于总账管理系统或报表系统本身,取自于报表的数据又可以分为从本报表取数和从其他报表的表页取数。

(1)自总账取数的函数。该类函数又称财务函数,其基本格式为:

函数名("科目编码",会计期间,["方向"],[账套号],[会计年度],[编码1],[编码2])

①科目编码也可以是科目名称,且必须用双引号括起来。

②会计期间可以是"年""月""季"等变量,也可以是具体表示年、月、季的数字。

③方向即"借"或"贷",可以省略。

④账套号为数字,缺省时默认为999账套。

⑤会计年度即数据取数的年度,可以省略。

⑥编码1和编码2与科目编码的核算账类有关,可以取科目的辅助账,如职员编码、项目编码等,如果无辅助核算、则省略。

常用财务函数如表7.1所示。

表 7.1

函数名	中文函数名	函数定义
DFS	对方科目发生	取对方科目发生数
FS	发生	取某科目本期发生数
HL	汇率	取汇率
JE	净额	取某科目借、贷方发生净额
LFS	累计发生	取某科目累计发生额
QC	期初	取某科目期初数
QM	期末	取某科目期末数
SDFS	数量对方科目发生	取对方科目数量发生数
SFS	数量发生	取某科目本期数量发生数
SJE	数量净额	取某科目借、贷方数量发生净额
SLFS	数量累计发生	取某科目累计数量发生额
SQC	数量期初	取某科目数量期初数
SQM	数量期末	取某科目数量期末数
STFS	数量条件发生	取符合指定条件的发生数
TFS	条件发生	取符合指定条件的发生数
WDFS	外币对方科目发生	取对方科目外币发生数
WFS	外币发生	取某科目本期外币发生数
WJE	外币净额	取某科目借、贷方外币发生净额
WLFS	外币累计发生	取某科目外币累计发生额
WQC	外币期初	取某科目外币期初数
WQM	外币期末	取某科目外币期末数
QTFS	外币条件发生	取符合指定条件的外币发生数

(2)自本表表页取数的函数。本表页内部统计函数主要包括求和函数(PTOTAL( ))、平均值函数(PAVG( ))、计数函数(PCOUNT( ))、最大值函数(PMAX( ))和最小值函数(PMIN( ))。

(3)自本表其他表页取数的函数。对于取自于本表其他表页的数据可以利用某个关键字作为表页定位的依据,或者直接以页标号作为定位依据,指定取某张表页的数据。

自本表其他页取数的基本格式为:

<目标区域>=<数据源区域>@<页号>

例如,B1=C2@1 表示当前页 B1 单元的值取自当前表第一页 C2 单元的值。

也可以使用 SELECT() 函数从本表其他表页取数,例如,C2=SELECT(C3,月@=月+1)表示当前页 C2 单元的值取自上个月 C3 单元的值。

(4)自其他报表取数的函数。报表之间取数的基本格式为:

<目标区域>="<报表名[.rep]>"-><数据源区域>@<页号>

例如,D4="report1.rep"->D3@1 表示当前表页 D4 单元的值取自表 report1.rep 第 1 页 D3 单元的值。

【例7.14】 输入 C4 单元公式为 QC("1001",月),D4 单元公式为 QM("1001",月),C5 单元公式为 QC("1002",月),D5 单元公式为 QM("1002",月),C6 单元公式为 C6=C4+C5,D6 单元公式为 D6=D4+D5。

【操作步骤】 (1)选中 C4 单元。

(2)在格式状态下执行"数据"菜单下"编辑公式-单元公式"命令,进入"定义公式"界面。

(3)单击"函数向导"按钮,进入"函数向导"界面。

(4)在函数分类中选择"用友财务函数",然后在函数名中选择"期初(QC)"函数,并单击"下一步"按钮,进入"用友财务函数"界面。

(5)单击"参照"按钮,进入"财务函数"界面。

(6)分别输入科目为"1001",期间为"月",单击"确定"按钮返回上一界面,再单击"确定"按钮返回更上一界面,最后单击"确认"按钮即可。

(7)同理输入 D4、C5 和 D5 单元公式。

(8)选中 C6 单元。

(9)按键盘上"="键,进入"定义公式"界面。

(10)直接输入"C6=C4+C5",单击"确认"按钮即可。

(11)同理输入 D6 单元公式。

【注意事项】 (1)公式的定义在格式状态下完成。

(2)单击常用工具栏上"fx"按钮,或按键盘上"="键,或双击公式单元,均可进入"定义公式"对话框。

(3)单元公式中涉及的符号均为英文半角字符。

(4)在定义公式时,如果对公式较熟悉,可直接输入单元公式。

2. 审核公式

在会计报表中,某些报表数据之间存在着钩稽关系,如借方合计等于贷方合计,小计数等于有关的小项之和等。审核公式就是用来检验报表内或报表之间的钩稽关系是否正确的表达式,其格式如下:

<表达式> <逻辑运算符> <表达式> [MESS "错误提示信息"]

【例7.15】 定义以下审核公式：
C6=C4+C5   MESS"期初数合计错误"
D6=D4+D5   MESS"期末数合计错误"
【操作步骤】 (1)在格式状态下执行"数据"菜单下"编辑公式-审核公式"命令，进入"审核公式"界面。
(2)在审核关系处输入：
C6=C4+C5   MESS"期初数合计错误"
(3)按回车键，进入下一行。
(4)继续输入：
D6=D4+D5   MESS"期末数合计错误"
(5)单击"确定"按钮即可。

3. 舍位平衡公式

在进行报表汇总时，可能会存在各个报表计量单位不一致的问题，这时需对部分报表数据进行进位处理，或进行小数点数据取整。这样，可能会打破原有数据平衡关系，这时通过设置舍位平衡公式，对进位后的数据按设置的公式进行微调，使经过进位处理后的数据自动恢复平衡关系。例如，将以"元"为单位的报表数据变成以"万元"为单位的报表数据，且表中的平衡关系仍然成立。

【例7.16】 定义舍位平衡公式并保存报表，要求如下：
舍位表名为"SW1"，舍位范围为"C4:D6"，舍位位数为"4"，平衡公式为"C6=C4+C5,D6=D4+D5"。
【操作步骤】 (1)在格式状态下执行"数据"菜单下"编辑公式-舍位公式"命令，进入"舍位平衡公式"界面。
(2)分别输入舍位表名为"SW1"，舍位范围为"C4:D6"，舍位位数为"4"，平衡公式为"C6=C4+C5,D6=D4+D5"，单击"完成"按钮返回。
(3)执行"文件"菜单下"保存"命令即可。
【注意事项】 (1)输入平衡公式时，每个公式一行，公式之间用半角英文标点状态下的","分隔，最后一行公式不用逗号。
(2)一个单元只允许在等号右边出现一次。

四、报表模板的具体应用

通过报表格式定义和公式定义可以设置一个个性化的自定义报表，但对于一些会计实务上常用的、格式基本固定的财务报表，如果逐一自定义无疑费时、费力。针对这种情况，用友UFO为用户提供了33个行业的200多张标准财务报表(包括现金流量表)。用户可以根据所在行业挑选相应的报表套用其格式及计算公式。因此，利用报表模板可以迅速建立一张符合需要的财务报表。

1. 调用报表模板

【例7.17】 调用"资产负债表"模板。

【操作步骤】 (1)执行"文件"菜单下"新建"命令,新建一张空白报表。

(2)在格式状态下执行"格式"菜单下"报表模板"命令,进入"报表模板"界面。

(3)选择用户所在的行业为"2007年新会计制度科目",财务报表为"资产负债表"。

(4)单击"确认"按钮,系统弹出"模板格式将覆盖本表格式!是否继续?"提示,单击"确定"即可。

【注意事项】 如果所需的报表格式或公式与调用的模板有所不同,可以在格式状态下进行修改。

2. 生成常用报表

该功能可以根据用户账套初始设置的默认账套的账套行业性质自动生成资产负债表、损益表、利润分配表以及与该行业性质相关的其他报表。

【例7.18】 生成常用报表。

【操作步骤】 (1)执行"文件"菜单下"新建"命令,新建一张空白报表。

(2)在格式状态下执行"格式"菜单下"生成常用报表"命令即可。

3. 自定义报表模板

对于一些本企业常用报表模板中没有提供的报表,在自定义完这些报表的格式和公式后,可以将其定义为报表模板,以后可以直接调用。另外,还可以将自定义的模板加入系统提供的模板库内,也可以根据本行业的特征,增加或删除各个行业及其内置的模板。

【例7.19】 将编制的"货币资金表"保存为报表模板,存在"我的文档"中,文件名为"货币资金表模板.rep"。

【操作步骤】 (1)执行"文件"菜单下"打开"命令,打开编制好的并已保存在"我的文档"中的"货币资金表",即"report1.rep"文件。

(2)打开后,执行"文件"菜单下"另存为"命令,进入"另存为"对话框。

(3)输入文件名为"货币资金表.rep",文件类型默认为"报表文件(*.rep)",单击"另存为"按钮即可。

【例7.20】 将"我的文档"中的"货币资金表模板.rep"加入系统提供的模板库内,行业为"2007年新会计制度科目"。

【操作步骤】 (1)在格式状态下执行"格式"菜单下"自定义模板"命令,进入"自定义模板"界面。

(2)选择行业名为"2007年新会计制度科目",单击"下一步"按钮,进入"自定义模板-2007年新会计制度科目"行业模板界面。

(3)单击"增加"按钮,进入"添加"模板对话框。

(4)选择路径为"我的文档",模板名为"货币资金表. rep",模板文件扩展默认为"模板文件. rep",单击"添加"按钮返回,再单击"完成"按钮即可。

【注意事项】 如果某张报表模板不需要了,还可以利用此功能删除。

【例7.21】 调用模板库内的"货币资金表模板"。

【操作步骤】 (1)执行"文件"菜单下"新建"命令,新建一张空白报表。

(2)在格式状态下执行"格式"菜单下"报表模板"命令,进入"报表模板"界面。

(3)选择您所在的行业为"2007年新会计制度科目",财务报表为"货币资金表"。

(4)单击"确认"按钮,系统弹出"模板格式将覆盖本表格式!是否继续?"提示,单击"确定"即可。

【注意事项】 调自定义模板前,应先关闭编辑好的模板文件,否则系统会提示"设置模板格式出错"。

第三节 会计报表的日常处理

会计报表的日常处理主要包括生成报表数据、审核报表数据、舍位平衡操作、表页管理和数据汇总等工作。数据处理工作必须在数据状态下进行。处理时计算机会根据已定义的单元公式、审核公式和舍位平衡公式自动进行取数、审核及舍位等操作。

一、生成和审核会计报表

生成报表又称为编制报表,是制作报表中不可缺少的重要环节,必须在数据状态下进行。一般可按下列顺序编制每期报表:首先打开存放某表的报表文件,然后,在确保报表处于数据状态的前提下,为当期报表增加表页,增加表页既可以通过插入表页,也可以通过追加表页来实现,插入表页是在当前表页前面插入一张空表页,而追加表页则在最后一张表页后追加N张空表页。表页增加之后,再录入关键字,这是编制本期报表的关键,因为每一张表页均对应不同的关键字,输出时表页的关键字会随同单元一起显示。关键字输入完毕之后,再编制报表,这可以通过执行"数据/表页重算"命令来实现。如果每次进行报表编制时,希望指定核算账套,则可以选中"计算时提示选择账套"菜单项。报表编制完成之后,可单击"数据/审核"命令,对本表的审核公式进行检查,看本表的有关平衡关系是否满足。

1. 追加表页

在实际的会计报表使用过程中,每期的会计报表所依据的报表格式和计算公式基本一致,只是会计期间有所不同而已。为了便于用户的阅读和取数,通常将那些不同期间、相同类型的会计报表装订在一起,形成一本报表。

【例7.22】 打开我的文档下"货币资金表. rep",追加1页表页。

【操作步骤】 (1)执行"文件"菜单下"打开"命令,进入"打开"对话框。

（2）选择路径为"我的文档"，文件名为"货币资金表.rep"，单击"打开"按钮。
（3）单击"格式/数据"按钮，切换到数据状态下。
（4）执行"编辑"菜单下"追加-表页"命令，进入"追加表页"界面。
（5）输入或调整追加表页数量为"1"，单击"确认"按钮即可。
【注意事项】 （1）追加表页的操作只能在数据状态下进行。
（2）追加表页是在当前表页的后面追加表页。
（3）一张报表最多能管理99 999张表页，软件演示版最多为4页。

2．录入关键字

报表的数据包括报表单元的数值和字符以及游离于单元之外的关键字。数值单元只能生成数字，而字符单元既能生成数字，又能生成字符。数值单元和字符单元可以由公式生成，也可由键盘输入，关键字则必须由键盘输入。

【例7.23】 录入关键字，单位名称为"沐菲公司"，日期为2011年1月31日。

【操作步骤】 （1）在数据状态下执行"数据"菜单下"关键字-录入"命令，进入"录入关键字"界面。

（2）录入单位名称为"沐菲公司"，年为"2011"，月为"1"，日为"31"，单击"确认"按钮即可，录入关键字后的货币资金表如图7.12所示。

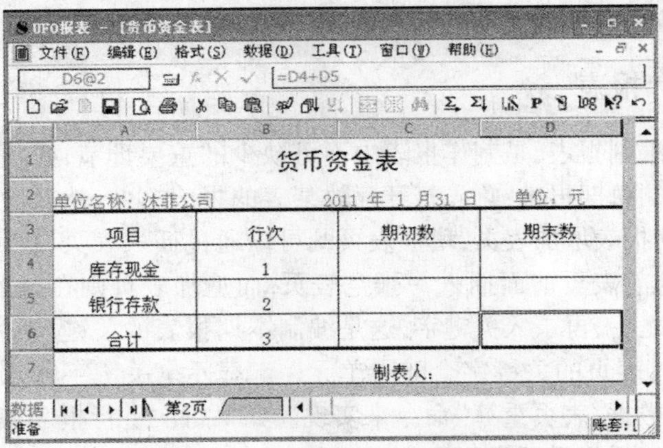

图7.12 录入关键字后的货币资金表

【注意事项】 只能在数据状态下录入关键字。

3．录入数据

有些数据需要手动录入，如制表人等。

【例7.24】 录入制表人为"孟非"。

【操作步骤】 在数据状态下选中D7单元，录入"孟非"即可。

【注意事项】 （1）录入数据只能在数据状态下进行。

(2)若没有在格式状态下定义 D7 单元类型为"字符",则不能在此处录入字符型数据。
4. 生成报表数据
该功能可在初始的账套和会计年度范围内根据单元公式计算生成报表数据。
【例 7.25】 生成"货币资金表"数据。
【操作步骤】 (1)在数据状态下勾选"数据"菜单下"计算时提示选择账套"命令。
(2)执行"数据"菜单下"表页重算"命令,系统将弹出"是否重算第 2 页?",单击"是"按钮,进入"登录"界面。
(3)分别输入操作员、密码、账套、语言区域和操作日期等,单击"确定"即可。
【注意事项】 (1)利用"数据"菜单下"整表重算"命令也可以生成报表数据。
(2)在生成报表数据过程中,状态栏有生成进度提示;在生成完毕后,状态栏有"计算完毕!"的提示。
5. 审核报表
在实际工作中,为了确保报表数据的准确性,我们经常用这种报表之间或报表之内的钩稽关系对报表进行钩稽关系检查。一般称这种检查为数据的审核。
【例 7.26】 审核"货币资金表"。
【操作步骤】 在数据状态下执行"数据"菜单下"审核"命令即可。
【注意事项】 (1)若审核结果正确,将在状态栏显示"完全正确!"提示。
(2)若审核结果不正确,则弹出错误提示信息。
6. 舍位平衡
报表数据在进行进位时,如以"元"为单位的报表在上报时可能会转换为以"千元"或"万元"为单位的报表,原来满足的数据平衡关系可能被破坏,因此需要进行调整,使之符合指定的平衡公式。
【操作步骤】 在数据状态下执行"数据"菜单下"舍位平衡"命令,系统将舍位平衡的结果生成新报表"SW1"。

二、表页管理

报表数据处理一般是针对某一特定表页进行的,因此在数据处理时还涉及表页的操作,如增加、交换和删除表页等。
1. 增加表页
在数据状态下执行"编辑"菜单下"插入-表页"或者"追加-表页"命令,然后输入或选择表页数量,单击"确认"按钮即可。
【注意事项】 插入是在当前表页前插入表页。追加是在当前表页之后追加表页。
2. 查找表页
在一个报表文件中,如果表页太多,则在报表下方的表页标签栏中不能显示所有表页,可使用查找表页功能进行查找。
(1)在数据状态下执行"编辑"菜单下"查找"命令,进入"查找"界面。
(2)选择查找条件后,单击"查找"按钮即可。

3. 交换表页
交换表页是将指定的任何表页中的全部数据进行交换。
(1)在数据状态下执行"编辑"菜单下"删除-表页"命令,进入"删除表页"界面。
(2)分别输入"源页号"和"目标页号",单击"确认"按钮即可。

4. 删除表页
删除表页是指将报表文件中的某张或多张表页从报表文件中删除,报表的表页数相应减少。删除表页有两种方法:一种是直接输入页号进行删除;另一种是输入删除条件进行删除。
(1)在数据状态下执行"编辑"菜单下"删除-表页"命令,进入"删除表页"界面。
(2)输入"删除表页"或"删除条件",单击"确认"按钮即可。
【注意事项】 在格式状态下可以插入、追加、交换和删除行或列。

5. 表页排序
UFO提供表页排序功能,可以按照表页关键字的值或者按照报表中的任何一个单元的值重新排列表页。表页排序界面涉及的内容主要有以下几点:
(1)第一关键值:指根据什么内容对表页进行排序。
(2)第二关键值:指当有表页的第一关键值相等时,按照此关键值排列。
(3)第三关键值:指当有多张表页用第一关键值和第二关键值还不能排列时,按照第三关键值排列。
【操作步骤】 (1)在数据状态下执行"数据"菜单下"排序-表页"命令,进入"表页排序"界面。
(2)根据需要分别选择第一关键值、第二关键值和第三关键值,以及递增或递减,单击"确认"按钮即可。

三、会计报表数据汇总和采集

在会计实务中,用户通常需要对报表数据进行图形化分析、对比,以分析、对比不同期间的经营情况,还可能需要汇总一定期间的数据,以计算出一定期间内的经营情况。如果单靠用户手工翻阅和计算完成这些工作是比较麻烦的,为此,UFO会计报表管理系统向用户提供生成图表、透视和数据汇总等功能,用户可以根据需要选用相应的功能完成报表数据汇总等工作。

1. 生成图表
报表数据生成之后,为了对报表数据进行直观的分析和了解,方便对数据的对比、趋势和结构分析,可以利用图形对数据进行直观显示。UFO图表格式提供直方图、圆饼图、折线图、面积图四类共十种格式的图表。图表是利用报表文件中的数据生成的,图表与报表数据存在着密切的关系,报表数据发生变化时,图表也随之变化,报表数据删除后,图表也随之消失。

【例7.27】 生成"资金分析图"。

【操作步骤】 (1)在格式状态下执行"编辑"菜单下"追加-行"命令,进入"追加行"界面。

(2)输入或选择追加行数量为"12",单击"确认"按钮。

(3)单击"格式/数据"按钮切换至数据状态。

(4)选中"A3:D5"区域,执行"工具"菜单下"插入图表对象"命令,进入"区域作图"界面。

(5)选择数据组为"行",选择操作范围为"当前表页",输入图表名称为"资金分析图",图表标题为"资金对比分析图",X轴标题为"期间",Y轴标题为"金额",选择图表类型为"立体成组直方图",单击"确认"按钮即可。

【注意事项】 (1)成功插入图表对象后,双击图表可进入图表编辑状态,此时可通过"编辑"菜单下提供的命令修改标题及字体等内容。

(2)在退出图表编辑状态后,选中图表,按 Delete 键可删除图表。

2. 多区域数据透视

透视功能可以帮助用户将多张表页的多个区域的数据列于同一张报表中,从而便于用户对不同表页中的同类数据进行分析和比较。

【例7.28】 透视"C4:D4"区域。

【操作步骤】 (1)在数据状态下选中第 1 页表页。

(2)选中"C4:D4"区域。

(3)在数据状态下执行"数据"菜单下"透视"命令,进入"多区域透视"界面。

(4)输入透视区域范围为"C4:D4",输入列表字串为"期初数,期末数",单击"确定"按钮即可。

3. 报表数据汇总

数据汇总功能可以实现报表数据按照用户的要求进行叠加,汇总方式分为表页汇总和可变区汇总两种。所谓表页汇总就是各个表页的数据汇总生成一个新的汇总报表,可变区叠加指的是将指定表页的可变区数据叠加,并将此汇总数存放到本页可变区的最后一行或列上。二者的操作基本一致,下面以表页数据汇总为例进行介绍,对于可变区数据汇总用户可参照以下步骤进行操作。

(1)在数据状态下执行"数据"菜单下"汇总-表页"命令,进入"表页汇总"界面。

(2)选择"汇总到本表的最后一张页表"单选钮,单击"下一步"按钮。

(3)选择表页汇总条件后,单击"加入"按钮,再单击"下一步"按钮。

(4)选择"按物理位置汇总"单选钮,单击"完成"按钮即可。

4. 采集外部数据

利用该功能,可以把下面几类数据采集到当前报表中:

①其他报表文件(后缀.rep)的数据;

②文本文件(后缀.txt)的数据。

数据采集时源表可以带筛选条件,源表文件名可以用变量表示。

【操作步骤】 (1)在数据状态下执行"数据"菜单下"数据采集"命令,进入"数据采集"对话框。

(2)选择源数据的路径和文件,单击"采集"按钮即可。

【注意事项】 采集报表文件的数据时,如果当前报表的格式与源数据报表的格式不一样,将出现对话框"报表格式不同!是否强行追加?",单击"确定"按钮后,将强行追加,由于报表格式不同,数据很可能追加得毫无意义。单击"取消"按钮后,将放弃数据采集操作。

第四节 输出会计报表

报表的输出包括报表的屏幕查询、网络传送和打印输出,输出时可以针对报表格式输出,也可以针对某一特定表页输出。输出报表格式须在格式状态下操作,而输出表页须在数据状态下操作,输出表页时,格式和报表数据一起输出。输出表页数据时涉及的相关操作主要有设置显示比例、设置显示风格和设置打印分页等。

一、屏幕查询

屏幕查询时可以对报表的显示风格、显示比例加以设置。

1. 设置显示比例

(1)执行"工具"菜单下"显示比例"命令,进入"显示比例"界面。

(2)输入或调整显示比例,单击"确认"按钮即可。

【注意事项】 对报表显示比例进行的更改,不影响打印的效果。

2. 设置显示风格

(1)执行"工具"菜单下"显示风格"命令,进入"显示风格"界面。

(2)根据需要勾选或取消"隐藏行标""隐藏列标"和"标准颜色"复选框,选择合适的网格颜色,单击"确认"按钮即可。

【注意事项】 对报表显示风格进行的更改,将影响打印的效果。

二、网络传送

用友 U8.72 内置"发送和接收"功能,利用该功能可以在局域网、远程网或 Internet 上传输数据,而不需要另外安装任何通信软件,如 Microsoft Mail,Exchange 等。

可以发送和接收各种类型的文件,包括报表(*.rep)、批命令(*.shl)、数据库(*.mdb)、应用程序(*.exe)、文本文件等。日常工作中需要传输的所有文件都可以用"发送和接收"功能来完成,系统提供了四种传输方式:①点对点;②邮局信箱;③电子邮件;④磁盘文件。

该方式用于接收其他人用磁盘文件方式发来的文件(.uff),也可以接收其他人用PPP方式、E-mail方式、邮局信箱方式发来的邮件(.zip)。

1. 设置

要发送和接收文件,首先要设置一些必要的传输参数。

(1)执行"工具"菜单下"发送和接收-设置"命令,进入"系统参数设置"界面进行设置。

(2)输入发送邮件(SMTP),如"smtp.126.com"。

(3)输入接收邮件(POP3),如"pop3.126.com"。

(4)输入发送邮件(SMTP),如"25"。

(5)输入接收邮件(POP3),如"110"。

(6)输入邮件收发服务器账号名,如"u872email"。

(7)输入邮件收发服务器密码,即所使用的电子邮箱的密码。

(8)输入邮件收发服务器发信人电子邮件地址,如"u872email@126.com"。

(9)根据需要选择编码,一般默认即可。

(10)输入邮局路径,如"D:\U8SOFT"。

(11)输入邮局账号名,如"张会计"。

(12)单击"测试连接",稍后会弹出"邮件发送成功"提示,此时所设置邮箱中会收到一封测试成功的邮件。

(13)设置完毕,单击"确定"按钮即可。

【注意事项】 (1)测试连接时间较长,耐心等待。

(2)若测试不成功可能由于设置错误,或者是由于输入的邮件服务器没有开放SMTP及POP3服务。

(3)在网络上,可以约定一个共享目录作为邮局,同时给每个使用者约定一个不同的账号。

2. 发送

(1)执行"工具"菜单下"发送和接收-发送"命令,进入"文件传输_发送"界面。

(2)单击"选择文件"选择要发送的文件。选择文件时,按住Ctrl键或者Shift键可以一次选中多个文件。每次选择不超过50个。

(3)根据需要选择发送方式,输入发送地,单击"发送"按钮,系统弹出进程显示对话框。

(4)单击"开始"按钮,文件即开始发送。

【注意事项】 (1)程序自动把发送的文件进行压缩(.zip),以节省传输时间。

(2)选择"点对点方式",在发送地址中必须输入接收方计算机的IP地址,例如"192.168.0.200"。

(3)选择"邮局信箱方式",在发送地址中必须输入要发送的账号名,如"张会计"。

(4)选择"电子邮件方式",在发送地址中必须输入要发送的E-mail地址,如"u872email@

126.com"。

(5)使用"磁盘文件方式"不用进行设置,直接发送即可。

3. 接收

(1)执行"工具"菜单下"发送和接收-接收"命令,进入"文件传输_接收"界面。

(2)根据需要选择接收方式。

(3)单击"保存到"按钮,指定接收到的文件保存到哪个目录,例如"C:\收到文件"目录。

(4)单击"接收"按钮,系统弹出进程显示对话框,准备接收。

(5)单击"开始"按钮,开始接收文件。

【注意事项】 (1)如果相同文件已存在,则必须另起一个新的文件名。

(2)使用"点对点方式",发送方和接收方必须同时分别打开"文件传输_发送""文件传输_接收"对话框。

(3)接收电子邮件时要注意,用友 U8.72 传输文件时,在传输过程中经过了特殊压缩。如果使用其他应用程序接收文件,如使用 Microsoft Mail,接收后则不能解开压缩文件,也就不能正常打开文件。这时可以使用 UFO 中的"磁盘文件方式"接收文件。具体可描述为:当用其他应用程序接收后,会收到主题为"用友自由邮件"的邮件,内容为一个 ZIP 文件。把此文件保存到硬盘或磁盘上,然后在 UFO 中用"磁盘文件方式"接收文件。

(4)使用"磁盘文件方式"不用进行设置,直接接收即可。

三、报表打印

报表打印之前可以设置打印分页,进行页面设置和打印预览,还可以进行打印设置等操作。

1. 设置打印分页

系统提供的自动分页功能是按照表页的自然页进行分页,但是有时自动分页会影响报表的美观或是不能满足用户的需要,因此用友 U8.72 提供了强制分页功能。由于强制分页功能用于打印输出,并不是从本质上改变报表格式,所以在格式状态和数据状态均可进行此项操作。

(1)勾选"工具"菜单下"显示分页"命令。

(2)在报表中选中需要分页的单元格。

(3)若执行"工具"菜单下"强制分页"命令,则会在当前选择的单元处显示分页标记。

(4)若还需设置其他强制分页,重复(2)、(3)步骤即可。

【注意事项】 (1)若要取消某强制分页,可选中该单元,然后执行"工具"菜单下"撤销分页"命令即可。

(2)若要取消所有分页,执行"工具"菜单下"取消全部分页"命令即可。

2. 页面设置

利用"页面设置"可以设置报表的页边距、缩放比例、页首和页尾。

(1)执行"文件"菜单下"页面设置"命令,进入"页面设置"界面。

(2)根据需要进行页面设置。

【注意事项】 进行页面设置之后,报表窗口并没有变化,在"打印预览"中可以观看页面设置效果。

3. 打印预览

利用打印预览可以随时观看报表或图表的实际打印效果。

执行"文件"菜单下"打印预览"命令,或单击常用工具栏"打印预览"按钮进入"打印预览"界面,再单击"放大"按钮预览报表打印效果。

【注意事项】 进入打印预览时,打印纸的显示比例为最小。当鼠标指针在模拟打印纸上移动时,鼠标指针将变为放大镜形状,单击鼠标按钮可放大显示比例。放大两次后,显示比例达到最大,鼠标指针恢复为通常形状。此时单击鼠标指针,打印纸的显示比例还原为最小。

4. 打印设置

打印设置包括设置打印机、打印纸、打印质量等。

(1)执行"文件"菜单下"打印设置"命令,进入"打印设置"界面。

(2)根据需要进行打印设置。

【注意事项】 如果不想打印报表中的某些行或某些列,则进入格式状态,把行高或列宽调整为0即可。

5. 打印报表

(1)执行"文件"菜单下"打印"命令,或按 Ctrl+P 键,进入"打印"界面。

(2)根据需要设置打印机、打印纸的大小、打印方向、纸张来源、图像的分辨率、图像抖动、图像的浓度、打印品质、打印到文件和打印范围,单击"确定"按钮即可。

【注意事项】 单击常用工具栏"打印"按钮也可进行打印。

本章小结

UFO 报表是用友软件股份有限公司开发的电子表格软件,可以完成制作表格、数据运算、图形制作、打印等电子表的所有功能。当 UFO 报表与账务系统同时运行时,可作为通用财经报表系统用于各行业的财务、会计、人事、计划、统计、税务和物资等部门。UFO 与其他电子表软件的最大区别在于它是真正的三维立体表,在此基础上提供了丰富的实用功能,完全实现了三维立体表的四维处理能力。

案例八 报表格式设计

一、案例要求

1. 设计利润表的格式；
2. 按新会计制度设计利润表的计算公式；
3. 保存报表格式至"我的文档"中"自制利润表"。

二、案例资料

利润表见表7.2。

表7.2

编制单位：　　　　　　　　年　　月　　　　　　　单位：元

项目	行数	本月数
一、主营业务收入	1	
减：主营业务成本	4	
主营业务税金及附加	5	
二、主营业务利润	10	
减：营业费用	11	
管理费用	12	
财务费用	15	
三、营业利润	17	
加：投资收益	18	
减：营业外支出	19	
四、利润总额	22	
减：所得税	23	
五、净利润	24	

案例九 报表数据处理

一、案例要求

1. 生成自制利润表的数据；
2. 将已生成数据的自制利润表另存为"1月份利润表"。

二、案例资料

1. 编制单位为"龙星公司"。

2. 编制时间为"2012年1月"。

案例十　利用报表模板生成报表

一、案例要求
1. 按新会计制度科目生成300账套1月份的"资产负债表";
2. 保存"资产负债表"到"我的文档"。
二、案例资料
1. 编制单位为"龙星公司"。
2. 编制时间为"2012年1月"。

第三篇

高级应用篇

第三篇

高处坠落伤

第八章
Chapter 8

薪资管理系统

【学习要点及目标】

本章主要介绍薪资管理系统的基本功能和具体操作步骤。通过本章的学习,要求了解薪资管理系统的任务特点,薪资管理系统的主要功能;熟悉薪资管理系统的业务流程和数据流程;掌握薪资管理系统的操作,能够根据需要建立工资管理账套,完成工资系统初始化,进行日常工资处理和期末处理。

【知识体系导图】

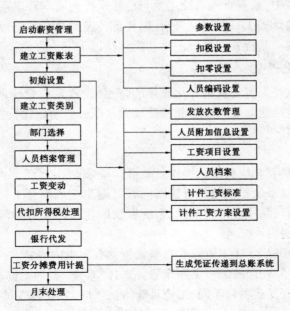

第一节　薪资管理系统初始化

一、薪资管理系统概述

薪资的核算和管理是人力资源管理的基本内容。在职工较多的单位，薪资核算是一项任务繁重、时效性较强的工作，是所有单位会计核算中最基本的业务之一（关系到每个职工的切身利益），也是直接影响产品成本核算的重要因素。因此，它是会计人员要求迫切、使用广泛的一个子系统。

人员薪资的计算和发放是每个单位都会发生的日常业务。在手工会计时代，由于这项工作计算量庞大，因而需要投入很大的精力去完成。在企业采用了用友 ERP-U8.72 系统之后，这项具有简单重复劳动性质的工作就简单了许多，用户在对薪资管理系统进行设置后，系统会自动计算和汇总相关数据，从而简化了财务人员工作，提高了工作效率，同时还避免了人工计算可能带来的计算错误问题。

薪资管理系统功能强大，能够处理多个工资类别，便于用户对不同类型人员工资进行分类管理。同时，还能够让用户自由设置工资项目及其计算公式，以便于对人员工资的变动情况进行及时地调整。

薪资管理系统还能够自动计算个人所得税，自动扣零，自动汇总工资数据，还能自动完成工资费用分摊，大大简化了用户的工作量。

在会计电算化系统中，薪资管理系统主要与总账系统与成本管理系统存在凭证传递关系，薪资管理系统根据用途计提工资费用，生成转账凭证传递到总账系统，并将工资费用分配表数据向成本管理系统传递。薪资管理系统主要功能包括以下三个方面：

（一）系统初始化设置

系统初始化设置就是根据工资电算化核算的特点，设置薪资管理系统的工作模式。薪资管理系统初始化设置包括建立工资账套和基础设置两部分。初始化设置是首次使用薪资管理系统时不可缺少的步骤。

1. 建立工资账套

薪资系统启用后，具有相应权限的操作员就可以登录本系统了。如果是初次进入，系统会自动启动建账向导，通过系统提供的工资建账向导可逐步完成整套工资建账工作。正确建立工资账套是整个薪资管理系统运行的基础，系统提供的建账向导分为四步，即参数设置、扣税设置、扣零设置和人员编码。

（1）参数设置。ERP-U8.72 工资账套参数设置共有三项内容：

①选择本账套所需要处理的工资类别个数。选择"多个"类别工资核算的情况包括：A. 存在不同类别人员，其工资发放项目不同，工资计算方法不同，如在职人员与离职人员、正式职工

与临时工等。B. 企业在不同地区设立分支机构，工资由总部统一管理。C. 每月进行多次工资发放，月末统一核算管理。D. 工资发放时采用多种货币币种。如果单位中所有人员的工资按统一的标准进行管理，而且人员的工资项目、工资计算公式全部相同，则选择"单个"，可提高系统的运行效率。

②选择币别名称。系统提供"币别参照"供用户选择，若选择账套本位币以外的其他币别，则还应在工资类别参数维护中设置汇率，核算币种经过一次工资数据处理后不能再修改。

③是否核算计件工资。计件工资是按计件单价支付劳动报酬的一种形式。由于对计时工资和计件工资的核算方法不同，因此，在薪资管理系统中对于企业是否存在计件工资特别设置了确认选项。

（2）扣税设置。如果要从工资中代扣个人所得税，则用鼠标单击复选框，打上选择标记。

（3）扣零设置。扣零处理通常是在发放现金工资时使用，现在大多数单位采用银行代发工资，很少做此设置。用户如果选择"扣零处理"，系统将自动增加"本月扣零"和"上月扣零"两个固定工资项目，用户不必在计算公式中再设置有关扣零处理的计算公式。

（4）人员编码。人员编码就是定义单位人员的编码长度，以数字为人员编码。企业应根据需要来定义人员编码长度，但总长度不能超过10位字符。一旦设置人员档案，则人员编码长度不能再做修改。在设置人员编码长度时一定要考虑以后人数的增长情况。

上述四项内容设置完成后，单击"完成"按钮，结束工资账套建立过程。若选择多个工资类别，还可以继续进行工资类别的设置，也可以暂时先退出设置。尽管各个单位的薪资核算有很多共性，但也存在一些差异。通过薪资管理系统初始化设置，可以根据企业需要建立工资账套数据，设置薪资管理系统运行所需要的各项基础信息，为日常处理建立应用环境。

2. 基础档案设置

系统提供发放次数管理、人员附加信息设置、工资项目设置和人员档案设置等功能。可由企业自行设计公式，并提供计件工资标准设置和计件工资方案选择。

建立工资账套后，需要对薪资管理系统运行所需要的一些基础信息进行设置，包括部门档案设置、人员类别设置、银行档案设置、发放次数管理、人员附加信息设置、工资项目设置、人员档案设置、计件工资标准设置、计件工资方案设置和选项设置等。其中部门档案设置、人员类别设置和银行档案设置应在公共平台的"设置"页签中的"基础档案"设置中进行设置，部门档案的设置方法详见第五章。

（1）人员档案设置。人员类别是指按某种特定的分类方式将企业的职工分成若干类，不同类别的人员工资水平可能不同，设置人员类别有助于实现工资的多级化管理。人员类别的设置还与工资费用的分配、分摊有关，合理设置人员类别，便于按人员类别进行工资的汇总计算，为企业提供不同人员类别的工资信息。人员类别在没有使用之前可以修改，但只有一个人员类别时则不能修改。

（2）银行名称设置。当企业发放工资采用银行发放形式时，需要确定银行名称及账号长度。银行名称设置中可设置多个发放工资的银行,以适应不同的需要。例如,同一工资类别中的人员由于在不同的工作地点,需在不同的银行代发工资,或者不同的工资类别由不同的银行代发工资。

(3) 发放次数管理。当系统选用多个工资类别方式时,可管理工资发放次数。

(4) 人员附加信息设置。人员附加信息设置功能可用于增加人员信息、丰富人员档案的内容,便于对人员进行更加有效的管理。例如,增加设置人员的性别、民族、婚否等内容。

(5) 人员档案设置。人员档案设置用于登记工资发放人员的姓名、职工编号、所在部门、人员类别等信息,员工的增减变动必须先在本功能中处理。这里的人员档案与总账系统中的职员档案不同,要单独设置。

(6) 工资项目设置。工资项目设置主要是用来定义工资项目的名称、类型、长度、小数位和增减项等项目,可根据需要自由设置工资项目,如基本工资、岗位工资、副食补贴、扣款合计等。若在建立工资账套时设置"扣税处理",选择"是否核算计件工资",则系统自动在工资项目中生成"代扣税"和"计件工资"两个项目。另外,系统还自动设置"应发合计""扣款合计"和"实发合计"三项,这些项目不能删除和重命名,其他项目可根据单位的实际情况定义或参照增加。

(7) 定义公式。工资的各个项目设置完毕后就可以设置计算公式,即定义工资项目的数据来源及工资项目之间的运算关系。计算公式设置的正确与否关系到工资核算的最终结果。在打开工资类别之前,已在基础设置中建立本单位各种工资类别所需要的全部工资项目。不同的工资类别,工资发放项目不尽相同,计算公式也不相同,在打开某个工资类别后,应选择本类别所需要的工资项目,再设置工资项目的计算公式。

(8) 计件工资方案设置。在计件工资标准设置完成后,需要设置计件工资方案。

(二) 工资日常业务处理

薪资管理系统管理企业所有人员的工资数据,对人员增减、工资变动进行处理;自动计算个人所得税,向代发工资的银行传输工资数据;自动计算、汇总工资数据;支持计件工资核算模式;自动完成工资分摊、计提等业务,并将自动生成的凭证传递到总账系统。

(三) 期末处理

薪资管理系统可进行月末结转和年末结转,还可提供多层次、多角度的薪资报表管理。期末,薪资管理系统将当期工资数据经过处理后结转至下期,并生成各种工资表和工资分析表,如工资发放签名表、部门工资汇总表、工资项目分析表等。

二、设置业务控制参数

用户还需要注意的是,在该系统使用之前必须完成系统的启用工作。

【例8.1】 以账套主管身份进入系统,设置参数。

【操作步骤】
1. 启用薪资管理系统
(1)单击"基础设置"。
(2)选择"基本信息"→"系统启用"选项,如图8.1所示。

图8.1 "系统启用"界面

(3)在"系统启用"窗口中,勾选"薪资管理"选项。
(4)在弹出的日历中,选择要启用的日期,选择完毕后,单击"确定"按钮。
(5)在"确定要启用当前系统吗?"对话框中,单击"是"按钮。
(6)单击"退出"按钮。
【注意事项】 (1)此处应以账套主管身份登录系统。
(2)如果总账系统等其他系统正在运行,必须退出其他系统后才能完成薪资管理系统的启用工作。

2. 参数设置
(1)单击"业务工作"→"人力资源"→"薪资管理"。
(2)在弹出的"请先设置工资类别"对话框中,单击"确定"按钮;然后在"建立工资套"窗口中,选择相关信息;选择完毕后,单击"下一步"按钮,如图8.2所示。

3. 设置扣税、扣零、人员编码
(1)勾选"是否从工资中代扣个人所得税"选项。
(2)单击"下一步"按钮。
(3)不勾选"扣零"选项,单击"下一步"按钮。
(4)单击"完成"按钮,如图8.3、图8.4和图8.5所示。

图 8.2 建立工资套-参数设置窗口　　图 8.3 建立工资套-扣税设置窗口

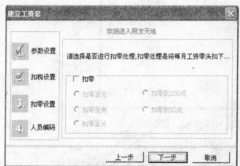

图 8.4 建立工资套-扣零设置窗口　　图 8.5 建立工资套-人员编码设置窗口

4. 建立工资类别

（1）单击"业务工作"→"人力资源"→"薪资管理"→"工资类别"→"新建工资类别"。

（2）输入工资类别名称"正式人员"，单击"下一步"按钮，如图 8.6 所示。

（3）单击"选定全部部门"，如图 8.7 所示。

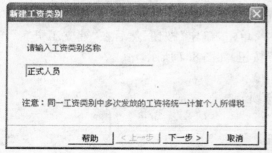 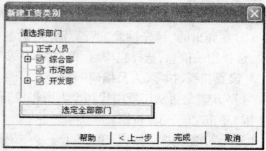

图 8.6 新建工资类别窗口　　图 8.7 新建工资类别-部门选择窗口

(4)单击"完成"按钮；系统弹出"是否以 2011-01-01 为当前工资类别的启用日期？"信息提示对话框，单击"是"按钮，返回薪资管理系统，如图 8.8 所示。

【注意事项】（1）多工资类别主要适用于工资管理比较复杂的企业，比如，需要对不同人员设置不同的工资项目、计算公式或者一个月内发生若干次工资等，如果企业不同类别的人员在工资项目设置和计算公式上具有一致性，则应该选择单个工资类别。

（2）扣零主要适用于用现金发放工资的单位，指的是每次发放工资时扣下零头，将零头滚动到下次，积累至整数发放。

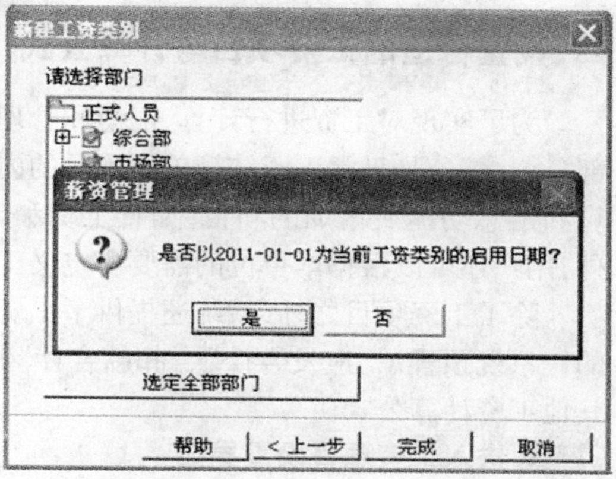

三、设置合适的人员档案

人员档案是进行人员薪资管理的前提条件，为了更好地对人员工资进行管理，必须全面准确地设置人员档案。设置人员档案可以通过"增加"按钮分别录入每个人的档案，但这样做比较费力。本书在基础设置中已经录入了人员档案，在这里可以直接将之前录入的数据导入。

1. 进入设置界面

在"业务工作"中，选择"人力资源"→"薪资管理"→"设置"，双击"人员档案"选项。

2. 录入人员档案

（1）单击"批增"按钮。

（2）在"人员批量增加"窗口中，单击"在职人员"之前的单元格。

（3）单击"确定"按钮，如图 8.9 所示。

图 8.8　新建工资类别-正式人员启用日期窗口

图 8.9　"人员批量增加"窗口

3. 退出人员档案设置界面

设置完成后,单击"退出"按钮。

四、设置合适的工资项目与计算公式

为了实现对工资进行计算、汇总和管理,用户应该对工资项目进行设置。工资项目包括两部分:一部分是日常工资结算单所列示的内容,如基本工资和奖金等;另一部分是为了实现计算和汇总功能所增加的项目,如日工资和请假天数等。系统预置了一部分工资项目,除此之外,用户还可以根据本单位的需要自定义工资项目。

除了工资项目之外,系统还提供了工资计算公式的功能,从而实现系统自动进行计算的目的。系统预置了"应发合计"、"扣款合计"和"实发合计"的公式,用户还可以根据需要自定义其他工资计算公式。

1. 进入工资项目设置界面

在"业务工作"中,选择"人力资源"→"薪资管理"→"设置",双击"工资项目设置"选项。

2. 进行项目设置

(1)单击"增加"按钮。
(2)在"名称参照"下拉框中,按照资料要求,选择相应名称,如图 8.10 所示。
(3)调整长度、小数和增减项单元格。
(4)单击"上移"或"下移"按钮调整相应位置,将工资项目顺序进行调整。
(5)设置完成后,单击"确定"按钮。

3. 设置公式

在"业务工作"中,选择"人力资源"→"薪资管理"→"工资类别"→"打开工资类别",选择一个工资类别后,单击"公式设置"选项卡。

(1)设置公式:请假扣除 = 请假天数 × 15。

①单击"增加"按钮。
②在下拉框中,选择"请假扣除"选项。
③单击"上移"或"下移"按钮调整相应位置。
④单击"函数公式向导输入"按钮,如图 8.11 所示。

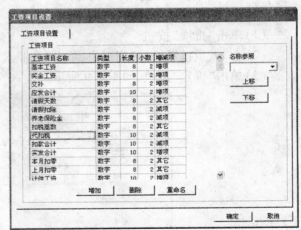

图 8.10 工资项目设置窗口

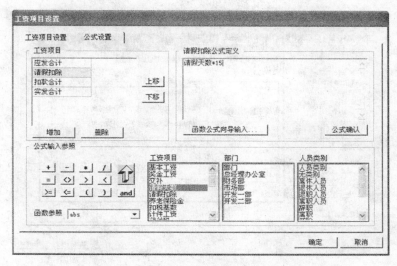

图 8.11　工资项目设置-公式设置窗口(一)

(2)设置公式:养老保险金＝基本工资×0.08。操作步骤略,如图 8.12 所示。

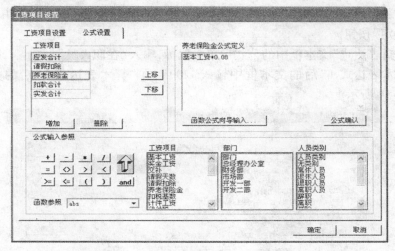

图 8.12　工资项目设置-公式设置窗口(二)

(3)设置公式:交补＝iff(人员类别＝"在职人员",200,80)

①单击"增加"按钮,在工资项目列表中增加一空行,单击该行,在下拉列表框中选择"交补"选项。

②单击"公式定义"文本框,再单击"函数公式向导输入"按钮,打开"函数向导-步骤之 1"对话框,如图 8.13 所示。

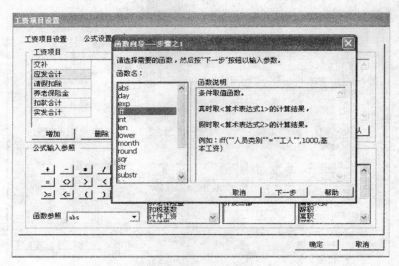

图 8.13 "函数向导-步骤之 1"窗口

③从"函数名"列表中选择"iff",单击"下一步"按钮,打开"函数向导-步骤之 2"对话框。

④单击"逻辑表达式"参照按钮,打开"参照"对话框,从"参照"下拉列表中,选择"人员类别",单击"确定"按钮。

⑤在"逻辑表达式"文本框中的公式后单击鼠标,输入"在职人员"。

⑥在"算术表达式 1"后的文本框中输入"200",在"算术表达式 2"后的文本框中输入"80",如图 8.14 所示。

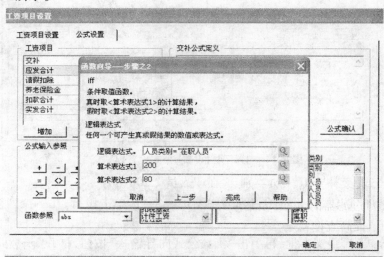

图 8.14 "函数向导-步骤之 2"窗口

⑦单击"完成"按钮,返回"公式设置"窗口,单击"公式确认"按钮。

【注意事项】 系统是按照"工资项目"列表中的排列顺序先后进行工资计算的,因此用户必须注意公式的排列顺序。正确的顺序为:先得出的数字排在靠前的位置,后得出的数字排在靠后的位置,应发合计、扣款合计和实发合计这三个系统预置公式应排在最后,实发合计公式排在所有公式的最后面,请用户务必使用"上移"或"下移"按钮对公式进行排列。

第二节 工资核算业务日常处理

薪资管理系统管理企业所有人员的工资数据,对人员增减、工资变动进行处理;自动计算个人所得税,向代发工资的银行传输工资数据;自动计算、汇总工资数据;支持计件工资核算模式;自动完成工资分摊、计提等业务,并将自动生成的凭证传递到总账系统。薪资核算管理功能可以加强企业对员工工资的精确计算,并在此基础上进行分析,提高管理效能。

一、人员变动调整

第一次使用薪资管理系统必须将所有人员的基本工资数据录入计算机,而平时发生的工资数据变动也在此进行调整,如职工提薪、水电费扣发、事病假扣发和奖金录入等。首次进入本功能前,需先进行工资项目设置,然后再录入数据。

当第一次使用工资系统录入完所有人员信息后,进入"业务处理"下的"工资变动"界面,显示所有人员的所有工资项目,单击"编辑"按钮录入或修改工资数据。但计件工资数据不能在此更改,因为计件工资数据来源于计件工资统计。

工资数据可以直接录入,也可以通过"项目过滤器"和"定位器"快速录入或修改数据。

1. 人员变动

企业人员流动是一种常见的情况,同时,企业由于种种原因停发工资也是一种客观存在的情况。用户可以通过软件对人员变动进行调整。

(1)选择"薪资管理"→"业务处理"→"工资变动"选项。

(2)在工资变动主界面中的"过滤器"中,选择"过滤设置",在弹出的条件对话框中,选择要过滤查询的工资项目条件。

(3)单击"确定"按钮。显示符合条件的工资列表,如图8.15所示。

(4)单击"保存"按钮。

(5)输入项目过滤器的名称,可保存本次查询条件,以后以同样条件查询时,选择项目过滤器名称即可,可提高查询效率。

2. 定位器

系统提供了可按人员、部门定位查询功能,如图8.16所示。

(1)在工资变动表界面,单击"定位"按钮。

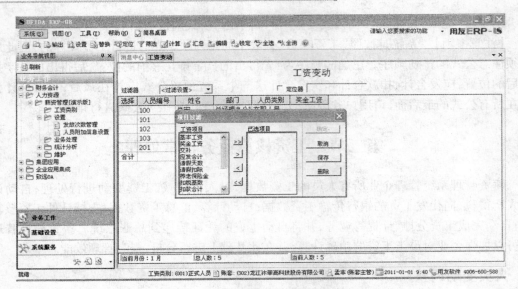

图 8.15 过滤项目窗口

（2）按人员定位时，系统提供部门名称、人员姓名、人员编号参照；按部门定位时，系统提供部门名称、部门编码、人员类别参照；选择模糊定位时，可按部门、人员姓氏等进行查询，系统不提供参照。

系统还提供定位器定位，在工资变动表界面，首先单击选择复选框标上"√"启用定位器，然后单击某一列，在文本框中显示选中的对应列名称，如单击"奖金"列，定位器文本框中显示"奖金"。用户在文本框中录入数据后，按回车键，系统根据用户在定位器文本框中录入的数据，按照选定的列进行查询，并将光标定位于第一条记录。

二、编辑工资数据

工资数据包括固定数据和变动数据两大类。一般来说，固定数据不常变化，较为稳定，而变动数据往往在每期发放工资时需要作出一些调整。固定数据主要包括基本工资、岗位工资等，而变动数据包括的主要是奖金、请假天数等。需要特别提到的是，一些特殊的变动数据是根据系统中的公式自动计算而成的，如请假扣款、个人所得税等。

在修改某些数据、重新设置计算公式、进行数据替换或在个人所得税中执行自动扣税等操作后，最好调用"计算"功能对个人工资数据重新计算，以保证数据正确。通常实发合计、应发合计、扣款合计在修改完数据后不自动计算合计项，如要检查合计项是否正确，可先执行重算工资，如果不执行重算工资，在退出工资变动时，系统会自动提示重新计算。

若对工资数据的内容进行变更，在执行重算工资后，为保证数据的准确性，可调用"汇总"功能对工资数据进行重新汇总。在退出工资变动时，如未执行"工资汇总"，系统会自动提示

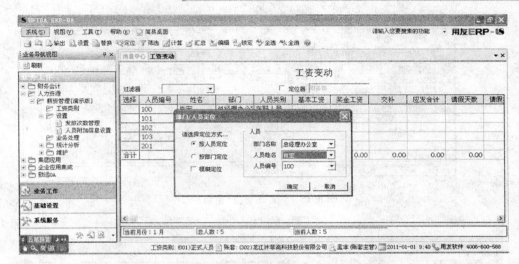

图 8.16 定位查询窗口

进行汇总操作。

1. 输入正式人员基本工资数据

（1）选择"业务处理"→"工资变动"，在相应的位置上输入工资的基本数据。例如：肖宏，基本工资 5 000 元，奖金工资 500 元。

（2）采用同样的方法输入其他人员的工资数据，如图 8.17 所示。

图 8.17 "工资变动"窗口（一）

2. 输入正式人员工资变动数据

输入考勤情况：刘丹请假 2 天，张扬请假 1 天，如图 8.18 所示。

3. 数据计算与汇总

（1）在"工资变动"窗口中，单击工具栏上的"计算"按钮，计算工资数据。其结果如图8.19所示。

（2）单击工具栏上的"汇总"按钮，汇总工资数据。

图 8.18 "工资变动"窗口(二)

图 8.19 "工资变动"窗口(三)

(3)单击工具栏上的"退出"按钮,退出"工资变动"窗口。

4. 工资数据替换

当工资变动呈规律性变动时,可以通过替换功能来完成数据更新,将符合条件的人员的某个工资项目的数据,统一替换成某个数据。

(1)在"将工资项目"栏内选择被替换项目名称,在"替换为"栏内输入替换表达式。

(2)输入替换条件。

(3)界面左边的"下拉框"提供部门、人员类别、工资项目的参照。

(4)输入选中的项目对应的数据内容条件。部门、人员类别可参照输入过滤条件。

(5)系统提供逻辑运算符的选择使用(= ,<,>,>= ,<= ,<>)。

(6)单击"确定"按钮。系统将符合条件人员的相应工资项目内容替换。

5. 人员变动调整

(1)在"业务工作"中,选择"薪资管理"→"设置",双击"人员档案"选项。

(2)在人员档案中,双击"王晓"所在的行。

(3)在弹出的"人员档案明细"中,勾选"调出"选项。

(4) 单击"确定"按钮。
(5) 在弹出的"写入该人员信息档案吗?"对话框中,单击"确定"按钮,如图 8.20 所示。
(6) 单击"取消"按钮。当全部修改完成后,单击"关闭"按钮。

薪资部门名称	人员编号	人员姓名	人员类别	账号	中方人员	是否计税	工资停发	核算计件工资	现金发放
总经理办公室	100	肖宏	在职人员		是	是	否	是	否
财务部	101	孟非	在职人员		是	是	否	是	否
财务部	102	王暖	在职人员		是	是	调出	是	否
财务部	103	刘丹	在职人员		是	是	否	是	否
市场部	201	张扬	在职人员		是	是	否	是	否

图 8.20 人员调出窗口

【注意事项】 若在选项中修改"税率表"或重新选择"收入额合计项",则在退出选项设置后,需要到本功能中执行重新计算功能,否则系统将保留修改个人所得税前的数据状态。

三、个人所得税

如果在建立工资账套时选中了从工资中代扣个人所得税这一项,则系统将根据国家颁布的九级超额累进税率或用户自定义的所得税率进行扣税。系统对于所得税的设置主要分为三步,即扣缴所得税设置、个人所得税申报设置和个人所得税计算。

根据相关法律规定,凡向个人支付应纳税所得的单位,都应承担代扣义务。因此,对个人所得税的管理也成为工资管理的重要内容。用友 ERP-U8.72 软件可以根据相关设置和用户输入的工资数据,自动计算出个人所得税。

1. 扣缴所得税设置

在"业务工作"中,选择"人力资源"→"薪资管理"→"业务处理"后,双击"扣缴所得税"选项。

2. 个人所得税申报设置

(1) 在"个人所得税申报模板"窗口中,保持默认设置,单击"打开"按钮。
(2) 在"所得税申报"窗口中,保持默认设置,单击"确定"按钮,如图 8.21 所示。

3. 查看"系统扣缴个人所得税年度申报表"并退出

系统还提供了纳税申报功能,单击"申报"按钮,即可进入"地区纳税申报"录入,按单位信息输入相关数据,选择或输入存储文件的路径及文件名称,单击"确定"后,系统在指定位置生成"*.csv"文件。根据企业的需要进行相应的操作,操作完毕后,单击"退出"按钮。

【注意事项】 (1) 对于跨地区企业扣税起征点不同的问题,用户可以在工资项目中设置"计税基数"项目,类型为"其他项";输入每个人的扣税起征点金额,也可以在"工资项目设

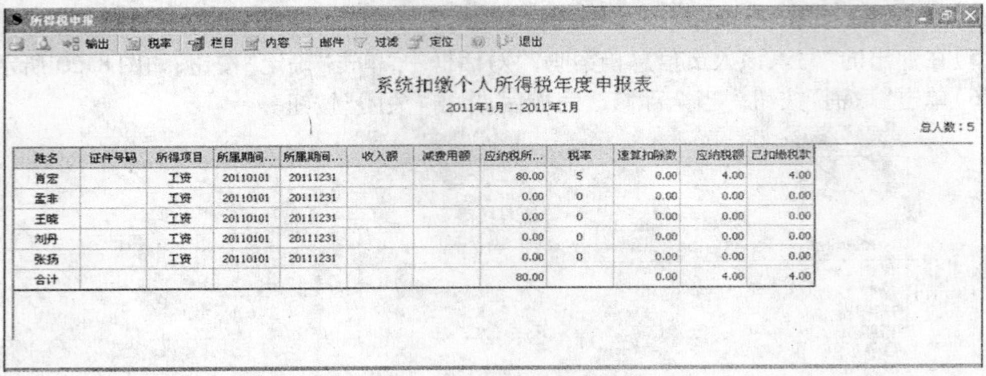

系统扣缴个人所得税年度申报表

2011年1月 -- 2011年1月

总人数：5

姓名	证件号码	所得项目	所属期间...	所属期间...	收入额	减费用额	应纳税所...	税率	速算扣除数	应纳税额	已扣缴税款
肖宏		工资	20110101	20111231			80.00	5	0.00	4.00	4.00
孟非		工资	20110101	20111231			0.00	0	0.00	0.00	0.00
王晓		工资	20110101	20111231			0.00	0	0.00	0.00	0.00
刘丹		工资	20110101	20111231			0.00	0	0.00	0.00	0.00
张扬		工资	20110101	20111231			0.00	0	0.00	0.00	0.00
合计							80.00		0.00	4.00	4.00

图 8.21　个人所得税申报窗口

置”中编辑计算公式。在本功能中选择“计税基数”为对应扣税项目，并在税率表定义中将“基数”调整为零。

(2)对于外币工资类别，需要在“选项”功能的“扣税设置”页面，在扣缴所得税模块中设置仅能查看税率表。

(3)用友 ERP-U8.72 中系统已经预置年终奖及其扣税项目，不需要手工设置，可根据扣税方式(代扣税、代付税)自动生成相应工资项目。

四、工资发放

在实际工作中，工资发放有两种方式，一种是现金发放，另一种是银行代发。结合现金发放方式，用友软件提供了“工资分钱清单”功能；结合银行代发方式，用友软件提供了“银行代发”功能。鉴于目前企业已经普遍使用银行代发的方式，这里只向读者介绍银行代发工资的相关业务处理。

银行代发工资业务处理主要内容即向银行提供规定格式的工资数据文件，用友软件可以根据用户的需要直接生成符合银行要求的文件。生成文件后，用户通过移动存储设备或者网络传输给银行即可。

1. 工资分钱清单

工资分钱清单是指核算单位在工资发放时的分钱票面额清单，此项功能适用于工资发放采用现金方式的企业，采用银行代发工资的企业一般不需要进行工资分钱清单的操作。

2. 银行代发

银行代发业务是指每月末单位应向银行提供银行给定文件格式的数据，然后直接打印或报盘给银行，由指定银行直接将工资发放到人员档案的银行账号中。

(1)银行代发界面。在“业务工作”中，选择“薪资管理”→“业务处理”后，双击“银行代发”选项。

(2)选择部门范围。勾选"综合部"、"市场部"、"开发部"所有选项。单击"确定"按钮。

(3)设置银行文件格式

①在"银行模板"下拉框中,选择"中国工商银行"选项,如图8.22所示。

②单击"确定"按钮。

③在"确认设置的银行文件格式?"对话框中,单击"是"按钮。

(4)查看银行代发一览表并退出。根据企业的需要进行相应的操作,如果需要传输到软盘中,则单击"传输"按钮即可。操作完毕后,单击"关闭"按钮。

3.工资分摊

工资分摊指的是对当月发生的工资费用进行工资总额计算、分配和各项经费的计提。用户在初次进行工资分摊时,需要对分摊类型进行设置。

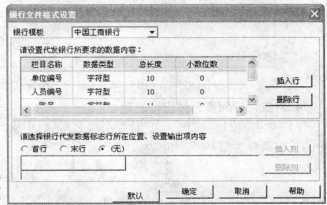

图8.22 "银行文件格式设置"窗口

(1)工资分摊类型设置。在"业务工作"中,选择"人力资源"→"薪资管理"→"业务处理"后,双击"工资分摊"选项。

(2)对工资费用分摊进行设置。

①在"工资分摊"窗口中,单击"工资分摊设置"按钮,如图8.23所示。

②在"分摊类型设置"窗口中,单击"增加"按钮,如图8.24所示。

③在"计提类型名称"栏中输入"工资分摊",其他保持默认设置。

④单击"下一步"按钮,如图8.25所示。

⑤输入相关信息。输入完毕后,单击"完成"。

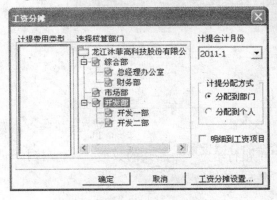

图8.23 "工资分摊"窗口

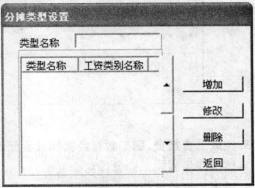

图8.24 工资分摊类型设置窗口

图 8.25　工资分摊构成设置窗口(一)

4. 对应付福利费分摊进行设置

(1)单击"增加"按钮。在"计提类型名称"栏中输入"福利费计提",将"分摊计提比例"栏中的数字调整为"14%",如图 8.26 所示。

图 8.26　"分摊计提比例设置"窗口

(3)单击"下一步"按钮。按照资料要求输入相关信息,如图 8.27 所示。输入完毕后,单击"完成"按钮。

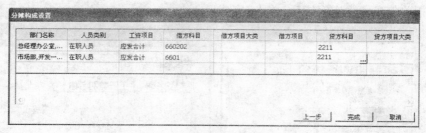

图 8.27　工资分摊构成设置窗口(二)

5. 完成工资经费、职工教育经费和社会保险金的分摊设置工作

具体操作步骤同工资分摊。

6. 退出工资分摊类型设置界面

(1)在"分摊类型设置"窗口中,单击"返回"按钮。

（2）在"工资分摊"窗口中，单击"取消"按钮。

7. 工资分摊及费用计提

当完成工资分摊类型的设置后，便可以进行工资分摊和费用计提工作，系统将自动根据用户之前的设置进行工资分摊和费用计提，并完成制单操作。由于制单是由账套主管完成，因此顺利完成结账后还要为操作员设置审核凭证的权限。

（1）进入工资变动设置界面。在"业务工作"中，选择"人力资源"→"薪资管理"→"业务处理"后，双击"工资分摊"选项。

（2）启用薪资管理系统。勾选"计提费用类型"中的全部选项，"选择核算部门"中的全部部门，"明细到工资项目"选项，单击"确定"按钮，如图 8.28 和图 8.29 所示。

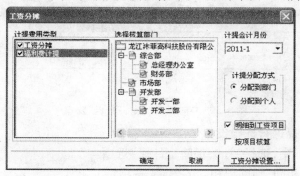

图 8.28 工资分摊窗口

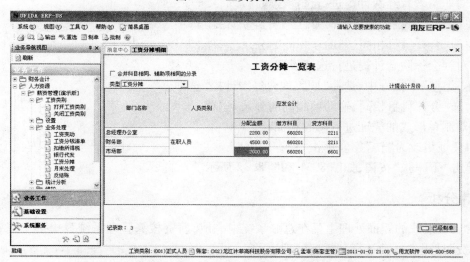

图 8.29 工资分摊一览表窗口

（3）对工资分摊进行选择设置。勾选"合并科目相同、辅助项相同的分录"选项。

(4)对福利费计提进行选择设置。
①在"类型"下拉框中,选择"福利费计提"选项。
②勾选"合并科目相同、辅助项相同的分录"选项,如图8.30所示。

图8.30 "福利费计提一览表"窗口

(5)对工会经费计提进行选择设置。
①在"类型"下拉框中,选择"社会保险金计提"选项。
②勾选"合并科目相同、辅助项相同的分录"选项。
(6)对职工教育经费计提进行选择设置。
①在"类型"下拉框中,选择"职工教育经费计提"选项。
②勾选"合并科目相同、辅助项相同的分录"选项。
(7)对社会保险金计提进行选择设置。
①在"类型"下拉框中,选择"职工教育经费计提"选项。
②勾选"合并科目相同、辅助项相同的分录"选项。
(8)对制单形成的凭证进行修改和保存。
①将凭证更改为"转"字。单击"保存"按钮。
②单击"下一张"按钮,如图8.31和图8.32所示。

五、统计分析

日常工资发放的凭证处理主要在总账系统中完成,薪资核算管理系统只提供工资费用分摊和"三费"计提的自动计算和凭证处理。

在薪资管理系统中,可对各种工资表进行查询。工资表主要包括工资发放签名表、工资发放条、工资卡、部门工资汇总表、人员类别汇总表、部门条件汇总表、条件统计表、条件明细表、工资变动明细表和工资变动汇总表等。

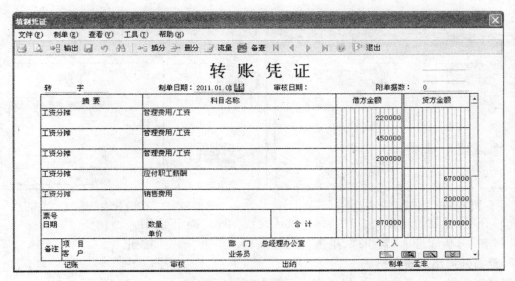

图 8.31 生成凭证窗口(一)

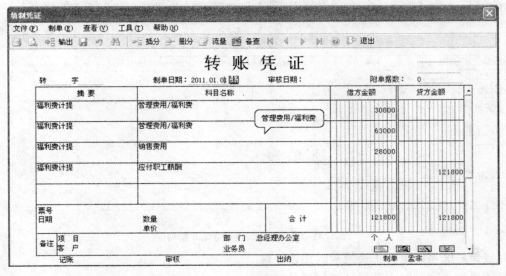

图 8.32 生成凭证窗口(二)

1. 工资分析表

在"业务工作"中,选择"人力资源"→"薪资管理"→"统计分析"→"账表"后,双击"工资分析表"选项,如图 8.33 所示。

2. 设置工资分析表选项

(1)在"请选择分析表"选框中,选择"分类统计表(按项目)"选项,如图 8.34 所示。单击

"确定"按钮。

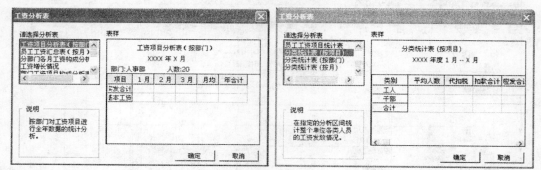

图 8.33 "工资分析表"窗口(一)　　　　图 8.34 "工资分析表"窗口(二)

（3）在"分析月份选择"窗口中，保持默认设置，单击"确定"按钮。
（4）在"分析表选项"窗口中，单击"全选"按钮。单击"确定"按钮。

3. 查看并退出工资分析表

根据需要进行相应的操作，操作完毕后单击"关闭"按钮，如图 8.35 所示。

类别	平均人数	基本工资	奖金工资	交补	应发合计	请假天数	请假扣除	养老保险金	扣税基数	扣税合计	工资代付税	代扣税	计件工资	代付税	年终奖	年终奖代扣税	工
无类别																	
离休人员																	
退休人员																	
退职人员																	
离职人员																	
辞职																	
开除																	
参军																	
死亡																	
其它																	
在职人员	5	6,200.00	1,500.00	1,000.00	8,700.00	3.00	45.00	496.00		545.00		4.00					
合计	5	6,200.00	1,500.00	1,000.00	8,700.00	3.00	45.00	496.00		545.00		4.00					

图 8.35 分类统计表(按项目)窗口

4. 登录总账系统进行工资发放的凭证处理

具体操作步骤同第六章凭证处理部分。

第三节　工资核算业务期末处理

薪资管理系统的期末处理主要是对与工资有关的费用进行计提和分配。其主要工作是汇总计算出本月的工资总额并按照工资总额计提相关的费用，同时按照人员性质将工资费用分摊进入各类成本和期间费用等。

一、工资总额及基数设置

工资总额就是在一定时期内企业支付给职工的工资总数。由于不同的用户在进行分摊和计提时对工资总额的计算方法不同,允许用户对工资总额进行设置。

二、工资分摊及费用计提

企业在月内发生的全部工资,不论是否在当月领取,都应当按照工资的用途进行分摊和计提。

三、对工资核算进行期末处理

1. 月末结转

月末结转是将当月数据经过处理后结转至下月。每月工资数据处理完毕后均可进行月末结转。在工资项目中,有的项目每月的数据均不相同,在每月工资处理时,均需先将这些数据清为0,而后输入当月的数据,此类项目即为清零项目,如奖金、缺勤天数等项目。月末处理功能只有账套主管才能执行,所以应以账套主管的身份登录系统,在系统"业务处理"菜单下,单击"月末处理"窗口。

如果要处理多个工资类别,则应打开工资类别,分别进行月末结算。如果本月工资数据未汇总,系统将不允许进行月末结转;进行期末处理后,当月数据将不再允许变动。月末结账后,选择需清零的工资项,系统将予以保存,不用每月再重新选择。

月末结转只有在会计年度的1月至11月进行。新年度到来时,可以由账套主管先建立新年度账,再在系统管理中选择"结转上年数据"后,方可进行上年工资数据结转。

2. 年末结转

年末结转是将工资数据经过处理后结转至下年。进行年末结转后,新年度账将自动建立。年末处理功能只有账套主管人员才能执行,所以应以账套主管的身份登录系统,处理所有工资类别的工资数据,对多工资类别,应关闭所有工资类别,然后在系统管理中选择"年度账"菜单,进行上年数据结转。其他操作与月末处理类似。

年末结转只有在当月工资数据处理完毕后才能进行。若当月工资数据未汇总,系统将不允许进行年末结转。进行年末结转后,本年各月数据将不允许变动。若用户跨月进行年末结转,系统将给予提示。

3. 工资管理系统结账

当完成所有薪资管理系统相关操作后,便可以进行月末结账。月末结账可以将当月的工资数据经过处理结转到下月,并自动生成下个月的工资明细表。

(1)进入月末结账界面。在"业务工作"中,选择"人力资源"→"薪资管理"→"业务处理"

后,双击"月末处理"选项,如图8.36所示。

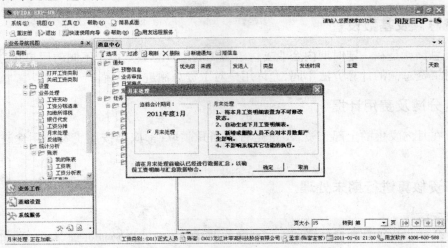

图 8.36 "月末处理"窗口

(2)进行月末结账。

①在"月末处理"窗口中,单击"确定"按钮。

②在"月末处理之后,本月工资将不许变动!继续月末处理吗?"对话框中,单击"是"按钮,如图8.37所示。

图 8.37 薪资管理月末处理窗口(一)

③在"是否选择清零项"对话框中,单击"是"按钮,如图8.38所示。

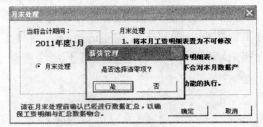

图 8.38 薪资管理月末处理窗口(二)

④在"选择清零项目"窗口中,单击全选按钮,如图 8.39 所示。单击"确定"按钮。

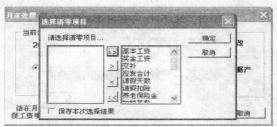

图 8.39　选择清零项目窗口

⑤在"月末处理完毕"对话框中,单击"确定"按钮,如图 8.40 所示。

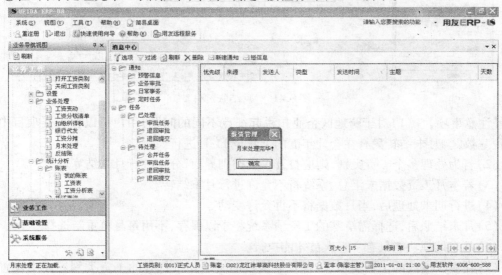

图 8.40　月末处理窗口

4. 反结账

在薪资管理系统结账后,发现还有一些业务或其他事项需要在已结账月进行账务处理,此时需要使用反结账功能,取消已结账标记。反结账只能由账套主管执行。

(1)在"业务处理"中,选择"反结账"选项。

(2)在反结账界面下,选择要反结账的工资类别,单击"确认",如图 8.41 所示。

如有下列三种情况时,不允许反结账:①总账系统已结账。②成本管理系统上月已结账。③汇总工资类别的会计月份等于反结账会计月,且包括需反结账的工资类别。

本月工资分摊、计提凭证传输到总账系统,如果总账系统已制单并记账,需做红字冲销凭证后,才能反结账;如果总账系统未做任何操作,只需删除此凭证即可;如果凭证已经由出纳签字/主管签字,需取消出纳签字/主管签字,并删除该张凭证后,才能反结账。

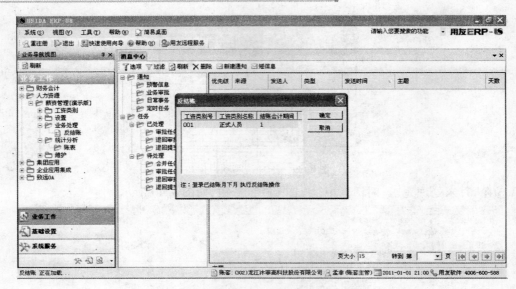

图8.41 "反结账"窗口

【注意事项】 （1）对于跨地区企业扣税起征点不同的问题,用户可以在工资项目中设置"计税基数"。月末结转只有在会计年度的1月至11月进行。

（2）若为处理多个工资类别,则应打开工资类别界面,分别进行月末结算。

（3）若本月工资数据未汇总,系统将不允许进行月末结转。

（4）进行期末处理后,当月数据将不再允许变动。

（5）月末结账后,选择需清零的工资项系统将予以保存,不用每月再重新选择。

（6）月末处理功能只有主管人员才能执行。

（7）在多次发放的工资类别下,各发放次数的结账要按打开的工资类别界面中设置的顺序依次进行。

（8）同一个工资类别中必须将当月所有未停用的发放次数全部月结后,才能进行下月业务处理。

（9）若已启用工资变动审核控制,则只有该工资类别的工资数据全部审核后才允许进行月末处理。

（10）系统提供了反结账功能,用户可以利用该功能取消之前进行的结账操作。

本章小结

工资核算是财务核算的一部分,薪资管理系统和总账间主要是凭证传递的关系。用友的薪资管理系统通过初始设置、日常处理、期末处理,将企业工资的原始数据录入,经系统自动处理后生成转账凭证传递到总账系统。另外,薪资管理系统不仅提供工资核算和发放,还提供了强大的工资分析和管理功能。用户可自行设置工资项目和计算公式,提供各种方式方便工资数据的录入、计算汇总,其主要功能包括工资计算、工资发放、工资费用分摊、工资统计、分析和个人所得税核算等。

案例十一　工资系统初始化

一、案例要求

1. 建立工资账套;
2. 基础设置;
3. 工资类别管理;
4. 设置在岗人员工资套的工资项目;
5. 设置人员档案;
6. 设置计算公式;
7. 账套备份。

二、案例资料

1.300 账套工资系统的参数。工资类别有两个,工资核算本位币为人民币,不核算计件工资,自动代扣所得税,进行扣零设置且扣零到元,人员编码长度采用3位。工资类别为"在岗人员"和"退休人员",并且在岗人员分布各个部门,而退休人员只属于人事部门。

2. 人员附加信息。人员的附加信息为"性别"和"学历"。

3. 人员类别。企业的人员类别包括"企业管理人员""车间管理人员""采购人员""销售人员"和"其他人员"。

4. 工资项目(表8.1)。

表8.1

工资项目名称	类型	长度	小数	增减项
基本工资	数字	8	2	增项
职务补贴	数字	8	2	增项
福利补贴	数字	8	2	增项
交通补贴	数字	8	2	增项
奖金	数字	8	2	增项
缺勤扣款	数字	8	2	减项
住房公积金	数字	8	2	减项
缺勤天数	数字	8	2	其他

5. 银行名称。银行名称为"工商银行",账号长度为 11 位,录入时自动带出的账号长度为 8 位。

6. 工资类别。在岗人员和退休人员。

7. 在岗人员档案(表8.2)。

表8.2

职员编号	人员姓名	性别	学历	所属部门	人员类别	银行代发账号
001	李文	男	大学	人事部(1)	企业管理人员	11022033001
002	杨丽	女	大学	人事部(1)	企业管理人员	11022033002
003	李平	女	大学	财务部(2)	企业管理人员	11022033003
004	孟丽	男	大学	财务部(2)	企业管理人员	11022033004
005	吴琼	男	大学	供应部(301)	采购人员	11022033005
006	刘宏	女	大学	销售部(302)	销售人员	11022033006
007	辛力	男	大学	加工车间(4)	车间管理人员	11022033007

8. 计算公式。缺勤扣款=基本工资/22×缺勤天数。

采购人员和销售人员的交通补助为 200 元,其他人员的交通补助为 60 元。

住房公积金=(基本工资+职务补贴+福利补贴+交通补贴+奖金)×0.08。

案例十二 工资业务处理

一、案例要求

1. 对在岗人员进行工资核算与管理;
2. 录入并计算 1 月份的工资数据;
3. 扣缴所得税;
4. 银行代发工资;
5. 分摊工资并生成转账凭证;
6. 月末处理;
7. 账套备份。

二、案例资料

1. 个人收入所得税应在"实发工资"扣除"3500"元后计税。
2. 2012 年 1 月有关的工资数据(表8.3)。

表8.3

职员编号	人员姓名	所属部门	人员类别	基本工资	职务补贴	福利补贴	奖金	缺勤天数
0000000001	李文	人事部(1)	企业管理人员	3 000	2 000	200	800	
0000000002	杨丽	人事部(1)	企业管理人员	2 300	1 500	200	800	
0000000003	李平	财务部(2)	企业管理人员	2 300	1 500	200	800	
0000000004	孟丽	财务部(2)	企业管理人员	1 800	1 000	200	800	
0000000005	吴琼	供应部(301)	采购人员	1 500	900	200	1000	
0000000006	刘宏	销售部(302)	销售人员	1 500	900	200	1200	
0000000007	辛力	加工车间(4)	车间管理人员	1 200	800	200	1100	

3. 工资分摊的类型。工资分摊的类型为"应付工资""应付福利费"和"工会经费"。
4. 有关计提标准。按工资总额的14%计提福利费,按工资总额的2%计提工会经费。
5. 分摊构成设置(表8.4)。

表8.4

计提类型名称	部门名称	人员类别	项目	借方科目	贷方科目
应付工资	人事部	企业管理人员		管理费用—工资(660203)	应付职工薪酬-工资(221101)
	财务部	企业管理人员		管理费用—工资(660203)	应付职工薪酬-工资(221101)
	供应部	采购人员		销售费用(6601)	应付职工薪酬-工资(221101)
	销售部	销售人员		销售费用(6601)	应付职工薪酬-工资(221101)
	加工车间	车间管理人员		制造费用(5101)	应付职工薪酬-工资(221101)
应付福利费	人事部	企业管理人员		管理费用—工资(660203)	应付职工薪酬-工资(221101)
	财务部	企业管理人员		管理费用—工资(660203)	应付职工薪酬-福利(221102)
	供应部	采购人员		销售费用(6601)	应付职工薪酬-福利(221102)
	销售部	销售人员		销售费用(6601)	应付职工薪酬-福利(221102)
	加工车间	车间管理人员		制造费用(5101)	应付职工薪酬-福利(221102)

续表8.4

计提类型名称	部门名称	人员类别	项目	借方科目	贷方科目
工会经费	人事部	企业管理人员		管理费用—工资(660203)	其他应付款(2241)
	财务部	企业管理人员		管理费用—工资(660203)	其他应付款(2241)
	供应部	采购人员		销售费用(6601)	其他应付款(2241)
	销售部	销售人员		销售费用(6601)	其他应付款(2241)
	加工车间	车间管理人员		制造费用(5101)	其他应付款(2241)

案例十三 工资数据统计分析

案例要求

1. 查看工资发放；
2. 查看部门工资汇总表；
3. 按部门进行工资项目构成分析；
4. 查询1月份工资核算的计账凭证；
5. 账套备份。

第九章

Chapter 9

固定资产管理系统

【学习要点及目标】

通过本章学习,熟悉固定资产管理系统的主要功能;了解固定资产管理系统的业务流程;掌握固定资产管理系统的初始设置,固定资产的增加、减少、变动及折旧等日常业务处理,固定资产管理系统的月末对账、月末结账等期末业务处理。

【知识体系导图】

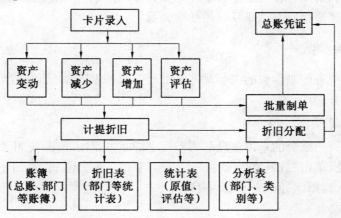

第一节 固定资产管理系统初始化

一、固定资产管理系统概述

固定资产是每一个单位开展日常业务必备的物质基础,对于固定资产种类多、价值又比较分散的单位来说,应加强固定资产的核算和管理,最大限度地杜绝资产浪费和流失,促进资源的有效利用。这是一项重要而艰巨的任务。

固定资产管理系统特点是①数据核算及存储量大;②日常数据输入量大;③输出量多。

固定资产的主要特点是资产的价值大,一旦流失就会给企业造成巨大的损失,为了保证资产的安全完整,需要建立详细的卡片资料来进行管理,但固定资产的增减变化较少,日常的业务核算以计提折旧为主,包括固定资产增加的核算、固定资产折旧的核算、固定资产修理及改扩建后的核算、固定资产投资和租出的核算、固定资产清理的核算、固定资产减值的核算和固定资产清查的核算。

计算机应用于会计工作后,给固定资产的核算和管理创造了有利条件。利用计算机强大的数据处理能力,可以方便地采用更准确反映实际情况的单项计提折旧的处理方式。用户建立了固定资产管理系统后,有关的固定资产业务核算将全部在固定资产管理系统中进行。固定资产管理系统和总账系统在数据上建立有共享关系。在固定资产管理系统中,进行的固定资产增减变化核算和折旧计提等数据会通过记账凭证的形式传输给总账系统,固定资产系统还可以通过系统对账来检查与总账系统的平衡关系。

二、设置业务控制参数

固定资产设置业务控制参数的内容是固定资产账套的基本信息和资产管理的基本原则,需要用户认真检查并确认。

(一)约定及说明

其内容是固定资产账套的基本信息和资产管理的基本原则,需要使用者认真检查并确认。阅读完后,如果同意,单击"我同意",单击"下一步"按钮,系统选中"1.约定及说明"项,说明其已通过设置,进入建账向导二——启用月份。

(二)启用月份

如果需要向账务处理系统传递凭证,则固定资产系统的启用月份不得在账务处理系统的启用月份之前。在此选择固定资产启用月份,系统以此月份开始计提折旧,此月份前期的固定资产作为期初数据进行处理。单击"下一步"按钮,进入建账向导三——折旧信息。

(三)折旧信息

折旧信息设置的目的是根据使用单位性质确定账套计提折旧的性质。系统提供了不计提折旧、平均年限法、工作量法、年数总和法、双倍余额递减法等,单位根据自身需要确定。如果是行政区域事业单位,按照制度规定,单位的所有资产不计提折旧。一旦确定账套不计提折旧,则账套内与折旧有关的功能不能操作,该判断在初始化设置后不能修改。需要说明的是,此处选择的折旧方法表示固定资产主要采用这种方法来计算折旧,某些固定资产还可以采用其他方法计提折旧。

折旧汇总分配周期是指企业在实际计提折旧时的时间间隔。其实企业不一定每月计提一次,可根据所处行业和自身情况的不同确定计提折旧和将折旧归集成本和费用的周期。这里提供了 1、2、3、4、6、12 六种不同月份的选择,一旦选定折旧汇总分配周期,系统自动提示第一次分析折旧,也是自动生成折旧分配表编制记账凭证的期间。

选择"本账套计提折旧",主要折旧方法选择"平均年限法(一)",折旧汇总分配周期选择"1 个月",选择"当(月初已计提折旧月数=可使用月份−1)时将剩余折旧全部提足"。设置完折旧信息,单击"下一步"按钮,进入建账向导四——编码方式。

(四)编码方式

在此设置资产类别编码方式和固定资产编码方式。

1. 设置资产类别的编码方式

资产类别是根据单位管理和核算的需要给资产所做的分类,可参照国家标准分类,也可根据需要自己分类。本系统类别编码最多可设置 4 级 6 位共 10 位,可以设定级数和每一级的编码长度。系统推荐采用国家规定的 4 级 6 位(2112)方式。

2. 设置固定资产编码方式

固定资产编码是资产的管理者为固定资产所编的编号,可以在输入卡片时手工输入,也可以选用自动编码的形式自动生成。如果选择"手工输入",则卡片输入时通过手工输入的方式录入资产编号。如果选择"自动编号",则可单击下拉列表框,从系统提供的四种编码方案"类别编号+序号""部门编号+序号""类别编号+部门编号+序号""部门编号+类别编号+序号"中进行选择。自动编码中序号的长度可自由设定为 1~5 位,初学者一般选择"自动编码"。这样做不仅输入卡片简便,更重要的是容易根据编码了解固定资产的基本情况。

单击"自动编码"选项。在下拉框中选择"类别编号+部门编号+序号"选项。完成以上设置后,单击"下一步"按钮,进入建账向导五——账务接口。

(五)账务接口

在此设置与总账系统进行对账的对账科目。对账的含义是将固定资产的原值总额和累计折旧总账与账务系统的固定资产一级科目余额和累计折旧一级科目余额进行核对,查看数值是否相等。选择与账务系统进行对账,可以在系统运行中的任何时候执行对账功能,及时发现两个系统的偏差,并予以调整。如果不想与账务系统对账,可以不进行选择,表示不对账。

如果选择"与账务系统进行对账",需要确定固定资产系统和账务系统中哪个会计科目对账。一般情况下固定资产对账科目应选择账务系统中"1501,固定资产"一级科目;累计折旧对账科目应选择账务系统中"1502,累计折旧"一级科目。

如果选中"在对账不平情况下允许固定资产月末结账",表示当固定资产系统与账务系统的固定资产金额、累计折旧金额不相等时允许月末结账。建议不要选中"对账不平情况下允许固定资产月末结账"。

参照输入固定资产、累计折旧对账科目。

选择"与账务系统进行对账",对账科目"固定资产对账科目:1601 固定资产","累计折旧对账科目:1602 累计折旧"。

去掉或选中"在对账不平情况下允许固定资产月末结账"选项前的勾选。

完成上述设置后,单击"下一步"按钮,屏幕将显示前面一项设置的内容,需要认真检查一下,因为有些信息初始化后将不能修改。

(六)完成

在"固定资产初始化向导-完成"中列出了本次初始设置的全部内容。单击"退出"按钮,则退出本次设置,单击"上一步"可重新进行设置,单击"完成"按钮,完成本账套的初始化。

单击"完成"按钮。在"是否确定所设置的信息完全正确并保存对新账套的所有设置"对话框中单击"是"按钮。在"已成功初始化本固定资产账套"对话框中,单击"确定"按钮。

(七)操作步骤

1. 固定资产账套建立及初始化信息设置

在使用固定资产管理系统之前,首先要根据企业固定资产核算的具体情况在系统中建立基本的业务处理方法。业务处理方法是通过在系统中选择相应的业务控制参数建立的。在固定资产管理系统中,涉及的业务控制参数主要有启用月份、折旧信息、编码方式、账务接口和凭证制作等方面的内容,这些参数的设置有些是通过固定资产系统初始化、建立账套完成的,还有一些要在系统启用后,通过选项设置来完成。固定资产管理系统在使用之前必须先启用系统。

(1)选择"开始"→"程序"→"用友 ERP-U8.72"→"企业应用平台"选项。

(2)单击"财务会计"→"固定资产",启动固定资产管理系统,如图 9.1 所示。

(3)单击"是"按钮,打开"固定资产初始化"向导窗口。

(4)在"固定资产初始化向导-约定及说明"对话框中,显示固定资产账套的基本信息,如图 9.2 所示。

第九章　固定资产管理系统

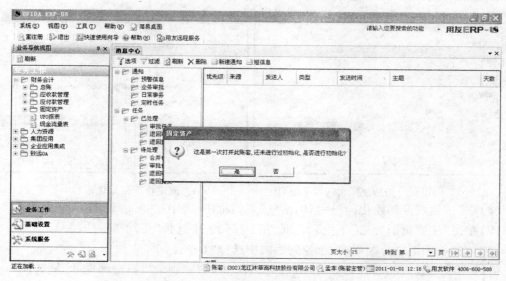

图 9.1　启动固定资产管理系统窗口

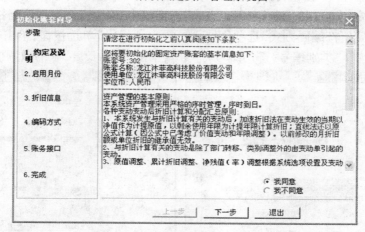

图 9.2　固定资产初始化账套向导 1 窗口

（5）单击"下一步"按钮，打开"固定资产初始化向导-启用月份"对话框，如图 9.3 所示。

（6）在"固定资产初始化向导-启用月份"对话框中，单击"账套启用月份"下拉列表框，选择日期，如图 9.3 所示。

（7）单击"下一步"按钮，打开"固定资产初始化向导-折旧信息"对话框，如图 9.4 所示。

图9.3　固定资产初始化账套向导2窗口　　图9.4　固定资产初始化账套向导3窗口

(8)在"固定资产初始化向导–折旧信息"对话框中,选中"本账套计提折旧"复选框。

(9)单击"主要折旧方法"下拉列表框,在下拉列表中选择"平均年限法(一)"。

(10)在"折旧汇总分配周期"下拉列表框中选择"1个月"。

(11)选中"当(月初已计提月份=可使用月份–1)时将剩余折旧全部提足"复选框。

(12)单击"下一步"按钮,打开"固定资产初始化向导–编码方式"对话框,如图9.5所示。

(13)在"固定资产初始化向导–编码方式"对话框中,确定资产类别编码长度"2112"。

(14)在"固定资产编码方式"选项区域,选择"自动编码"单选按钮,单击右侧下拉列表框的下三角按钮,选择"类别编号+部门编号+序号",单击"序号长度"框的微调按钮,选择"3"。

 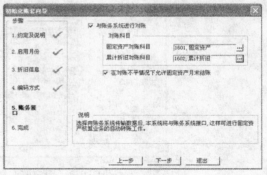

图9.5　固定资产初始化账套向导4窗口　　图9.6　固定资产初始化账套向导5窗口

(15)单击"下一步"按钮,打开"固定资产初始化向导–账务接口"对话框,如图9.6所示。

(16)在"固定资产初始化向导–账务接口"对话框中,选中"与账务系统进行对账"复选框。

(17)在"固定资产对账科目"文本框中,选择"1601,固定资产"科目,在"累计折旧对账科目"文本框中,选择"1602,累计折旧"科目。选中"在对账不平情况下不允许固定资产月末结账"复选框。

(18)单击"下一步"按钮,打开"固定资产初始化账套向导—完成"对话框,如图9.7所示。

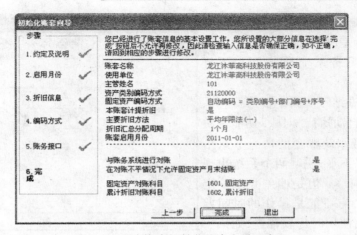

图 9.7　固定资产初始化账套向导 6 窗口

（19）单击"完成"按钮，完成固定资产账套的初始化设置。

（20）在弹出的"是否确定所设置的信息完全正确并保存对新账套的所有设置？"信息提示对话框中，单击"是"按钮，如图 9.8 所示。

（21）在弹出的"已成功初始化本固定资产"信息提示对话框中，单击"确定"按钮。

【注意事项】　（1）固定资产初始化设置完成后，有些参数就不能再修改，所以一定要慎重。如果发现参数有错必须改正，只能通过固定资产管理系统中的"维护"→"重新初始化账套"命令实现，该命令将清空对该账套所做的一切设置。

图 9.8　固定资产初始化账套向导 7 窗口

（2）如果是第一次使用，系统自动弹出"这是第一次打开此账套，还未进行初始化，是否进行初始化？"提示信息对话框。

2. 设置固定资产选项

选项设置功能可以修改在初始化设置中设定的部分参数值，如图 9.9 所示。

（1）在"业务工作"中，选择"财务会计"→"固定资产"→"设置"后，双击"选项"选项。系统弹出"选项"对话框，该窗口包括"与账务系统接口""基本信息""折旧信息""其他"四个选项卡。其中，"基本信息"选项卡中的内容在初始化时设置，在此不可修改；与账务系统接口、折旧信息、其他三个选项卡的内容可以修改。

（2）单击"与财务系统接口"选项卡。单击"编辑"按钮，可以对业务处理控制参数进行补充设置，最后单击"确定"按钮，完成设置。

与账务系统对账。存在对应的账务系统的情况下才可以操作。如果在该选择框内打钩，表示要与账务系统对账。对账的含义是将固定资产系统内所有的固定资产的原值、累计折旧和账务系统中的固定资产和累计折旧科目的余额核对，看数值是否相等。可以在系统运行中任何时候执行对账功能,如果不平,肯定两个系统出现了偏差,应引起重视,予以调整。如果不想与账务系统对账,可以不打钩,表示不对账。

对账不平允许结账。固定资产管理系统在月末结账前自动执行"对账"功能一次(存在相应的账务系统账套的情况下),给出对账结果,如果不平,说明两个系统出现了偏差,应予以调整。但是偏差并不一定是由错误引起的,有可能是操作的时间差异(在账套刚开始使用时比较普遍,如第一个月原始卡片没有录入完毕等)造成的。因此给出判断是否"对账不平对外允许月末结账",如果希望严格控制系统的时间平衡,并且能做到两个系统的数据录入没有时间差异,则可以选择,否则不要选择。

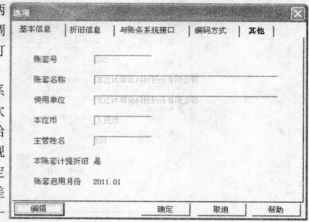

图9.9 固定资产选项设置窗口

(4)参照输入"固定资产对账科目""累计折旧对账科目"。

(5)勾选"业务发生后立即制单""月末结账前一定要完成制单登账业务"两个选项。

(6)参照输入"固定资产缺省入账科目""累计折旧缺省入账科目""减值准备缺省入账科目"。

(7)其他保持默认值,单击"确定"按钮。

【注意事项】 (1)业务发生后立即制单。本系统给用户此选项由用户来确定制单的时间。本选项缺省的判断是"是",用户可以修改,修改后系统将把用户没有制单的原始单据的资料收集到批量制单部分,用户可以在批量制单部分统一完成。

(2)月末结账前一定要完成制单登账业务。系统中的有些业务中存在对应的总账账套的情况下应制作凭证,把凭证传递到总账系统,但有可能一些经济业务在其他系统中已经制作凭证,为避免重复制单,可不在此判断框内打钩。如果想保证系统的严谨性,则在此判断框内打钩,表示一定要完成应制作的凭证,如有没有制作的凭证,本期间不允许结账。

(3)固定资产缺省入账科目、累计折旧缺省入账科目、减值准备缺省入账科目。固定资产系统制作记账凭证时,凭证中上述科目的缺省值将由用户的设置确定,当这些设置为空时,凭证中缺省科目为空。

(4)资产类别编码方式。资产类别是用户单位根据管理和核算的需要给资产所做的分类,可参照国家标准分类,也可根据需要自己分类。本系统类别编码最多可设置8级20位,用户可以设定级数和每一级的编码长度。系统推荐采用国家规定的4级6位(2112)方式。

(5)卡片关联图片。因为固定资产管理要求一定金额以上的固定资产在固定资产卡片中能联查扫描或数码相机生成的资料图片,以便管理得更具体、更直观。因此,在选项中增加固定资产卡片联查图片功能,允许在卡片管理界面中联查资产的图片文件。若卡片编号为0001,则相应的图片名称就只能是0001.JPG、0001.BMP、0001.GIF 或 0001.DIB 等。

（6）折旧方法包括不提折旧、平均年限法（一和二）、工作量法、年数总和法和双倍余额递减法（一和二）。具体解释如下：

①不提折旧:月折旧率 R = 月折旧额 = 0。

②平均年限法（一）:月折旧率 =（1-净残值率）/使用年限,月折旧额 =（月初原值-月初累计减值准备金额+月初累计转回减值准备金额）×月折旧率。

③平均年限法（二）:月折旧率 =（1-净残值率）/使用年限,月折旧额 =（月初原值-月初累计减值准备金额+月初累计转回减值准备金额-月初累计折旧-月初净残值）/（使用年限-已计提）。

④工作量法:月折旧率 =（月初原值-月初累计减值准备金额+月初累计转回减值准备金额-月初累计折旧-月初净残值）×月折旧额 = 本月工作量×单位折旧额。

⑤年数总和法:月折旧率 = 剩余使用年限/（年数总和×12）,月折旧额 =（月初原值-月初累计减值准备金额+月初累计转回减值准备金额-净残值）×月折旧率。

⑥双倍余额递减法（一）:月折旧率 = 2/使用年限,月折旧额 =（期初账面余额-期初累计减值准备金额+期初累计转回减值准备金额）×月折旧率。

⑦双倍余额递减法（二）:月折旧率 = 2/使用年限,月折旧额 =（期初账面余额-期初累计减值准备金额+期初累计转回减值准备金额）×月折旧率（固定资产到期以前的两年采用"平均年限法（二）"计提折旧）。

三、设置合适的部门对应折旧科目

部门对应折旧科目设置是指折旧费用的入账科目,给部门设置折旧科目,便于对固定资产计提的折旧按一定的标准进行归集。在录入卡片时对应折旧科目设置缺省内容,然后在生成部门折旧分配表时每一部门内按折旧科目汇总,从而制作记账凭证。

固定资产计提折旧后必须把折旧归入成本或费用,根据不同使用者的具体情况按部门或按类别归集。当按部门归集折旧费用时,某一部门所属的固定资产折旧费用将归集到一个比较固定的科目,所以部门对应折旧科目设置就是给部门选择一个折旧科目,录入卡片时,该科目自动显示在卡片中,不必一个一个输入,可提高工作效率。然后在生成部门折旧分配表时每一部门按折旧科目汇总,生成记账凭证。

1. 进入部门对应折旧科目设置界面

在"业务工作"中,选择"财务会计"→"固定资产"→"设置"选项,双击"部门对应折旧科目"选项。

2. 进入部门对应折旧科目设置界面

（1）单击"综合部"。

（2）单击右侧"综合部"行，"折旧科目"列的单元格。

（3）单击"修改"按钮；在"折旧科目"列输入"660203"，如图9.10所示。

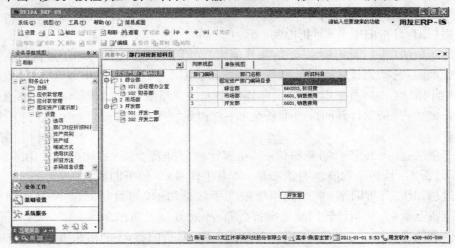

图9.10 "部门对应折旧科目"窗口

四、设置固定资产的类别

固定资产的种类繁多，必须科学地做好固定资产的分类工作，为固定资产核算和管理提供依据。固定资产类别设置是指在系统中定义固定资产的分类编码和相应的分类名称。在定义固定资产类别时，可以设置固定资产的类别编码、类别名称、使用年限、净残值率、计提属性、折旧方法、卡片样式等相关数据。定义了这些共性之后，在输入某项固定资产卡片时，系统自动将这些公共的项目进行修改，以满足某些固定资产的实际需要。企业可根据自身的特点和管理要求，确定一个较为合理的资产分类方法，也可参考《固定资产分类与代码》一书，也可以根据企业的自身特点进行分类。

1. 增加一个类别

（1）在"业务工作"中，选择"财务会计"→"固定资产"→"设置"选项，双击"资产类别"选项。

（2）单击"增加"按钮。如果要给某一类别增加下级别类别，用鼠标选中该级类别后单击"增加"按钮，按要求输入或选择编码、名称、使用年限、净残值率、计提属性、折旧方法、卡片样式等信息，如图9.11所示。单击"保存"按钮。

（3）按照上述步骤输入所有类别信息，单击"关闭"按钮。

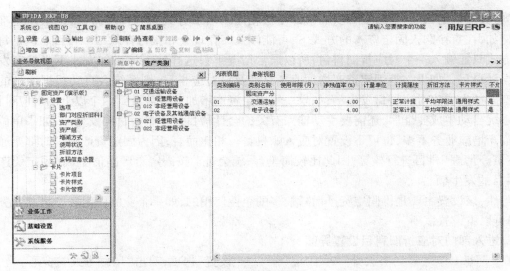

图 9.11　资产类别窗口

2. 修改一个类别

从资产类别目录中选择要修改的类别后,单击"修改"按钮,将光标定位在要修改的地方,改正要修改的内容,单击"保存"按钮。

3. 删除一个类别

从资产类别目录中选择要修改的类别后,单击"删除"按钮,系统提示"确定要删除吗?",选择"是",即完成类别的删除工作。

【注意事项】　类别编码不能重复,同一级的类别名称不能相同;类别编码、类别名称、计提属性、卡片样式不能为空;已使用的类别不能设置新的下级;非明细类别编码不能修改和删除;使用过的类别计提属性不能修改,使用过的类别的卡片的样式修改后会影响已录入系统的卡片的模式。因此,在没有特殊情况下不要修改,系统已包含固定资产的类别不允许删除。

五、设置合适的增减方式对应入账科目

增减方式设置主要对固定资产的增加或减少方式进行管理。资产增加或减少方式用以确定资产计价和处理原则,同时明确资产的增加或减少,可做到对固定资产的增减心中有数。增加的方式主要有:直接购入、投资者投入、捐赠、盘盈、在建工程转入和融资租入。减少的方式主要包括出售、盘亏、投资转出、捐赠转出、报废、毁损、融资租出和拆分减少等。用友 ERP-U8.72 软件系统对固定资产的增减方式可以直接设置两级,可以在系统缺省的基础上定义。

增减方式对应的入账科目指的是在固定资产发生增减变化时,与固定资产科目相对应的入账科目。增减方式包括增加方式和减少方式两类。

固定资产增减方式很多,固定资产增加时,资产来源的性质决定了各种固定资产的增加方

式不同,其对应的入账科目也不同,而且即使是相同的增加方式,相对应的科目也不定是唯一的。例如,在直接购入固定资产的方式下,可能涉及库存现金和银行存款两个科目。但是每种增加方式只能输入一个对应折旧科目,所以通常情况下只选择输入该增加方式下必然有发生额的会计科目。如果一笔固定资产增加业务只涉及该对应科目,则系统会自动根据增加的固定资产净额生成该对应科目发生额;如果一笔固定资产增加业务涉及到两个以上的对应科目,则在系统自动生成凭证后,还需要手动输入有关的会计科目并调整科目的发生额;如果单位的固定资产增减业务不多,也可不设置对应入账科目。相比而言,因为固定资产减少时都要通过"固定资产清理"科目进行核算,因此比较简单,系统会自动按固定资产净值生成"固定资产清理"科目的发生额。

当然,该设置主要是供固定资产增减较多的企业使用的,如果企业的固定资产增减业务不多,也可以不设置该项。

1. 进入部门对应折旧科目设置界面

在"业务工作"→"财务会计"→"固定资产"→"设置"选项,双击"增减方式"选项。

2. 设置"直接购入"增加方式对应入账科目

(1)在"增加方式"中,单击"直接购入"选项。
(2)单击右侧"对应入账科目"下的单元格。
(3)单击"修改"按钮。
(4)单击"对应入账科目"后的选择按钮。
(5)在"科目参照"窗口中,打开"资产"→"银行存款",单击"工行存款"选项。
(6)单击"确定"按钮。单击"保存"按钮。
(7)在弹出的对话框中,单击"是"按钮,如图 9.12 所示。

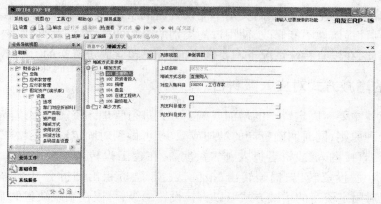

图 9.12 增减方式窗口(一)

3. 设置其他增加方式、减少方式的对应入账科目

按照上述步骤设置其他增加方式、减少方式的对应入账科目,设置完毕后,单击"关闭"按钮,如图 9.13 所示。

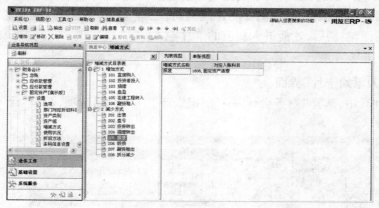

图 9.13 增减方式窗口(二)

六、录入原始卡片

(一)卡片项目定义

卡片项目是资产卡片上用来记录资产资料的栏目,如原值、资产名称、使用年限、折旧方法等是卡片最基本的项目。固定资产系统提供了一些常用卡片必需的项目,称为系统项目。但系统项目不一定能满足所有企业的需要。企业可以根据实际情况自定义卡片项目,所定义的项目称为自定义项目。系统项目和自定义项目构成卡片项目目录。

(二)卡片样式定义

卡片样式指卡片的整个外观,包括格式(是否有表格线、对齐形式、字体大小、字型等)、所包含的项目和项目的设置。不同的企业所设计的卡片样式可能不同,同一企业对不同的资产管理的内容和侧重点也可能不同,因此为了具有灵活性,系统提供了卡片样式定义的功能。企业可采用系统通用的卡片样式,也可以定义新的卡片样式。

定义新的卡片样式比较复杂,尤其有很多系统项目样式是不能缺少的,否则无法正确计算折旧,因此定义一个新的卡片样式是在选择已有样式的基础上得到的。为了简便,应该选择与要定义的样式比较接近的已有样式,以此为基础定义新的样式。

(三)原始卡片录入

原始卡片是指固定资产系统开始使用时企业已有记录固定资产情意的卡片,即记录已使用过并已计提折旧的固定资产卡片。固定资产原始卡片是固定资产核算和管理的基础依据,为保持历史资料的连续性,在使用固定资产系统进行核算前,除了前面必要的基础设置工作外,必须将建账日期以前存在的固定资产信息手工录入系统中,保持历史资料的连续性。通过卡片的建立可以详细了解每项资产的由来、价值、折旧情况、所属部门和存入地点等重要信息。

237

原始卡片的录入不限制必须在第一个期间结账前,任何时候都可以录入原始卡片。

在输入原始卡片时,系统会提供资产管理类别参照。因为一个资产类别对应一种卡片样式,选择所属的资产类别后,才能进入相应的卡片输入。

(四)操作步骤

1. 进入"录入原始卡片"界面

在"业务工作"中,选择"财务会计"→"固定资产"→"设置"选项,双击"录入原始卡片"选项,如图9.14所示。

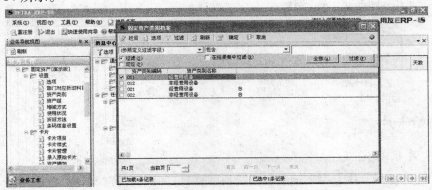

图9.14 "固定资产类别档案"窗口

2. 输入"轿车"固定资产卡片

(1)双击"固定资产名称"行,输入"轿车"。

(2)单击"单部门使用"选项。

(3)双击"总经理办公室"行。

(4)单击"增加方式"选项,待"增加方式"变成按钮形式后,单击该按钮。

(5)双击"直接购入"选项。

(6)单击"使用状况"选项,待"使用状况"变成按钮形式后,单击该按钮。

(7)双击"在用"选项。

(8)按照上述方法输入其他信息。

(9)输入完毕后,单击"保存"按钮。

(10)在"数据成功保存"对话框中单击"确定"按钮,如图9.15、图9.16、图9.17和图9.18所示。

第九章 固定资产管理系统

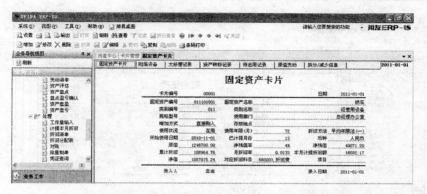

图 9.15　录入固定资产原始卡片窗口（轿车）

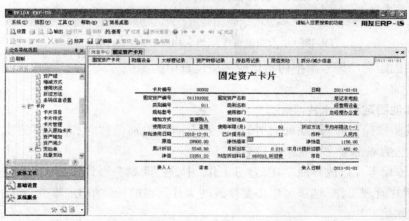

图 9.16　录入固定资产原始卡片窗口（笔记本电脑）

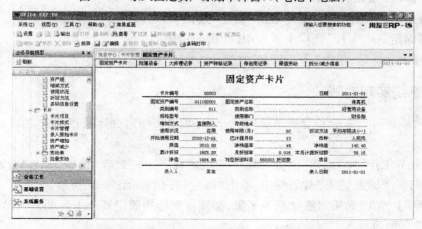

图 9.17　录入固定资产原始卡片窗口（传真机）

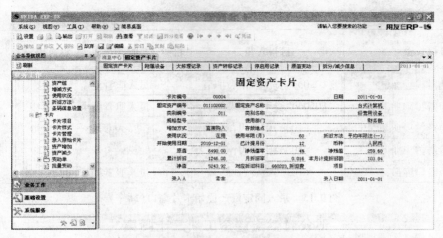

图9.18 录入固定资产原始卡片窗口(台式计算机)

卡片中的固定资产编号根据初始化或选项设置中的编码方式,自动编码或需要用户手工录入。

3. 输入其他固定资产卡片

按照上述步骤操作即可,除此之外,在设置不同的类别名称时,在弹出的窗口中先单击"全部"按钮,然后双击某一个资产类别名称即可。

(1)进入原始卡片修改界面。在"业务工作"中,选择"财务会计"→"固定资产"→"卡片"选项,双击"卡片管理工作"选项。单击要修改的卡片所在的行。单击"修改"按钮。

(2)修改原始卡片。

①单击"修改"按钮。根据企业需要修改相关信息。单击"保存"按钮。

②在"数据成功保存"对话框中单击"确定"按钮。

③单击"固定资产卡片"选项卡页面中的"关闭"按钮。

④全部修改完毕后,单击"卡片管理"选项卡"关闭"按钮。

七、与总账系统实现对账

为了保持固定资产系统和总账系统的统一性,必须在输入固定资产卡片之后与总账系统进行对账。

(1)在"业务工作"中,选择"财务会计"→"固定资产"→"处理"选项,双击"对账"选项。

(2)在"与账务对账结果"对话框中,单击"确定"按钮,如图9.19所示。

【注意事项】 (1)如果对账结果不平衡,必须重新检查固定资产卡片的输入情况,以免影响日后核算业务的进行。

(2)在原始卡片输入操作中,资产编号和类别编号一般由系统根据前面的设置自动生成,

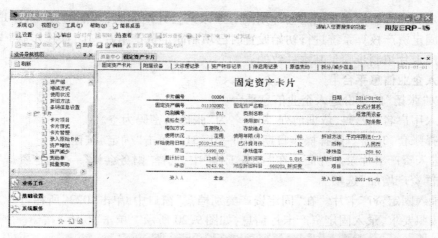

图 9.19　与账务对账结果窗口

固定资产名称需要人工输入,部门名称、增加方式和使用状况是参照输入,使用年限、净残值率、折旧方法及币种都是系统默认值,可以修改。此外,还要设置相关折旧信息。在输入完成卡片的主要内容后,可输入其他附加资料,从而完善固定资产的日常管理。

第二节　固定资产核算业务日常处理

在完成固定资产管理系统的初始化设置后,一般很少变动,平时所做的大部分工作是固定资产的日常业务处理,包括固定资产增加的核算、固定资产减少的核算、固定资产原值变动、固定资产使用部门转移及其他变动、固定资产计提折旧和记账凭证生成等。

由于固定资产的增减变化通常较少,因此固定资产核算业务的日常处理主要是对固定资产计提折旧。折旧处理一般放在月末进行,这样做可以准确地反映当月所发生的固定资产变动导致的折旧计提和费用分配的变化。需要特别注意的是,根据相关会计制度的规定,减少的固定资产在当月仍需计提折旧,这就要求用户应在完成计提折旧工作之后再对固定资产减少业务进行处理。

虽然上述的各项业务处理在时间安排上不同,但都需要在期末对账、结账之前完成,因此都属于固定资产业务的日常处理。

一、固定资产增加核算

固定资产增加即新增加固定资产卡片,系统提供的固定资产增加方式有多种,主要包括直接购入、投资者投入、接受捐赠、盘盈固定资产、在建工程转入和融资租入等。在系统日常使用过程中,可能会购进或通过其他方式增加企业资产,该部分资产通过"资产增加"操作录入系统。当固定资产开始使用日期的会计期间等于录入会计期间时，才能通过"资产增加"录入。用户在对固定资产核算系统进行初始设置时已填制固定资产卡片，其"操作步骤"与本节介绍的固定资产卡片填制步骤是基本一致的。

1. 进入企业信息平台

（1）以"张扬"的身份进入企业信息平台。

①输入用户名和密码，依据前列，用户名为"张扬"，密码为空。

②选择账套"302"。选择操作日期2011-01-31。单击"确定"按钮。

（2）进入资产卡片录入界面。在"业务工作"中，选择"财务会计"→"固定资产"→"卡片"选项，双击"资产增加"选项。

（3）录入固定资产卡片。在"固定资产类别档案"窗口中，单击"022"所在行。

（4）按照要求，录入固定资产卡片信息，如图9.20所示。单击"保存"按钮。

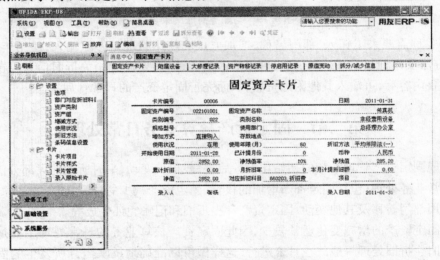

图9.20　固定资产卡片-新增资产窗口

（5）在"数据成功保存"对话框中，单击"确定"按钮。

2. 进入固定资产增加的制单界面

（1）单击"放弃"按钮。

（2）在"是否取消本次操作"对话框中，单击"是"按钮。

（3）单击"凭证"按钮，如图9.21所示。

（4）将"凭证类别"更改为"付"字。

（5）单击"科目名称"栏中的"银行存款"行。

（6）双击"票号"后面的空白处。

（7）在"辅助项"窗口中输入结算方式、票号和发生日期。

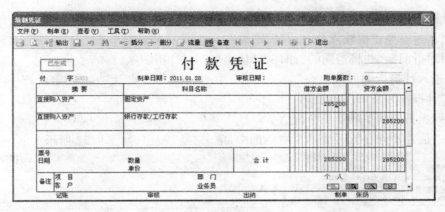

图 9.21　凭证处理窗口

（8）单击"确定"按钮。单击"保存"按钮。单击"退出"按钮。

【注意事项】　（1）新卡片第一个月不计提折旧，折旧额为空或零；原值录入的一定要是卡片录入月的月初价值，否则将会出现计算错误；如果录入的累计折旧、累计工作量不是零，说明是旧资产，该累计折旧或累计工作量是在进入本企业前的值；已计提月份必须严格按照该资产的其他单位已经计提或估计已计提的月份数，不包括使用期间停用等不计提折旧的月份，否则不能正确计算折旧；允许在卡片的规格型号中输入或粘贴符号。

（2）固定资产增加相当于新卡片的输入，与原始卡片输入方法相同。但固定资产的增加与固定资产原始卡片的录入是不同的，固定资产原始卡片是固定资产系统启用已经使用的固定资产，其录入日期在系统启用之前的日期，而新增固定资产卡片录入日期为系统启用后的日期；原始卡片中可以自动显示月折旧额和月折旧率，但是新增卡片由于还没有计提折旧，还不能显示月折旧额和月折旧率。

二、固定资产折旧处理

自动计提折旧是固定资产系统的主要功能之一。在手工状态下，计提折旧是一项烦琐的工作，但在用友 ERP-U8.72 软件中，固定资产折旧核算是由系统自动完成的，十分方便。固定资产管理系统中通过"计提本月折旧"向导，这项工作将变得非常轻松。系统每期计提折旧，根据录入系统的资料自动计算每项资产的折旧，并自动生成折旧分配表，然后生成记账凭证，将本期的折旧费用自动登账。执行此功能后，系统将自动生成各个资产当期的折旧额，并将当期的折旧额自动累加到累计折旧项目。系统可以对固定资产自动进行折旧分配，并自动生成记账凭证。

1. 工作量输入

如果固定资产是按工作量计提折旧，则需要输入本月工作量。

2. 计提本月折旧

若工作量已经正确输入,或没有固定资产要使用工作量法计提折旧,系统将自动计提各个资产当期的折旧额,并将当期的折旧额自动累加到累计折旧项目。

(1)进入计提折旧界面。在"业务工作"中,选择"财务会计"→"固定资产"→"处理"选项,双击"计提本月折旧"选项。

(2)列出折旧清单和折旧分配表。

①在"是否要查看折旧清单?"对话框中,单击"是"按钮,如图 9.22 所示。

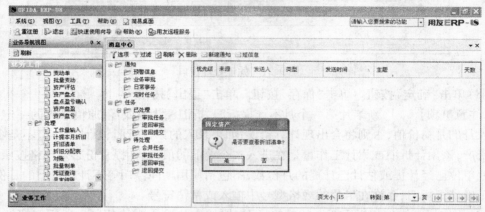

图 9.22　计提本月折旧窗口

②在弹出的对话框中,单击"是"按钮,如图 9.23 所示。

图 9.23　固定资产计提折旧消息框窗口

③在"折旧清单"窗口中,单击"退出"按钮,如图 9.24 所示。

④在"折旧分配表"窗口中,单击"凭证"按钮,如图 9.25 所示。

(3)对固定资产折旧进行制单处理。

①将凭证更改为"转"字。

②将制单日期更改为"2011-01-28"。单击"保存"按钮。单击"退出"按钮,如图 9.26 所示。

(4)退出操作界面。

单击"退出"按钮。在弹出窗口中,单击"确定"按钮。

第九章 固定资产管理系统

图 9.24 折旧清单窗口

图 9.25 折旧分配表窗口

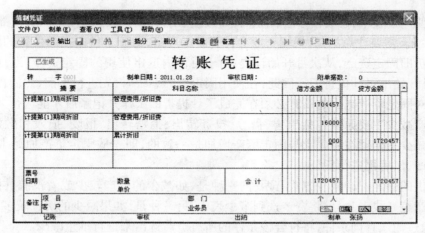

图 9.26 生成凭证窗口

【注意事项】 (1)根据相关会计制度的规定,新增的固定资产在新增当月不计提折旧,减少的固定资产在减少当月需要计提折旧。

(2)固定资产管理系统在一个期间内可以多次计提折旧,每次计提折旧后,只是将计提的折旧累加到月初的累计折旧,不会重复累计。

245

（3）如果上次计提折旧已制单并把数据传递到账务系统，则必须删除该凭证才能重新计提折旧。计提折旧后又对账套进行了影响折旧计算或分配的操作，必须重新计提折旧，否则系统不允许结账。

（4）如果自定义的折旧方法使月折旧率或月折旧额出现负数，自动中止计提。

（5）计提折旧后又对该账套进行了影响折旧计算或分配的操作，必须重新计提折旧，否则系统不允许结账。

3. 折旧分配表

折旧分配表是编制记账凭证，把计提折旧额分配到成本和费用的依据。生成折旧分配凭证的时间是根据用户在初始化或选项中选择的折旧分配汇总周期确定的。如选择一个月，则本月计提折旧后自动生成折旧分配表；如选定的是三个月，则只有到三的倍数的期间，即3、6、9、12月计提折旧才能自动生成折旧分配表。折旧分配表有两种类型：按部门分配折旧和按类别分配折旧。

如选中"按部门分配"，则是按部门汇总分配折旧额的列表，显示各部门内所有属于某一辅助核算项目，并且对应某一折旧科目的所有资产的折旧额。如选中"按类别分配"，则是按类别汇总分配折旧额的列表，显示属于某一类资产并属于某一辅助核算项目，并且对应某一折旧科目的所有资产计提的折旧额。

三、固定资产减少核算

资产在使用过程中，总会由于各种原因，如毁损、出售和盘亏等，退出企业，该部分操作称为"资产减少"。需要注意的是，根据企业会计制度的规定，对于月份内投入使用的固定资产，当月不计提折旧固定资产，从次月开始计提；对于月份内退出使用的固定资产，当月照常计提折旧，从次月开始不再计提折旧。因此，在使用固定资产系统时，先进行折旧，然后再减少固定资产。用户对固定资产减少的核算必须在完成了计提折旧工作并记账后才能进行。

固定资产减少主要原因包括出售、盘亏、投资转出、捐赠转出、报废、损毁和融资租出等。对固定资产减少的处理在程序上与固定资产增加是一致的，即先从固定资产原始卡片中去除该项固定资产，然后再进行凭证处理。

系统提供的固定资产减少方法有两种：一种是，如减少的资产较少或者没有共同点，则可通过输入资产编号或卡片号，将资产选到减少表中；另一种是，如果减少的资产较多、具有共性时，则可以通过输入查询条件，将符合该条件的所有资产选出来进行批量减少。

1. 进入固定资产减少核算界面

在"业务工作"中，选择"财务会计"→"固定资产"→"卡片"选项，双击"资产减少"选项。

2. 对固定资产减少情况进行设置

（1）在"资产名称"栏中输入"轿车"，单击"增加"按钮。如图9.27所示。

第九章　固定资产管理系统

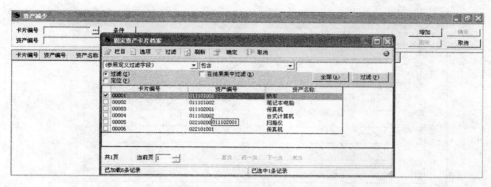

图 9.27　固定资产减少窗口(一)

(2)单击"减少方式"列第一行的"参照"按钮。
(3)在"固定资产减少方式"窗口中,双击"出售"所在行。
(4)在"清理收入"第一行输入金额,在"清理费用"列第一行输入金额,如图 9.28 所示。

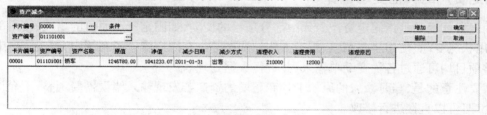

图 9.28　固定资产减少窗口(二)

(5)单击"确定"按钮。
(6)在"所选卡片已经减少成功"对话框中,单击"确定"按钮。

3. 对固定资产折旧进行制单处理

(1)选择"批量制单",按照资料要求对凭证进行修改。
(2)单击"保存"按钮。单击"退出"按钮。
(3)在"所选卡片已经减少"对话框中,单击"确定"按钮,如图 9.29 所示。

【注意事项】　(1)用户可以运用"处理"中的"批量制单"选项进行制单处理。在完成资产增加工作后,用户可以在"批量制单"窗口"制单选择"选项卡中需要进行制单的业务,然后再在"制单设置"选项卡中单击"制单"按钮即可。

(2)根据会计档案管理规定,原始资料要保留一定时间供查阅,只有过了保存期,才可能销毁。本系统对已减少的资料的卡片提供查阅,在选项中用户可以定义从系统将这些资料完成删除的时限。在"卡片管理"界面中,从卡片列表上边的下拉框中选择"已减少资产",则列示的即是已减少的资产集合,双击任一行,可查看该资产的卡片。

图 9.29　固定资产减少窗口(三)

四、固定资产的其他变动核算

固定资产变动是指固定资产卡片中部分项目的变动,如固定资产原值的增减、使用部门转移、使用状况变动、使用年限调整、折旧方法的调整等。在固定资产子系统中,固定资产卡片上的调整项目均可通过各种变动单输入,并进行数据处理。

需要注意的是,当月录入的原始卡片和新增的资产若发现输入错误需要调整,不允许资产变动处理,可以直接进行修改。

企业在日常经营管理过程中,除了涉及固定资产的增加、减少和折旧外,还可能遇到其他的与固定资产管理相关的问题。比如,固定资产增减变化导致的原值调整、部门间调拨、使用年限调整、使用状况变动、折旧方法调整和资产类别调整等。

其中,相关制度对固定资产原值变动有着极其严格的规定。固定资产在使用过程中,除发生下列情况外,价值不得任意变动。

(1)根据国家规定对固定资产重新估价。

(2)增加补充设备或改良设备。

(3)将固定资产的一部分拆除。

(4)根据实际价值调整原来的暂估价值。

(5)发现原记固定资产价值有误的。

固定资产折旧方法的改变在会计上属于会计政策的变更。根据规定,会计政策应该是相对稳定的,不得随意变更。由此可见,固定资产折旧方法一般是不会变更的。

固定资产使用年限和净残值的调整在会计上属于会计估计的变更。会计估计是指企业对其结果不确定的交易或事项以最近可利用的信息为基础所作的判断。只有当用户发现原有的估计明显不符合实际情况时,才需要对原有的估计事项作出调整。由此可见,固定资产使用年限和净残值的调整也不会经常发生。

固定资产变动操作必须留下原始凭证,制作的原始凭证称为固定资产变动单。

因此,在会计实务中,用户比较常见的固定资产其他变动核算主要包括固定资产的部门间调拨。固定资产的部门间调拨不涉及上面提到的几种受到严格控制的变更和调整,变更起来不会受太多的限制。但是要注意到固定资产的部门间调拨将会导致固定资产存放地点和折旧费用分摊等内容的变化,应及时在固定资产卡片上作出调整。

1. 原值增加

系统原值发生变动通过"原值变动"功能实现。原值变动包括原值增加和原值减少两部分。

【操作步骤】

(1)进入固定资产原值增加界面。

在"业务工作"中,选择"财务会计"→"固定资产"→"卡片"→"变动单",双击"原值增加"选项,如图9.30所示。

图9.30 固定资变动单–原值增加窗口

(2)对固定资产原值增加信息进行设置。

①选择"原值增加"菜单,显示"固定资产变动单–原值增加"界面。

②输入"卡片编号"或"资产编号","资产的名称""开始使用日期""规格型号""变动的净残值率""变动前净残值""变动前原值"自动列出。

③输入增加金额,参照选择币种,汇率自动显示,并且自动计算出变动的净残值、变动后原值、变动后净残值。如果缺省的变动的净残值率或变动的净残值不正确,则可手工修改其中的一个,另一个自动计算。

④输入变动原因。

⑤单击"保存"按钮,即完成该变动单操作。卡片上相应的项目(原值、净残值、净残值率)根据变动单而改变。

⑥从"处理"菜单中单击"凭证"制作记账凭证。

⑦单击"退出"按钮。

【提示】 变动单不能修改,只有当月可删除重做,所以请仔细检查后再保存。

2. 原值减少

(1)进入固定资产原值减少界面。在"业务工作"中,选择"财务会计"→"固定资产"→"卡片"→"变动单",双击"原值减少"选项,如图9.31所示。

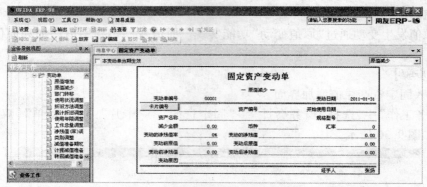

图9.31 固定资产变动单-原值减少窗口

(2)对固定资产原值减少信息进行设置。

①选择"原值减少"菜单,显示"固定资产变动单-原值减少"界面。

②输入"卡片编号"或"资产编号","资产的名称""开始使用日期""规格型号""变动的净残值率""变动前净残值""变动前原值"自动列出。

③输入减少金额,参照选择币种,汇率自动显示。并且自动计算出变动的净残值、变动后原值、变动后净残值。如果缺省的变动的净残值率或变动的净残值不正确,则可手工修改其中的一个,另一个自动计算。

④输入变动原因。

⑤单击"保存"按钮,即完成该变动单操作。卡片上相应的项目(原值、净残值、净残值率)根据变动单而改变。

⑥单击"制单"制作记账凭证。

⑦单击"退出"按钮。

【提示】 必须保证变动后的净值大于等于变动后的净残值。

3. 部门转移

资产在使用过程中,因内部调配而发生的部门变动,通过部门转移功能实现。

(1)选择"部门转移"菜单,屏幕显示"部门转移变动单"界面,如图9.32所示。

(2)输入"卡片编号"或"资产编号",自动列出"资产的名称""开始使用日期""规格型号""变动前部门""存放地点"。参照选择或输入变动后的使用部门和新的存放地点。

第九章　固定资产管理系统

图 9.32　部门转移变动单窗口

（3）输入变动原因。

（4）单击"保存"按钮，即完成该变动单的操作。卡片上相应的项目（使用部门、存放地点）根据变动单而改变。

【注意事项】　当月原始录入或新增的资产不允许做此种变动业务。

4. 使用状况调整

资产在使用过程中，使用状况发生的变动，通过使用状况变动功能实现。

（1）选择"使用状况变动"菜单，屏幕显示"使用状况调整变动单"界面，如图 9.33 所示。

图 9.33　使用状况调整变动单窗口

（2）输入"卡片编号"或"资产编号"，自动列出"资产的名称""开始使用日期""规格型号""变动前使用状况"。参照选择变动后使用状况，并输入变动原因。

（3）单击"保存"按钮，即完成该变动单的操作。卡片上的使用状况根据变动单而改变。

5. 折旧方法调整

资产在使用过程中，资产计提折旧所采用的折旧方法的调整通过折旧方法调整功能实现。

（1）选择"折旧方法调整"菜单，屏幕显示"折旧方法调整变动单"界面，如图 9.34 所示。

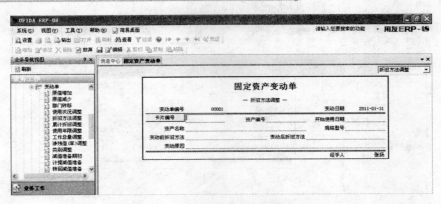

图 9.34　折旧方法调整变动单窗口

(2)输入"卡片编号"或"资产编号",自动列出"资产的名称""开始使用日期""规格型号""变动前折旧方法"。

(3)参照选择或输入变动后折旧方法。

(4)输入变动原因。

(5)单击"保存"按钮,即完成该变动单的操作。卡片上的折旧方法根据变动单而改变。

【注意事项】　所属类别是总提折旧的资产调整后的折旧方法不能是"不提折旧"。所属类别是总不提折旧的资产折旧方法不能调整。进行折旧方法调整的资产调整的当月就按调整后的折旧方法计提折旧。

6. 使用年限调整

资产在使用过程中,资产的使用年限的调整通过使用年限调整功能实现。

(1)选择"使用年限调整"菜单,屏幕显示"使用年限调整功能"界面,如图 9.35 所示。

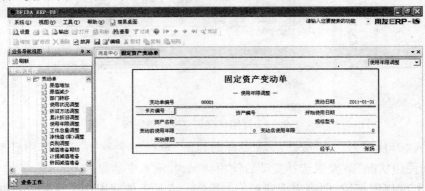

图 9.35　使用年限调整功能窗口

(2)输入"卡片编号"或"资产编号",自动列出"资产的名称""开始使用日期""规格型号""变动前使用年限"。

(3)输入变动后使用年限。
(4)输入变动原因。
(5)单击"保存"按钮,即完成该变动单的操作。卡片上的使用年限计提折旧。
【注意事项】 进行使用年限调整的资产在调整的当月就按调整后的使用年限计提折旧。

7. 资产所属类别的调整

资产在使用过程中,有可能因为企业调整资产分类或其他原因调整该资产所属类别,该操作通过资产类别调整功能实现。

(1)单击"变动单"选项,选择"类别调整"或从"卡片"菜单中选择"变动单"选项,然后选择"类别调整",屏幕显示"资产类别调整变动单"界面,如图9.36所示。

图9.36 资产类别调整变动单窗口

(2)输入"卡片编号"或"资产编号",自动列出"资产的名称""开始使用日期""规格型号""变动前类别"。可参照选择或输入变动后类别。

(3)输入变动原因。
(4)单击"保存"按钮,即完成该变动单的操作。卡片上的类别编号和名称根据变动单而改变。变动前类别和变动后类别选用的样式不一样的情况下,卡片样式也随之改变。
【注意事项】 调整后的类别和调整前的类别的计提属性必须相同。

第三节 固定资产业务期末处理

企业财务制度规定,每月末都需要进行月末对账、结账工作。固定资产系统在生成凭证后,自动将本系统的会计凭证传递到账务处理系统,在账务处理系统进行出纳签字、凭证审核、凭证记账工作。系统生成的凭证在总账系统记账后固定资产系统才可以进行月末对账、结账工作,所以固定资产管理系统的期末处理相对比较容易。

一、与账务系统对账

固定资产系统对账是指固定资产系统中固定资产的价值和账务系统中固定资产科目的数值核对,固定资产系统中累计折旧的余额和账务系统中累计折旧科目的余额核对。系统在运行过程中,应保证系统管理的固定资产的价值和账务系统中固定资产科目的数值相等。两个系统的资产价值是否相等,是通过执行本系统提供的对账功能实现的,对账操作不限制执行的时间,任何时候均可进行对账。

用户使用固定资产管理系统进行固定资产核算后,总账系统将不再直接填制固定资产相关的凭证,只对由固定资产管理系统传递来的凭证进行审核和记账操作。由于涉及两个系统间的数据传递,为了确保数据的正确,用户必须在期末结账之前进行对账检查。

这里的对账检查是将固定资产管理系统和总账系统进行对账,因此在对账之前,必须将总账的有关固定资产科目的凭证全部进行审核和记账。系统在执行月末结账时自动对账一次,给出对账结果,并根据初始化或选项中的判断确定不平情况下是否允许结账。只有系统初始化或选项中选择了与账务对账,本功能才可以进行。

1. 进入固定资产对账界面

在"业务工作"中,选择"财务会计"→"固定资产"→"处理",双击"对账"选项。

2. 查看对账结果

(1)查看与账务对账结果,查看完毕后,单击"确定"按钮。

(2)在"月末结账成功完成"对话框中,单击"确定"按钮。

【注意事项】 固定资产系统生成的凭证自动传递到账务系统,在账务系统中审核记账。当账务系统记账完毕,固定资产系统才可以进行对账,以保证本系统管理的固定资产的价值和账务系统中固定资产科目的数值相等。而两个系统的资产价值是否相等,可通过执行本系统提供的对自由式功能来核对。系统在执行月末结账时自动对账一次,给出对账结果,并根据初始化和选项中的判断确定不平的情况下是否可以结账。

二、制单

固定资产系统和总账系统之间存在着数据的自动传递,该传递是通过制作记账凭证传送到账务处理系统中实现的。固定资产系统需要生成并传递凭证的情况包括:资产增加、资产减少、原值变动、累计折旧调整和折旧分配等。

(一)制作记账凭证

制作记账凭证即制单,固定资产系统和账务系统之间存在着数据的自动传输,该传输通过制作传送到账务的凭证实现。本系统需要制单或修改凭证的情况包括:资产增加(录入新卡片)、资产减少、卡片修改(涉及原值或累计折旧时)、资产评估(涉及原值或累计折旧变化时)、原值变动、累计折旧调整和折旧分配。

在资产增加、卡片修改（当涉及原值或累计折旧时）、资产评估（涉及原值或累计折旧变化时）、原值变动、累计折旧调整、折旧分配和资产减少完成后，如果在选项中的对账设置"立即制单"，则自动调出一部分缺省内容的不完整凭证经过修改生成凭证。如果在选项部分设置的是"不立即制单"，则可单击"处理"菜单选择"凭证"，屏幕显示有一部分缺省内容的不完整凭证。

显示的凭证是根据不同的制单业务类型和在选项中设置的默认资产科目、折旧科目等生成的不完整的凭证，需要用户来完成。

固定资产管理系统的限制为：

（1）所有固定资产管理系统制作的凭证，必须保证借方和贷方的合计数与原始单据的数值是相等的。如新增资产制作凭证，新增资产的原值为10 000元，则合法的凭证的借方和贷方合计必须等于10 000。

（2）利用折旧分配表制作凭证时，该凭证中所有缺省的内容都可以修改，也可增删分录，但必须保证借贷方合计等于本月计提的折旧额。

（二）凭证查询、修改和删除

固定资产管理系统制作的传送到账务系统的凭证的修改和删除只能在本系统完成，账务系统无权删除和修改本系统制作的凭证。

具体操作中，通过凭证查询功能找到需要的凭证，然后根据修改内容的不同进行不同的修改和删除操作。

当修改已制单的原始单据中的有关金额时（如修改卡片的原值或累计折旧、修改评估使原值或累计折旧的前后差额发生变化），本系统限制不能无痕迹修改该单据，必须由用户对凭证作相应的处理，如删除或做红字对冲后，才允许无痕迹修改。

如果要删除已生成凭证的卡片、变动单、评估单，或重新计提、分配折旧，进行资产减少的恢复等操作，必须先删除相应的凭证，否则系统禁止这些操作。

修改本系统的凭证时，能修改的内容仅限于摘要、由用户增加的分录、系统缺省的分录的折旧科目，系统缺省的分录的折旧科目与原始单据相关的，不能修改。

（1）选择"凭证"菜单后，屏幕显示所制作的凭证的列表。

（2）从该列表中选中要删除或修改的凭证。单击"修改"或"删除"即可。

（三）批量制作记账凭证

在完成任何一笔需制单的业务的同时，可以通过单击"制单"制作记账凭证传输到账务系统，也可以在当时不制单（选项中制单时间的设置必须为"不立即制单"），而在某一时间（如月底）利用本系统提供的另一功能——批量制单完成制单工作。批量功能可同时将一批需制单业务连续制作凭证传输到账务系统，避免了多次制单的烦琐。

凡是业务发生当时没有制单的，该业务自动排列在批量制单表中，表中列示应制单而没有制单的业务发生的日期、类型、原始单据号、缺省的借贷方科目和金额及制单选择标志。

(1) 从"处理"菜单中选择"批量制单",显示"批量制单表"界面。表中列示的内容是直至本次制单所有固定资产管理系统应制而没有制单的业务。

(2) 进行制单选择,单击"制单选择",选中的制单将连续制作凭证,一个制单行为制作一张凭证。

(3) 进行汇总制单。在合并号下选择几张卡片汇总制作一张单据。

(4) 单击制单设置,根据用户的实际情况和需要进行选择。

(5) 单击"制单"按钮,将根据用户的设置提供批量制单和汇总制单。

(6) 单击"保存"按钮后,提示凭证"已生成"。

如果该单据在其他系统已制单或发生其他情况不应制单,则可选中该行后单击"删除"按钮,将该应制单业务从表中删除。如果用户在选项中选择"应制单业务没有制单不允许结账",则只要本表中有记录,该月不能结账。

(四) 账表管理

在固定资产管理过程中,需要及时掌握资产的统计、汇总和其他各方面的信息。固定资产管理系统根据用户对系统的日常操作,自动提供这些信息,以报表的形式提供给财务人员和资产管理人员。本系统提供的报表分为四类:账簿、折旧表、统计表和分析表。另外,如果所提供的报表不能满足要求,系统提供自定义报表功能,用户可以根据需要定义自己要求的报表。

1. 账簿

固定资产核算系统提供的账簿包括固定资产总账、固定资产登记簿、固定资产明细账。

2. 折旧表

固定资产核算系统提供的折旧表包括按部门反映的折旧汇总表、固定资产折旧计算明细表和固定资产累计折旧表。通过折旧表,企业可以掌握固定资产计提折旧及明细情况。

3. 统计表

固定资产核算系统提供的统计表包括固定资产原值一览表、固定资产统计表、评估汇总表、评估变动表、盘盈盘亏报表、固定资产到期提示表和逾龄资产统计表等。

4. 分析表

固定资产核算系统提供的分析表包括部门构成分析表、类别构成分析表、固定资产使用状况分析表、价值分析表。通过分析表为企业管理者提供决策的依据。

5. 自定义报表

在以上报表不能满足企业对固定资产管理系统的需要时,企业可以定义适合企业固定资产管理需要的报表。

【操作步骤】 (1) 单击"报表"菜单,选择"报表管理"选项,屏幕显示出报表的目录,如图 9.37 所示。

(2) 从报表目录中双击要查看的报表或选择要查看的报表,然后单击"打开"按钮。

图 9.37　报表管理窗口

（3）输入报表的查询条件，单击"确定"按钮后，显示的查询结果即是要查看的报表。

（4）若要更换查询条件，从"报表"菜单中选择"过滤"按钮，重新输入查询条件后单击"确定"按钮后，显示的结果就是按更换后的查询的结果。如果只是更换查询期间，可在查看报表状态下直接单击期间选择框，选择要查看的期间即可。

三、结账

每月月末手工记账都要有结转的过程，电算化处理也应该体现这一过程，因此固定资产管理系统提供了"月末结账"功能。在完成固定资产管理系统当月所有操作之后，用户便可以进行结账。如果用户在之前设置了对账不平不允许固定资产月末结账，则需要进行对账检查。月末结账每月只能进行一次，结账后数据不能再修改。需要注意的是，对账不平允许月末结账只能在学习中使用，在会计实务中是不允许进行的。

1. 结账

（1）进入月末结账界面。在"业务工作"中，选择"财务会计"→"固定资产"→"处理"，双击"月末处理"选项。

（2）进行月末结账。

①在"月末结账"对话框中，单击"开始结账"按钮。

②查看与账务对账结果，查看完毕后，单击"确定"按钮。

③在"月末结账成功完成"对话框中，单击"确定"按钮。

【注意事项】　（1）在固定资产系统中，如果出现以下两种情况不允许结账：一是还存在未制单的业务，不能结账；二是初始化时没有选中"对账不平情况下允许固定资产月末结账"，若固定资产系统与总账系统对账不平，就不能结账，应当予以调整后才能结账。

（2）结账完成后，系统会提示可操作日期已转入下一期间的日期，只有以下一期间的日期登录，才可对账套进行编辑，反过来，本期不结账，将不能处理下期的数据。结账前一定要进行数据备份工作，否则数据一旦丢失，将造成无法挽回的损失。

2. 反结账

结账后，如果发现结账前的数据有误，必须修改结账前的数据。反结账又称"恢复月末结账前状态"，是系统提供给用户的一个纠错功能。如果由于某种原因，用户在结账后发现结账前的操作有误，而结账后不能修改结账前的数据，因此可使用此功能恢复到结账前状态去修改错误。

（1）以要恢复的月份登录，如要恢复到1月底，则以1月份登录。

（2）从"工具"菜单中单击"恢复月末结账前状态"，屏幕显示提示信息，提醒要恢复到的日期，单击"是"按钮，系统即执行本操作，完成后自动以原登录日期打开，并提示该日期是否是可操作日期。

【注意事项】（1）只有在总账系统未结账时才可以进行反结账操作。

（2）因为成本管理系统每月从本系统提取折旧费用数据，因此一旦成本管理系统提取某期的数据，该期就不能反结账。

（3）如果使用的账套已经做了年末处理，就不允许再执行反结账功能。

（4）不能跨年度恢复数据，即本系统年末结转后，本账套内对该结账后所做的所有工作都无痕迹删除。

本章小结

在使用固定资产管理系统之前，首先要根据企业固定资产核算的具体情况在系统中建立基本的业务处理方法，业务处理方法是通过在系统中选择相应的业务控制参数建立的。

基础设置是使用固定资产管理系统进行资产管理和核算的基础，主要包括：部门对应折旧科目设置、资产类别设置、增减方式设置、使用状况设置和折旧方法设置等。

日常业务处理包括固定资产增加、折旧处理、固定资产减少、生成凭证以及账表管理等功能。期末处理包括对账和结账。

案例十四　固定资产系统初始化

一、案例要求

1. 建立固定资产子账套；
2. 基础设置；
3. 录入原始卡片；
4. 账套备份；

二、案例资料

1. 300账套固定资产系统的参数。固定资产账套的启用月份为"2012年1月"，固定资产采用"平均年限法（一）"计提折旧，折旧汇总分配周期为一个月；当"月初已计提月份＝可使用月份-1"时将剩余折旧全部提足。固定资产编码方式为"2-1-1-2"；固定资产编码方式采用手工输入方法,编码方式为"类别编码+序号";序号长度"5"。要求固定资产系统与总账进行对账;固定资产对账科目为"1601 固定资产";累计折旧对账科目为"1602 累计折旧";对账不平衡的情况下不允许固定资产月末结账。

2. 部门对应折旧科目(表9.1)。

表9.1

部门名称	贷方科目
人事部	管理费用——折旧费(660204)
财务部	管理费用——折旧费(660204)
供应部	销售费用(6601)
销售部	销售费用(6601)
加工车间	制造费用(5101)

3. 固定资产类别(表9.2)。

表9.2

类别编码	类别名称	使用年限	净残值率	计提属性	折旧方法	卡片样式
01	房屋及建筑物	—	—	—	平均年限法(一)	通用样式
011	办公楼	30	2%	正常计提	平均年限法(一)	通用样式
012	厂房	30	2%	正常计提	平均年限法(一)	通用样式
02	机器设备				平均年限法(一)	通用样式
021	生产线	10	3%	正常计提	平均年限法(一)	通用样式
022	办公设备	5	3%	正常计提	平均年限法(一)	通用样式

4. 固定资产增减方式(表9.3)。

表9.3

增加方式	对应入账科目	减少方式	对应入账科目
直接购入	银行存款-工行存款(100201)	出售	固定资产清理(1606)
投资者投入	实收资本(4001)	投资转出	长期股权投资-其他股权投资(151102)
捐赠	资本公积(4002)	捐赠转出	固定资产清理(1606)
盘盈	待处理财产损益——待处理固定资产损益(190102)	盘亏	待处理财产损益——待处理固定资产损益(190102)
在建工程转入	在建工程(1604)	报废	固定资产清理(1606)

5. 固定资产原始卡片(表9.4)。

表 9.4

卡片编号	00001	00002	00003	00004	00005
固定资产编号	01100001	01200001	02100001	02100002	02200001
固定资产名称	1号楼	2号楼	A生产线	B生产线	电脑
类别编号	011	012	021	021	022
类别名称	办公楼	厂房	生产线	生产线	办公设备
部门名称	人事部	加工车间	加工车间	加工车间	财务部
增加方式	在建工程转入	在建工程转入	在建工程转入	在建工程转入	直接购入
使用状况	在用	在用	在用	在用	在用
使用年限	30年	30年	10年	10年	5年
折旧方法	平均年限法(一)	平均年限法(一)	平均年限法(一)	平均年限法(一)	平均年限法(一)
开始使用日期	2009-01-08	2010-03-10	2009-01-20	2009-05-08	2011-06-01
币种	人民币	人民币	人民币	人民币	人民币
原值	400 000	450 000	150 000	180 000	20 000
净残值率	2%	2%	3%	3%	3%
净残值	8 000	9 000	4 500	5 400	600
累计折旧	37 800	25 515	39 375	45 198	1 944
月折旧率	0.002 7	0.002 7	0.008 1	0.008 1	0.016 2
月折旧额	1 080	1 215	1 215	1 458	324
净值	362 200	424 485	110 625	134 802	18 056
对应折旧科目	管理费用—折旧费	制造费用	制造费用	制造费用	管理费用—折旧费

案例十五 固定资产业务处理(一)

一、案例要求

1. 修改固定资产卡片;
2. 增加固定资产。

二、案例资料

1. 修改固定资产卡片。将卡片编号为"00003"的固定资产(A生产线)的使用状况由"在用"修改为"大修理停用"。

2. 新增固定资产卡片。2012年1月15日直接购入并交付销售部使用一台电脑,预计使用年限为 5 年,原值为12 000元,净残值为3%,采用"年数总和法"计提折旧。

案例十六　固定资产业务处理(二)

一、案例要求

1. 折旧处理;

2. 固定资产减少;

3. 固定资产变动;

4. 批量制单;

5. 账套备份。

二、案例资料

1. 减少固定资产。2012 年 1 月 20 日将财务部使用的电脑"00005"号固定资产捐赠给希望工程。

2. 固定资产变动。2012 年 1 月 31 日,根据企业需要,将卡片号码为"00004"号固定资产(B 生产线)的折旧方法由"平均年限法"更改为"工作量法"。工作总量为 60 000 小时,累计工作量为 10 000 小时。

第十章 Chapter 10

应收/应付款管理系统

【学习要点及目标】

熟悉应收/应付款管理系统的主要功能;了解应收/应付款管理系统的业务流程;掌握应收/应付款管理系统的初始设置,日常业务处理、月末对账、月末结账等期末业务处理。

【知识体系导图】

第一节 设置应收/应付款管理系统

企业在销售、采购等经营活动中会发生各种往来业务,形成往来款项。应收款管理系统通过发票、其他应收单、收款单等单据的录入,对企业的往来账款进行综合管理,及时、准确地提供客户的往来账款余额信息,提供各种分析报表,如账龄分析、周转分析、欠款分析、坏账分析和回款情况分析等,通过各种分析报表,帮助用户合理地进行资金的调配,提高资金的利用效率。应付款管理系统通过发票、其他应付单、付款单等单据的录入,对企业的往来账款进行综合管理,及时、准确地提供供应商的往来账款余额资料,提供各种分析,帮助企业合理地进行资金调配,提高资金的利用效率。

一、应收/应付款管理系统概述

为了提升销售额,很多企业把赊销作为一种重要的营销手段,在选择供应商时企业也同样会倾向于选择能够提供赊购的供应商,因此应收/应付款在企业的业务活动中会经常出现。但是,应收/应付款给企业带来效益的同时,也增加了企业的经营风险。用友 ERP-U8.72 财务软件为企业管理应收/应付款提供了重要支持,对于应收/应付款业务情况复杂的企业来讲是一个明智的选择。实际上,在用友 ERP-U8.72 软件中,应收/应付款管理分为应收款管理和应付款管理两个部分,由于它们的功能和操作方法类似,因此将这两部分放到一起进行介绍。

对于应收/应付款的管理,用户有两种方案:一是在总账系统中核算往来账款,该方案主要适用于应收/应付款业务情况较简单的企业,其方法和步骤在第六章中已经介绍;二是通过应收/应付款管理系统进行核算,该方案更适合于应收/应付款业务情况较复杂的企业。

在使用应收/应付款系统对企业进行管理时,应该注意应收账款、应付账款、预收账款、预付账款、应付票据和应收票据等与往来账有关的会计科目不需要再在总账中设立明细科目,而应设置为辅助账,这一点在第六章也有涉及。在业务处理时,与往来账有关的凭证输入和查询等工作也要在应收/应付款系统中进行,而不在总账系统中。总账系统负责接收应收/应付款系统中的数据,这也是前面提到的数据共享的具体体现。

1. 应收款管理系统

应收款管理系统以销售发票、其他应收单、收款单等原始资料为依据,记录销售业务及其他业务所形成的往来款项,处理应收款项的收回及核销、坏账发生及计提和转账等业务,生成凭证并向总账系统传递,同时提供统计分析的功能,设置报警级别,评价客户的偿债能力和信用等级。

2. 应付款管理系统

应付款管理系统以采购发票、付款单等资料为依据,记录采购业务及其他业务所形成的往来款项,对企业的各种应付款项进行核销、转账、制单等处理,生成凭证并向总账系统传递,同时提供统计分析的功能,跟踪应付款项的到期日以尽可能享受优惠折旧,合理地进行资金调配,按时偿还应付款项。

3. 应收/应付款管理系统的操作流程

首次进入应收/应付款管理系统都需要进行系统初始化,主要包括系统参数设置、初始设置和录入期初余额三个内容。初始化完成以后只需注册即可启用子系统进行日常业务处理。

期末执行月末结账功能,结账后可以开始下月的工作。

二、设置相应的业务处理规则

在应收/应付款系统使用之前,要为业务处理制订一定的规则,包括科目设置、坏账准备设置、账龄区间设置、报警级别设置和单据类型设置。这个步骤用户可以通过设置选项的方式来完成。

（一）科目设置

对于应收/应付业务类型相对固定的应用单位，可将各业务类型凭证中常用科目预先设置好，以简化凭证生成操作。

1. 基本科目设置

基本科目是指在核算应收/应付款项时经常用到的科目，由用户进行设置。它主要分为以下几类：

（1）应收/应付科目，即最常用的核算本位币和外币的赊销/赊购欠款科目，如"应收/应付账款"科目；

（2）预收/预付科目，即最常用的核算本位币和外币的预收/预付款的科目，如"预收/预付账款"科目；

（3）销售收入/采购科目，即最常用的核算销售收入/采购商品的科目，如"主营业务收入/物资采购"科目；

（4）应交增值税科目，即核算销项/进项税的科目，如"应交税费-应交增值税（销项/进项税）"科目；

（5）银行承兑科目，即核算商业承兑汇票的科目，如"应收/应付票据"科目；

（6）现金折扣科目，即企业在销售/采购过程中有现金折扣业务时现金折扣费用/冲减的科目，如"财务费用"科目；

（7）票据利息科目，即核算应收/应付票据利息的科目，如"财务费用"科目；

（8）票据费用科目，即核算应收/应付票据费用的科目，如"财务费用"科目；

（9）汇兑损益科目，即客户/供应商往来有外币核算时，核算汇兑损益的科目，如"财务费用"科目；

（10）销售退回科目，即最常用的核算销售退回的科目，通常和销售收入科目相同，如"主营业务收入"科目。

2. 控制科目设置

如在核算客户/供应商的赊销/赊购欠款时，针对不同的客户/供应商、客户/供应商分类或地区分类分别设置不同的应收/应付款科目和预收/预付账款科目，如果应收/应付、预收/预付科目与基本科目设置中的不同，则需要进行设置。

3. 产品科目设置

（1）如果对不同的存货、存货分类分别设置不同的销售收入科目和销售退回科目，则应对其销售收入科目和销售退回科目进行设置。

（2）如果对不同的存货、存货分类分别设置不同的采购科目、应交进项税科目，则需要对其采购科目、税费科目进行设置。

4. 结算方式科目设置

对具体的结算方式设置默认的科目,如现金结算可设定"1001 库存现金"科目,转账支票可设定"1002 银行存款"科目。

(二)坏账准备设置(应收款系统)

坏账准备设置是指用户定义本系统内计提坏账准备比率和设置坏账准备期初余额的功能。

(1)提取比率。对于按余额百分比法计提坏账准备的,可直接输入提取的比例,按账龄分析法计提的,还应定义账龄区间及各区间的计提比例。

(2)坏账准备期初余额。在第一年使用系统时,直接输入期初余额;以后年度坏账准备的,期初余额由系统自动生成。

(3)坏账准备科目。直接输入"坏账准备"科目。

(4)对方科目。直接输入"资产减值损失"科目。

如果在参数设置中选择坏账采用直接转销,则不进行坏账准备设置。在设置坏账准备的情况下,已计提了坏账准备后,参数只能查询,不能修改。下一年度时可以修改提取比率、区间及科目。

(三)账龄区间设置

账龄区间设置,指用户定义应收/应付款时间间隔的功能,以便于对应收/应付款进行账龄分析,评估客户/供应商信誉,了解在一定期间内所发生的应收/应付款情况。

(四)报警级别设置

报警级别设置,是指将客户/供应商按照客户/供应商欠款余额与其授信额度的比例分为不同的类型,以掌握各个客户/供应商的信用情况。其中,级别名称可采用编号或字母表示,如欠款余额为"0~10%"级别名称定为"A"级,欠款余额为"10%~20%"级别名称为"B"级等。

(五)单据类型设置

单据类型系统一般提供了发票和应收/应付单两大类型,其中发票类型较为固定,如普通发票、专用发票等。应收/应付单可按应收/应付款项的不同设置进行增加、选择,并可自己定义。

三、系统启用

1. 进入应收款管理系统

(1)选择"开始"→"程序"→"用友 ERP-U8.72"→"企业应用平台"。

(2)以操作员"张扬"身份进入系统。操作日期为"2011-01-01"。账套为"302"。

(3)在"业务工作"中,选择"财务会计"→"应收款管理"选项,如图 10.1 所示。

会计软件实用教程

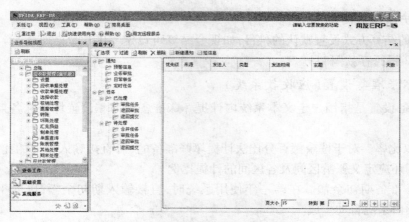

图 10.1　应收款管理系统界面窗口

2. 进入应付款管理系统

(1)选择"开始"→"程序"→"用友 ERP-U8.72"→"企业应用平台"。

(2)以操作员"张扬"身份进入系统。操作日期为"2011-01-01"。账套为"302"。

(3)在"业务工作"中,选择"财务会计"→"应付款管理"选项,如图 10.2 所示。

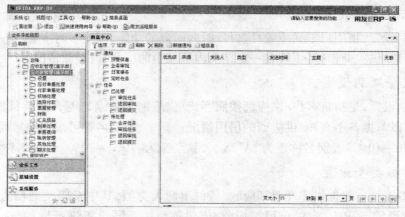

图 10.2　应付款管理系统界面窗口

四、初始化设置

(一)应收款管理系统初始化设置

应收款管理系统的初始化设置包括系统参数设置、初始设置和录入期初余额。企业应根据系统的要求和本单位的实际情况,查看缺省设置是否都符合要求,并进行相应调整,以保证管理和核算的正确性和连续性。

266

1. 设置账套参数

在"业务工作"中,选择"财务会计"→"应收款管理"→"设置",双击"选项"按钮。

2. 设置常数控制参数

(1)单击"编辑"按钮。

(2)在弹出的"选项修改需要重新登录才能生效"对话框中单击"确定"按钮。

(3)在"常规"选项卡中按照要求选择相关选项,如图10.3所示。

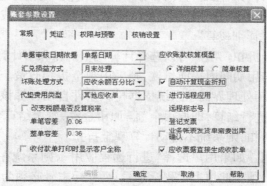

图10.3 "常规"选项卡

【提示】 ①单据审核日期依据。系统为用户提供两种确认单据审核日期的依据,即按"单据日期"和"业务日期"。如果选择"单据日期",则在单据处理功能中进行单据审核时,系统自动将审核日期(即入账日期)记为该单据的单据日期。如果用户选择业务日期,则在单据处理功能中进行单据审核时,系统自动将单据的审核日期(即入账日期)记为当前业务日期(即登录日期)。

②汇兑损益方式。系统为用户提供两种汇兑损益的方式,即"外币结清时的计算"和"月末处理"方式。"外币结清时的计算"即仅当某种外币余额结清时才计算汇兑损益,在计算汇兑损益时,界面中仅显示外币余额为0且本币余额不为0的外币单据。"月末处理"即每个月末计算汇兑损益,在计算汇兑损益时,界面中显示所有外币余额不为0或者本币余额不为0的外币单据。

③坏账处理方式。系统为用户提供两种坏账处理的方式,即备抵法和直接转销法。如果选择备抵法,系统为用户提供了三种备抵方法,即"应收余额百分比法"、"销售收入百分比法"和"账龄分析法"供选择。这三种方法需要在初始设置中录入相关信息,并在坏账处理中进行后续处理。如果用户选择直接转销法,用户直接在下拉框中选择该方法即可。当坏账发生时,直接在坏账发生处将应收账款转为费用即可。

④代垫费用类型。代垫费用类型解决从销售管理系统传递的代垫费用单在应收系统用何种单据类型进行接收的功能。系统默认为"其他应收单",用户也可以在单据类型设置中自行

定义单据类型,然后在系统选项中进行选择。

⑤应收账款核算模型。系统为用户提供两种应收款管理系统的应用模型,即"详细核算"和"简单核算"。用户必须选择其中一种方式,系统默认"详细核算"方式。选择"简单核算",应收只是完成将销售传递过来的发票生成凭证传递给总账这样的模式。如果用户的销售业务以及应收账款业务不复杂,或者现销业务很多,用户则可以选择此方案。选择"详细核算",应收可以对往来进行详细的核算、控制、查询和分析。如果用户的销售业务以及应收款核算与管理业务比较复杂,或者需要追踪每一笔业务的应收款、收款等情况,或者需要将应收款核算到产品一级,那么需要选择"详细核算"。

⑥是否自动计算现金折扣。用户可以选择计算现金折扣和不计算现金折扣两种方式。如果用户为了鼓励客户在信用期间内提前付款,则采用现金折扣政策。用户需要在发票或应收单中输入付款条件,在核销处理界面中系统依据付款条件自动计算该发票或应收单可享受折扣,用户可输入本次折扣进行结算,即原币余额=原币金额-本次结算金额-本次折扣。如果用户选择不自动计算现金折扣,则系统不自动计算现金折扣。

⑦是否进行远程应用。如果用户选择"进行远程应用",则系统在后续处理中提供远程传输收付款单的功能。但必须在此填上远程标志号,远程标志号必须为 01~99。如果用户在异地有应收业务,则可通过远程应用功能,在两地之间进行单据的传递。如果用户选择"不进行远程应用",则系统在后续处理中不提供远程传输单据的功能,也不需要填上远程标识号。

⑧是否登记支票。是否登记支票是系统提供给用户自动登记支票登记簿的功能。选择"登记支票",系统自动将具有票据管理的结算方式的付款单登记支票登记簿。若不选择"登记支票",则用户也可以通过付款单上的"登记"按钮,进行手工填制支票登记簿。

⑨改变税额是否反算税率。税额一般不用修改,在特定情况下,如果系统和手工计算的税额相差几分钱,则用户可以对税额进行调整。打钩表示改变税额时反算税率,系统默认为不选中,即改变税额时不反算税率。若选择是,则税额变动反算税率,系统不进行容差控制。若选择否,则税额变动不反算税率,系统将进行容差控制。容差指可以接受的误差范围。在调整税额尾差(单笔)、保存(整单)时,系统将检查是否超过容差,若超过,则不允许修改,若未超过,则允许修改。

3. 设置凭证控制参数

(1)单击"凭证"选项卡,如图 10.4 所示。

(2)按照要求选择相关选项。

①受控科目制单方式。本系统为用户提供两种制单方式供用户选择,即"明细到客户"和"明细到单据"。"明细到客户"指当用户将一个客户的多笔业务合并生成一张凭证时,如果核算这些业务的控制科目相同,系统将自动将其合并成一条分录。这种方式的目的是用户在总账系统中能够根据客户来查询其详细信息。"明细到单据"指当用户将一个客户的多笔业务合并成一张凭证时,系统会将每一笔业务形成一条记录。这种方式的目的是用户在总账系统

中也能查看到每个客户的每笔业务的详细情况。

②非控科目制单方式。本系统为用户提供三种制单方式供用户选择,即"明细到客户"、"明细到单据"和"汇总方式"。"明细到客户"指当用户将一个客户的多笔业务合并成一张凭证时,如果核算这多笔业务的非控科目相同,并且其所带辅助核算项目也相同,系统自动将其合并成一条分录。这种方式的目的是在总账系统中能够根据客户来查询其详细信息。明细到单据指当用户将一个客户的多笔业务合并生成一张凭证时,系统会将每一笔业务形成一条分录。这种方式的目的是

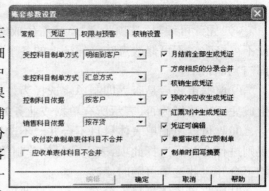

图 10.4 "凭证"选项卡

用户在总账系统中也能查看到每个客户的每笔业务的详细情况。"汇总方式"指当用户将多个客户的多笔业务合并生成一张凭证时,如果核算这多笔业务的非控科目相同,并且其所带辅助核算项目也相同,则系统自动将其合并成一条分录。这种方式的目的是精简总账中的数据,用户在总账系统中只能查看到该科目的一个总的发生额。

③销售科目依据。本系统为用户提供五种设置存货销售科目的依据,即"按存货分类"、"按存货"、"按客户分类"、"按客户"和"按销售类型"。在此设置的销售科目,是系统自动制单科目取值的依据。

④月末结账前是否全部生成凭证。如果用户选择了"月结前需要将全部的单据"和"处理生成凭证",则在进行月末结账时将检查截止到结账月是否有未制单的单据和业务处理。若有,系统将提示不能进行本次月末结账处理,但可以详细查看这些记录;若没有,才可以继续进行本次月结处理。如果用户选择了"在月结前不需要将全部的单据"和"处理生成凭证",则在月末结账时只是允许查询截止到结账月的未制单的单据和业务处理,不进行强制限制。

⑤方向相反的分录是否合并。若选择合并,在制单时若遇到满足合并分录的要求,且分录的情况如上所描述的,则系统自动将这些分录合并成一条,根据在那边显示为正数的原则来显示当前合并后分录的显示方向。若选择不合并,在制单时若遇到满足合并分录的要求,且分录的情况如上所描述的,则不能合并这些分录,还是照原样显示在凭证中。

⑥核销是否需要生成凭证。若选择否,则不管核销双方单据的入账科目是否相同,均不需要对这些记录进行制单。若选择是,则需要判断核销双方单据当时的入账科目是否相同,若不相同,则需要生成一张调整凭证。

⑦预收冲应收是否需要生成凭证。若选择需要,则对于预收冲应收业务,当预收、应收科目不相同时,需要生成一张转账凭证。若选择不需要,则对于预收冲应收业务不管预收、应收科目是否相同,均不需要生成凭证。在选择需要生成凭证的情况下,月末结账时需要对预收冲应收进行分别检查有没有制单的记录;在选择不需要生成凭证的情况下,月末结账时不需要检

查预收冲应收记录有无制单。

⑧"凭证可编辑"选项为空,意味着生成的凭证可以修改;若选项不为空,意味着生成的凭证不可修改。不可修改意味着凭证上的各个项目均不可修改,包括科目、金额、辅助项(项目、部门)和日期等。

⑨单据审核后是否立即制单。选择为是,表示所有单据或业务处理后需要提示是否立即生成凭证。选择为否,表示所有单据或业务处理后不再提示是否立即生成凭证。

⑩收付款单制单表体科目不合并。不选择此项,表示收付款单制单时要依据制单的业务规则进行合并。选择此项,表示收付款单制单时表体科目无论科目、辅助项是否相同,制单时均不合并。此选项可随时修改。

⑪应收单表体科目不合并。不选择此项,表示应收单制单时要依据制单的业务规则进行合并。选择此项,表示应收单制单时表体科目无论科目、辅助项是否相同,制单时均不合并。此选项可随时修改。

4. 设置权限与预警控制参数

(1)单击"权限与预警"选项卡,如图 10.5 所示。

(2)按照要求选择相关选项。

①启用客户权限。只有在企业门户"控制台-数据权限控制设置"中客户进行记录集数据权限控制时,该选项才可设置,账套参数中对客户的记录集权限不进行控制时,应收系统中不对客户进行数据权限控制。若选择启用,则在所有的处理和查询中均需要根据该用户的相关客户数据权限进行限制。通过该功能,企业可加强客户管理的力度,提高数据的安全性。若选择不启用,则在所有处理和查询中均不需要根据该用户的相关客户数据权限进行限制。启用客户数据权限,且

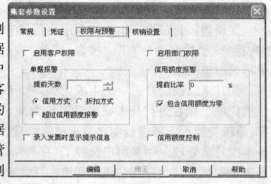

图 10.5 "权限与预警"选项卡

在应收系统中查询包括对应供应商数据时,不考虑该用户是否对应供应商有权限,即只要该用户对客户有权限,就可以查询包含其对应供应商的数据。

②单据报警。如果用户选择根据"信用方式"报警,则用户还需要设置报警的提前天数。用户在使用预警平台时会依据这个设置自动将(单据到期日-提前天数≤当前注册日期)的已经审核的单据显示出来,以提醒用户及时通知客户哪些业务应该回款了。如果用户选择根据"折扣方式"自动报警,则用户还需要设置报警的提前天数。用户在使用预警平台时会依据这个设置自动将(单据最大折扣日期-提前天数≤当前注册日期)已经审核的单据显示出来,以提醒用户及时通知客户哪些业务将不能享受现金折扣待遇。如果用户选择"超过信用额度报警",则满足上述设置的单据报警条件的同时,还需满足该客户已超过其设置的信用额度这个

条件才可报警。

③按信用方式报警。其单据到期日根据客户档案中信用期限而定,按折扣期则根据单据中的付款条件最大折扣日期计算。

④信用额度报警。信用比率=信用余额/信用额度,信用余额=信用额度-应收账款余额。若选择"信用额度报警"时,需要输入报警的提前比率,且可以选择是否包含信用额度为零的客户。当用户使用设置的预警标准显示满足条件的客户记录,即只要该客户的信用比率小于或等于设置的提前比率时,就对该客户进行报警处理。若选择信用额度为零的客户也预警,则当该客户的应收账款大于零时,即进行预警。

⑤信用额度控制。如果用户选择了该项,则用户在应收款管理系统保存录入的发票和应收单时,当票面金额+应收借方余额-应收贷方余额>信用额度,系统会提示用户本张单据不予保存处理。如果用户不选择此项,则在保存发票和应收单时不会出现控制。需要注意的是,该参数的作用范围仅限于在本系统中增加发票和应收单的时候。信用额度控制值选自客户档案的信用额度。此选项不影响销售系统,也就是说,应收系统和销售系统可以分别启用或关闭控制。

5. 设置核销方式控制参数

(1)单击"核销设置"选项卡,如图10.6所示。

(2)按照要求选择相关选项。

①应收款核销方式。系统为用户提供两种应收款的核销方式,即"按单据"和"按产品"。"按单据"核销即系统将满足条件的未结算单据全部列出,由用户选择要结算的单据,根据用户所选择的单据进行核销。"按产品"核销即系统将满足条件的未结算单据按存货列出,由用户选择要结算的存货,根据用户所选择的存货进行核销。如果企业付款时,没有指定具体支付是某个存货的款项,则可以采用按单据核销。对于单位价值较高的存货,企业可以采用按产品核销,即付款指定到具体存货上。一般企业按单据核销即可。

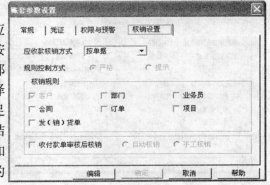

图10.6　账套参数设置—核销设置窗口

②规则控制方式。系统默认为"严格"。如果选择"严格",则核销时严格按照选择的核销规则进行核销,如不符合要求,则不能完成核销。

③核销规则。系统默认为"客户",也可按客户与其他项进行组合选择。如果选择"客户"加"部门",则表示核销时,需要客户相同,并且部门也相同。其他以此类推。

④收付款单审核后核销。系统提供自动核销和手工核销两种方式。系统默认为不选择,表示收付款单审核后不进行立即核销操作。也可修改为选择,并默认为自动核销,表示收付款

单审核后进行立即自动的核销操作。若选择"手工核销",则表示收付款单审核后,立即自动进入手工核销界面,由用户手工完成核销。

(二)应付款管理系统初始化设置

运行本系统前,应设置运行所需要的账套参数,以便于系统根据所设定的选项进行相关处理。应付款管理系统的初始化设置包括系统参数设置、初始设置和录入期初余额。企业应根据系统的要求和本单位的实际情况,查看缺省设置是否都符合要求,并进行相应的调整,以保证管理和核算的正确性和连续性。

1.设置账套参数

在"业务工作"中,选择"财务会计"→"应付款管理"→"设置",双击"选项"按钮。

2.设置常数控制参数

(1)单击"编辑"按钮。

(2)在弹出的"选项修改需要重新登录才能生效"对话框中单击"确定"按钮。

(3)在"常规"选项卡中按照要求选择相关选项,如图10.7所示。

3.设置凭证控制参数

单击"凭证"选项卡,如图10.8所示。按照要求选择相关选项。

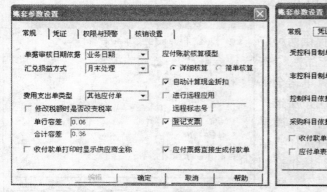

图10.7 账套参数设置—常规窗口　　图10.8 账套参数设置—凭证窗口

4.设置权限与预警控制参数

单击"权限与预警"选项卡,如图10.9所示。按照要求选择相关选项。

5.设置核销方式控制参数

单击"核销设置"选项卡,如图10.10所示。按照要求选择相关选项。单击"确定"按钮。

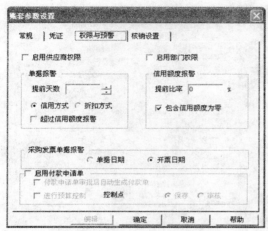
图 10.9 "权限与预警"选项卡

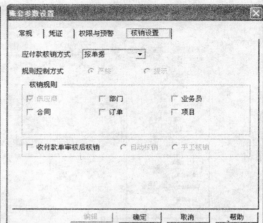
图 10.10 "核销设置"选项卡

五、创建合适的分类体系

在完成设置账套参数的工作后，应收/应付款系统即可使用，但为了更好地实现功能，用户还需要对系统进行一些功能设置。

1. 应收款管理系统

(1)进入设置界面。进入"企业信息平台"，在"业务工作"中，选择"财务会计"→"应收款管理"→"设置"，双击"初始设置"选项。

(2)设置应收款系统基本科目。用户可以将各业务处理中的常用科目预先设置好，系统将依据制单规则在生成凭证时自动带入。

用户可以在基础科目设置中定义应收系统凭证制单所需要的基本科目，如应收科目、预收科目、销售收入科目、税金科目等。

基础科目设置时，输入的科目必须是总账系统中的末级科目、输入的应收科目、预收科目等，也必须是已在科目档案中被设置为"客户往来"和受控于应收系统的会计科目。

①双击"设置"中的"初始设置"选项，系统弹出"初始设置"窗口。

②选择"设置科目"中的"基础科目设置"，单击科目文本框中右边的参照按钮。应收科目为应收账款(1122)；预收科目为预收账款(2203)；销售收入科目为主营业务收入(600101)；税金科目为应交税费(22210102)，如图 10.11 所示。

(3)控制科目设置。用户可以在此进行应收科目、预收科目的设置。系统提供三种设置控制科目的依据，即按客户分类、按客户明细、按地区分类。选择"设置科目"→"控制科目设置"，分别列示客户分类、客户明细和地区分类三种形式，如图 10.12 所示。

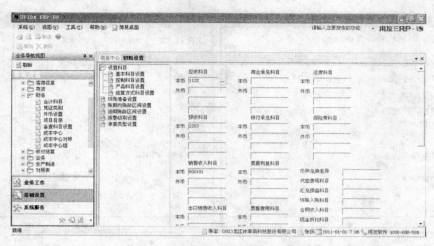

图 10.11 "基础科目设置"窗口

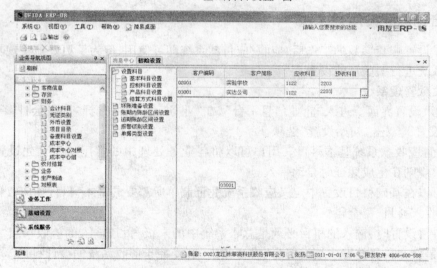

图 10.12 "控制科目设置"窗口

2. 应付款管理系统

(1)进入设置界面。进入"企业信息平台",在"业务工作"中,选择"财务会计"→"应付款管理"→"设置",双击"初始设置"选项。

(2)设置应付款系统基本科目,如图 10.13 所示。

(3)控制科目设置,如图 10.14 所示。

第十章 应收/应付款管理系统

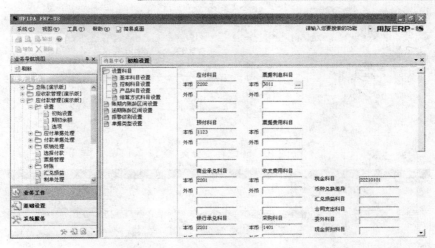

图 10.13 "基本科目设置"窗口

图 10.14 "控制科目设置"窗口

六、创建合适的存货档案

1. 存货分类设置

选择"基础设置"→"基本档案"→"存货",双击"存货分类"。输入具体信息,如图 10.15 所示。设置完成后,单击"退出"按钮。

2. 计量单位设置

选择"基础设置"→"基本档案"→"存货",双击"计量单位"。设置计量单位级信息,如图 10.16 所示。

图 10.15 "存货分类"窗口

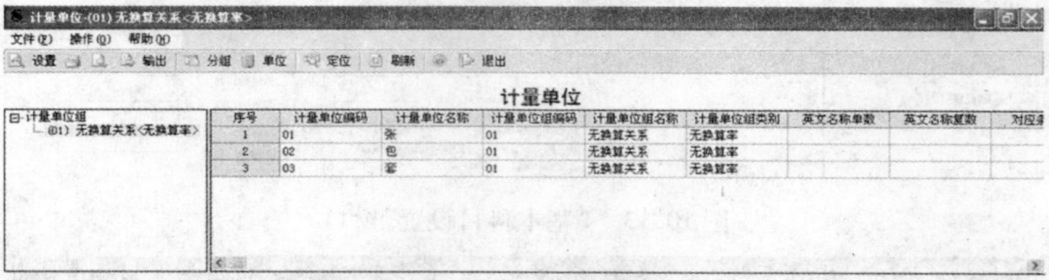

图 10.16 "计量单位"窗口

3．存货档案设置

选择"基础设置"→"基本档案"→"存货",双击"存货档案"。设置存货档案信息,如图 10.17 所示。

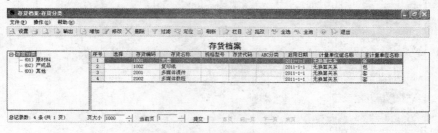

图 10.17 "存货档案"窗口

七、创建合适的付款条件

1．应收款管理系统

（1）产品科目设置。用户可以在此进行销售收入科目、应交增值税科目、销售退回科目的设置。系统提供了两种设置存货销售科目的依据,即按存货分类和按存货。在此设置的销售科目是系统自动制单科目取值的依据(图 10.18)。

（2）结算方式科目设置。用户可以在此进行结算方式、币种、科目的设置。对于现结的发票、收付款单,系统依据单据上的结算方式查找对应的结算科目,系统制单时自动带出。

在默认打开的"基本科目设置"选项中,按照要求输入相关科目,建议使用参照功能。

第十章 应收/应付款管理系统

图 10.18 "产品科目设置"窗口

①单击"结算方式科目设置"选项。
②单击"结算方式"列的单元格,在下拉框中按照要求选择相应的结算方式。
③单击"科目"单元格,按照要求输入科目信息。
④每行输入完毕后,按回车键,如图 10.19 所示。

图 10.19 "结算方式科目设置"窗口

(3)坏账准备设置。
①单击"坏账准备设置"选项。
②按照要求输入相关信息,如图 10.20 所示。
③单击"确定"按钮。
④在弹出的"储存完毕"对话框中,单击"确定"按钮。

图 10.20 "坏账准备设置"窗口

(4) 设置应收款账龄区间。账龄区间设置指用户定义应收账款或收款时间间隔的功能,便于用户根据自己定义的账款时间间隔,进行应收账款或收款的账龄查询和账龄分析,详细了解在一定期间内所发生的应收款、收款情况。

① 单击"账期内账龄区间设置"选项。
② 单击"总天数"列的单元格,按照要求输入相关信息,如图 10.21 所示,按回车键。
③ 在弹出的"储存完毕"对话框中,单击"确定"按钮。

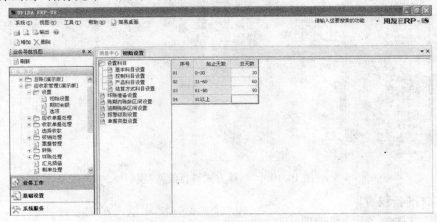

图 10.21 "账期内账龄区间设置"窗口

(5) 设置报警级别。用户可以通过对报警级别的设置,将客户按照客户欠款余额与其授信额度的比例分为不同的类型,以便掌握各个客户的信用情况。

① 单击"报警级别设置"选项。

②单击"总比率"列的单元格,按照要求输入相关信息。
③单击"级别名称"列的单元格,按照要求输入相关信息。按回车键。
④全部设置完毕后,单击"关闭"按钮。

【注意事项】 (1)在进行坏账准备设置的过程中,第1年使用系统时,直接输入期初余额即可,以后各年的期初全额将由系统自动生成,不可再进行修改。

(2)进行账龄区间设置和报警区间设置时,可以单击相应的项目进行修改,也可以单击"删除"按钮删除整行,该行被删除后,系统将重新进行排序。

2. 应付款管理系统

(1)产品科目设置。用户可以在此进行采购科目、应交增值税科目的设置。系统提供了两种设置存货销售科目的依据,即按存货分类和按存货。在此设置的采购科目是系统自动制单科目取值的依据,如图10.22所示。

图 10.22 "产品科目设置"窗口

(2)结算方式科目设置。用户可以在此进行结算方式、币种、科目的设置。对于现结的发票、收付款单,系统依据单据上的结算方式查找对应的结算科目,系统制单时自动带出。

在默认打开的"基本科目设置"选项中,按照要求输入相关科目,建议使用参照功能。
①单击"结算方式科目设置"选项。
②单击结算方式列的单元格,在下拉框中按照要求选择相应的结算方式。
③单击科目单元格,按照要求输入科目信息,如图10.23所示。每行输入后,按回车键。

(3)设置应收款账龄区间。
①单击"账期内账龄区间设置"选项。
②单击"总天数"列的单元格,按照要求输入相关信息。按回车键。
③在弹出的"储存完毕"对话框中,单击"确定"按钮,如图10.24所示。

(4)设置报警级别。用户可以通过对报警级别的设置,将客户按照客户欠款余额与其授

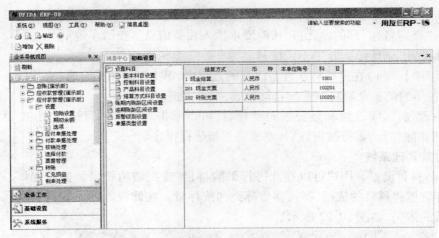

图 10.23 "结算方式科目设置"窗口

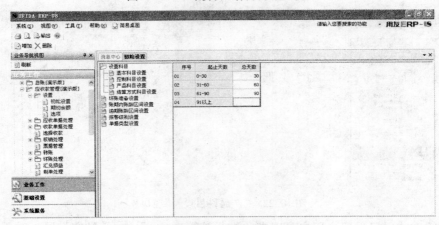

图 10.24 "账期内账龄区间设置"窗口

信额度的比例分为不同的类型,以便掌握各个客户的信用情况。

①单击"报警级别设置"选项。

②单击"总比率"列的单元格,按照要求输入相关信息,如图 10.25 所示。

③单击"级别名称"列的单元格,按照要求输入相关信息。按回车键。

④全部设置完毕后,单击"关闭"按钮。

第十章 应收/应付款管理系统

图 10.25 "报警级别设置"窗口

八、创建合适的客户与供应商关系

1. 应收款管理系统

设置客户分类和客户档案。此环节在总账部分已经建立成功,不再赘述。

2. 应付款管理系统

设置供应商分类和供应商档案。此环节在总账部分已经建立成功,不再赘述。

九、输入期初余额

在完成设置工作后,下一步便是输入期初余额。应收/应付款管理系统的期初余额虽然与总账系统的数据有着对应关系,但两者在数据管理上又是相互独立的,因此应收/应付款管理系统的期初余额应该另行输入,输入完毕后与总账系统进行对账,以保证数据的准确性。初次使用本系统时,用户可以将启用账套前手工或原有系统处理的应收业务数据录入到系统中,作为期初建账的数据,系统即可对其进行管理。

1. 应收款管理系统

(1) 进入期初余额设置界面。

①在"业务工作"中,选择"财务会计"→"应收款管理"→"设置",双击"期初余额"选项。
②在弹出的"期初余额-查询"窗口中,单击"确定"按钮,如图 10.26 所示。
③单击"增加"按钮。在弹出的"单据类别"窗口中,单击"确定"按钮,如图 10.27 所示。
(2) 设置期初余额。
①在"期初销售发票"选项卡中,按照要求输入相关信息,如图 10.28 所示。
②输入完毕后,单击"保存"按钮。单击"关闭"按钮。

图10.26 "期初余额-查询"窗口

图10.27 "单据类别"窗口

(3)退出设置期初余额界面。

按照前面的步骤将所有期初余额设置完毕后,单击"刷新"按钮。单击"关闭"按钮。

2. 应付款管理系统

(1)进入期初余额设置界面。

①在"业务工作"中,选择"财务会计"→"应付款管理"→"设置",双击"期初余额"选项。

②在弹出的"期初余额-查询"窗口中,单击"确定"按钮,如图10.26所示。

③单击"增加"按钮。在弹出的"单据类别"窗口中,单击"确定"按钮,如图10.27所示。

(2)设置期初余额。

①在"期初采购发票"选项卡中,按照要求输入相关信息,如图10.28所示。

②输入完毕后,单击"保存"按钮。单击"关闭"按钮。

(3)退出设置期初余额界面。

按照前面的步骤将所有期初余额设置完毕后,单击"刷新"按钮。单击"关闭"按钮。

3. 与总账系统对账

为了保持应收/应付款系统和总账系统的统一性,必须在输入期初余额之后进行对账。本

第十章 应收/应付款管理系统

图 10.28 "期初销售发票"窗口

图 10.29 "采购发票"窗口

节以应收款系统对账为例进行讲解,应付款系统的对账参照此节进行操作即可。

(1)进入期初余额设置界面。在"业务工作"中,选择"财务会计"→"应收款管理"→"设置",双击"期初余额"选项。

(2)在弹出的"期初余额-查询"窗口中,单击"确定"按钮。

(3)单击"对账"按钮。在"期初对账"选项卡中,金额栏均为 0 即可。

【注意事项】 如果对账结果不平衡,必须重新检查应收/应付款系统的输入情况,以免影响日后核算业务的进行。

283

第二节　应收/应付款业务日常处理

在建立应收/应付款管理系统的条件下，所有的往来业务形成的单据（如发票、费用单等）都将在应收/应付款系统中输入并生成相应的凭证。对于系统自身而言，系统将根据原始单据自动记录和汇总相关款项数据；对于工作人员而言，在完成应收/应付款管理系统的初始化设置后，主要工作就是对单据进行处理。

应收/应付款系统包括应收款系统和应付款系统两个部分，其中应收款系统是用来核算企业和客户之间资金往来的，应付款系统是用来核算企业和供应商之间资金往来的。两个系统无论从功能还是操作上都是比较相似的，唯一的区别在于应收款系统多了一项坏账管理功能。

一、往来业务发生的单据处理

往来业务的发生是指由于赊购、赊销等导致的应收/应付款额增加。一般来说，应收业务发生会生成销售发票或应收单据，应付业务发生会生成采购发票或应付票据，而其中的发票单据又可分为专用发票和普通发票两个类别。往来业务日常处理的起点便是录入这些原始单据，这些原始单据也将成为后面工作的基础。

往来业务单据处理需要经历这样一个流程：首先录入单据，其目的在于把业务发生的原始单据资料录入系统；然后对单据进行审核，其目的在于校对单据内容的正确性，经过审核后才能制单形成记账凭证。

1. 应收款管理系统

（1）进入企业信息平台。

输入用户名"张扬"，选择账套号"302"，选择操作日期"2011-01-19"。单击"确定"按钮。

（2）进入应收单据录入界面。

①在"业务工作"中，选择"财务会计"→"应收款管理"→"应收单据处理"，双击"应收单据录入"选项。

②在单据类别窗口中，保持默认设置，单击"确定"按钮，如图10.27所示。

（3）录入发票相关数据。

单击"增加"按钮。根据资料输入相关信息，如图10.30所示。单击"保存"按钮。

（4）审核发票。

单击"审核"按钮。在弹出的"是否立即制单"对话框中，单击"否"按钮，暂不制单。

2. 应付款管理系统

（1）进入企业信息平台。

输入用户名"张扬"。选择账套号"302"。选择操作日期"2011-01-19"。单击"确定"按钮。

第十章 应收/应付款管理系统

图 10.30 "销售发票"窗口

(2) 进入应收单据录入界面。

①在"业务工作"中,选择"财务会计"→"应付款管理"→"应付单据处理",双击"应付单据录入"选项。

②在单据类别窗口中,保持默认设置,单击"确定"按钮,如图 10.27 所示。

(3) 录入发票相关数据。

单击"增加"按钮。根据资料输入相关信息,如图 10.31 所示。单击"保存"按钮。

图 10.31 "销售发票"窗口

(4) 审核发票。

单击"审核"按钮。在弹出的"是否立即制单"对话框中,单击"否"按钮,暂不制单。

【发票说明】 ①采购发票是从供货单位取得的进项发票及发票清单。

285

②若启用采购系统,则采购发票在采购系统中录入,在应付系统中进行审核记账。在采购系统录入的发票在应付系统不能修改、删除,只能到采购系统中进行修改操作。

③若没有启用采购系统,则采购发票在应付系统中录入,它的修改、删除与应付单相同。

【应付单说明】

①应付单上面的例题中没能介绍,但输入方法基本与发票一致。

②应付单用于记录用户采购业务之外所发生的各种其他应付业务。供应商的购入固定资产款项,其实质是一张凭证。

③应付单表头中的信息相当于凭证中的一条分录的信息,表头科目应该为核算所欠该供应商款项的一个科目。

④应付单表头科目必须是应付系统的受控科目。表头科目的方向即为用户所选择的单据的方向。

⑤应付单表体信息可以不输入,在不输入的情况下单击"保存"按钮,系统会自动形成一条方向相反、金额相等的记录,用户可修改。表体中的一条记录也相当于凭证中的一条分录。当输入了表体内容后,表头、表体中的金额合计应借、贷方相等。

二、往来业务结算的单据处理

有往来业务的发生,就必然伴随着往来业务的结算和核销。在应收/应付系统中,往来业务生成的单据处理和往来业务结算的单据是分开的。在往来业务发生的时候,只涉及往来科目的发生额,不涉及银行结算;在往来业务结算的时候,会涉及具体的结算方式和资金的实际变动,并生成收款单据或者付款单据。

用户在录入收款单和付款单时,便是对应收/应付款结算单据的录入,这也是往来款项结算的第一阶段。在录入完毕后进行第二阶段,用户需要对往来款项进行核销,也就是说,对指定所录入的收(付)款单对应哪笔往来业务款项进行结算,这样便于对应收/应付款的管理。

1. 应收款管理系统

(1)进入企业信息平台。

输入用户名"张扬"。选择账套号"302"。选择操作日期"2011-01-01"。单击"确定"按钮。

(2)进入应收单据录入界面。在"业务工作"中,选择"财务会计"→"应收款管理"→"应收单据处理",双击"收款单据录入"选项。录入收款单相关信息,如图10.32所示。单击"保存"按钮。

第十章 应收/应付款管理系统

图10.32 "收款单录入"窗口

(3)进入核销操作。
①单击"核销"按钮。在弹出的"核销条件"窗口中,单击"确定"按钮,如图10.33所示。

图10.33 "核销条件"窗口

②在本次付款所需核销单据的"本次结算"栏中输入金额,如图10.34所示。
④单击"保存"按钮。单击"关闭"按钮。

2. 应付款管理系统

(1)进入企业信息平台。输入用户名"张扬"。选择账套号"302"。选择操作日期"2011-01-19"。单击"确定"按钮。

(2)进入应付单据录入界面。在"业务工作"中,选择"财务会计"→"应付款管理"→"应付单据处理",双击"付款单据录入"选项。录入收款单相关信息,如图10.35所示。单击"保存"按钮。

(3)进入核销操作。
①单击"核销"按钮。在弹出的"核销条件"窗口中,单击"确定"按钮,如图10.36所示。
②在本次付款所需核销单据的"本次结算"栏中输入金额,如图10.37所示。单击"保存"按钮。单击"关闭"按钮。

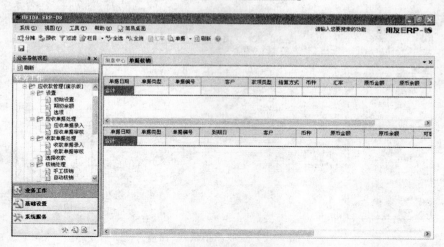

图 10.34 "单据核销"窗口

图 10.35 "应付单据录入"窗口

【注意事项】 (1)在这里请务必按正常的业务处理时间登录,以免在核销时出现问题。

(2)单据在未经审核前可以由操作员自行修改和删除,在经过审核后,只有在取消审核的前提下才能对单据进行修改和删除。

(3)除了选用手工核销之外,用户还可以选用自动核销功能。

3. 取消核销操作

(1)以账套主管身份进入企业信息平台。进入"企业信息平台",在"业务工作"中,选择"财务会计"→"应收款管理"或"应付款管理"→"其他处理",双击"取消核销"选项。

(2)设置取消操作条件。在"操作类型"下拉框中选择"核销"选项。单击"确定"按钮。

(3)进行取消操作。在"选择标志"列第一行双击出现"Y"字样。单击"确认"按钮。单击

第十章 应收/应付款管理系统

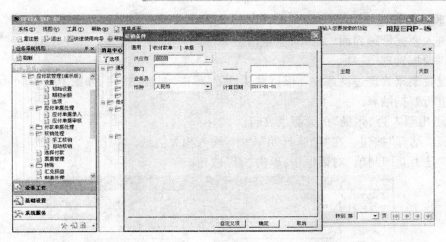

图 10.36 "核销条件"窗口

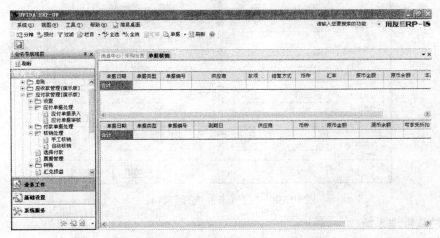

图 10.37 "单据核销"窗口

"关闭"按钮。

【注意事项】 本例中的核销操作仅为演示而用,请用户在完成该项操作后,再依据例题中介绍的"操作步骤"进行核销操作,以免出现问题。

三、票据管理

银行承兑汇票和商业承兑汇票是企业日常经营业务中经常用到的结算方式,这也就形成了应收票据和应付票据。对票据的管理是企业的一项重要工作,用友 ERP-U8.72 软件已将此项管理集成到应收/应付款系统中,该系统可以供用户详细记录票据信息,并可以设置条件对票据进行查询。

289

1. 应收款管理系统

(1) 进入票据管理界面。选择"企业信息平台"→"业务工作"→"财务会计"→"应收款管理",双击"票据管理"选项。

(2) 设置票据管理过滤条件。保持默认设置,单击"过滤"按钮,如图 10.38 所示。

(3) 进行票据结算。

① 单击出票人为"张扬"的票据所在行。

② 单击"结算"按钮。在"结算日期"栏中,输入相关信息。单击"确定"按钮。

③ 在"是否立即制单"对话框中,单击"否"按钮。

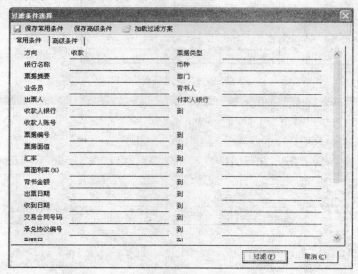

图 10.38 "过滤条件选择"窗口(一)

2. 应付款管理系统

(1) 进入票据管理界面。选择"企业信息平台"→"业务工作"→"财务会计"→"应付款管理",双击"票据管理"选项。

(2) 设置票据管理过滤条件。保持默认设置,单击"过滤"按钮,如图 10.39 所示。

(3) 进行票据结算。

① 单击出票人为"张扬"的票据所在行。

② 单击"结算"按钮。在"结算日期"栏中,输入相关信息。单击"确定"按钮。

③ 在"是否立即制单"对话框中,单击"否"按钮。

【注意事项】 (1) 如果要进行票据科目的管理,必须将应付票据科目设置为应付受控科目。

(2) 如果启用付款申请业务,则票据管理中不可直接录入票据,要依据付款申请单生成

第十章 应收/应付款管理系统

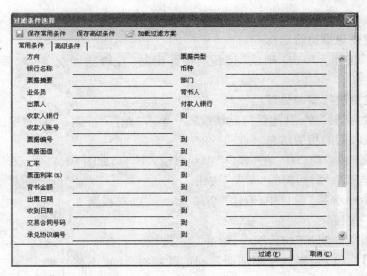

图 10.39 "过滤条件选择"窗口（二）

票据。

（3）参照付款申请单生成票据时，只有付款申请上的结算方式为空或结算方式中对应票据类型为"商业汇票"的单据，才允许参照出来生成付款单。

四、坏账处理

在企业的经营过程中，很可能会遇到账款无法收回的情况，会计称这种情况为坏账。对坏账的处理是应收款系统的重要功能之一，主要包括坏账的发生、坏账的收回以及坏账计提。在日常工作中，用户需要对坏账的发生和收回进行处理，而坏账计提则在年末进行，系统将根据用户的设置条件自动进行计算。

1. 进入票据管理界面

选择"企业信息平台"，在"业务工作"中，选择"财务会计"→"应收款管理"→"坏账处理"，双击"坏账发生"选项，如图 10.40 所示。

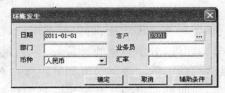

图 10.40 "坏账发生"窗口

2. 对坏账发生进行设置

在"日期"中输入对应日期，在"客户"栏中参照输入，在"部门"栏中输入内容，"币种"默认为"人民币"。单击"确定"按钮。

3. 对坏账发生单据进行选择

单击"全选"按钮。单击"确认"按钮。在弹出的"是否立即制单"对话框中,单击"是"按钮。

4. 对坏账发生进行制单处理

将凭证更改为"转"字,其他保持默认设置。单击"保存"按钮。单击"退出"按钮。

5. 录入坏账收回的相关信息

(1)在"坏账收回"窗口中,在"客户"中参照输入内容,如图 10.41 所示。

(2)单击"结算单号"后面的"参照"按钮。

(3)在"收款单参照"窗口中,双击"余额为×××"的单据所在行。单击"确定"按钮。

(4)在"是否立即制单"对话框中,单击"是"按钮。

【注意事项】 (1)当录入一笔坏账收回的款项时,注意不要把该客户的其他收款业务与该笔坏账收回业务录入在同一张收款单中。例如,某客户已付给一笔货款,同时还付了一笔以前的坏账款项,这时,用户应录入两张收款单,分别记录收到的货款和收到的坏账款项。

图 10.41 "坏账收回"窗口

(2)坏账收回制单不受系统选项中"方向相反分录是否合并"选项的控制。

(3)本书为了介绍相关的软件功能,在同一天对同一企业进行了坏账准备和坏账收回操作,在实务中该种情况极少出现,请用户在业务处理中谨慎地进行坏账处理,以免影响会计资料的准确性。

五、转账处理

日常往来业务中的债权债务关系通常是比较复杂的。对于本公司来说,一个单位可能既是客户又是供应商,对本公司既存在债权又存在债务。因此,如果不及时进行清理,很可能会导致往来账庞大且难以理清。

用友 ERP-U8.72 软件提供了转账处理功能,可以帮助用户对往来账进行清理。

应收款系统的转账处理分为四种,分别是应收冲应收、预收冲应收、应收冲应付和红票对冲。其中,应收冲应收指将某客户所欠的应收款转入到另一客户名下;预收冲应收指用收取某客户的预收款冲其所欠的账款;应收冲应付指在某客户既是客户又是供应商的前提下,用该客户的应收款冲减所欠其的应付款;红票对冲指当发生退货的时候,用红字发票对冲蓝字发票。

应付款系统的转账处理也分为四种,分别是应付冲应付、预付冲应付、应付冲应收和红票对冲。其中,应付冲应付指对某供应商的欠款转入到另一供应商名下;预付冲应付指用对某供应商已支付的预付款冲减对该供应商的应付款；应付冲应收指在某供应商既是供应商又是客户的前提下，用该供应商的应付款冲减其所欠的应收款；红票对冲指当发生退货的时候，用红字发票对冲蓝字发票。

1. 应收款管理系统

（1）进入收款单据录入界面。选择"企业信息平台"，在"业务工作"中，选择"财务会计"→"应收款管理"→"转账"，双击"应收冲应收"选项。

（2）设置"应收冲应收"条件。在"应收冲应收"窗口中，在"转出户"中参照输入内容，在"转入户"中参照输入内容，如图10.42所示。单击"过滤"按钮。单击"全选"按钮。单击"确定"按钮。在"是否立即制单"对话框中，单击"是"按钮。

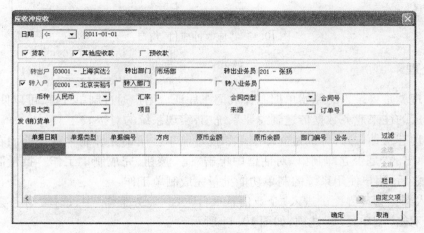

图10.42 "应收冲应收"窗口

（3）对"应收冲应收"进行制单处理。将凭证更改为"转"字，其他设置保持默认。单击"保存"按钮。单击"退出"按钮。

（4）退出转账界面。单击"取消"按钮。

2. 应付款管理系统

（1）进入付款单据录入界面。选择"企业信息平台"，在"业务工作"中，选择"财务会计"→"应付款管理"→"转账"，双击"应付冲应付"选项。

（2）设置"应付冲应付"条件。在"应付冲应付"窗口中，在"转出户"中参照输入内容，在"转入户"中参照输入内容，如图10.43所示。单击"过滤"按钮。单击"全选"按钮。单击"确定"按钮。在"是否立即制单"对话框中，单击"是"按钮。

（3）对"应付冲应付"进行制单处理。将凭证更改为"转"字，其他设置保持默认。单击"保存"按钮。单击"退出"按钮。

（4）退出转账界面。单击"取消"按钮。

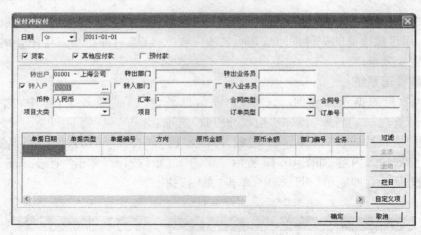

图 10.43 "应收冲应付"窗口

六、制单处理

制单处理就是将录入的原始单据制作成记账凭证。用户通过制单处理,可以使应收/应付款系统中生成的往来业务数据传送到总账系统中,实现系统的对接。

制单处理有两种方式,分别是立即制单和批量制单。所谓立即制单就是前面在进行业务处理时,在弹出的"是否立即制单"对话框中单击"是"按钮,完成制单工作。批量制单指所有的业务完成之后,用户使用系统的制单功能批量完成制单工作。

(1)进入票据管理界面。进入"企业信息平台",在"业务工作"中,选择"财务会计"→"应收款管理",双击"制单处理"选项,如图 10.44 所示。

(2)设置制单查询条件。去掉勾选"发票制单"选项。勾选"票据处理制单"选项。单击"确定"按钮。

(3)进行票据处理制单操作。单击"全选"按钮。单击"制单"按钮。

(4)对凭证进行修改。

①在"科目名称"栏第一行输入科目。

②单击"借方金额"栏第一行。

③在弹出的"辅助项"对话框,"结算方式"中输入内容。

④在"发生日期"中输入对应日期。单击"确定"按钮。

⑤将"制单日期"进行修改。

⑥单击"保存"按钮。单击"退出"按钮。

请用户自行完成应收款系统和应付款系统其他业务的制单工作,参照如上步骤即可。

【注意事项】 (1)本系统的控制科目可在其他系统进行制单。若在其他系统制单,则会造成应收款管理系统与总账系统对账不平。

第十章 应收/应付款管理系统

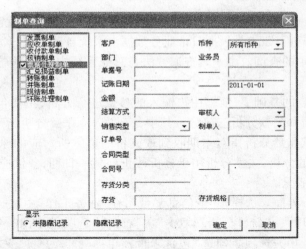

图 10.44 "制单查询"窗口

（2）在本系统制单时，若要使用存货核算系统的控制科目，则需要在总账系统选项中选择"可以使用存货核算系统控制科目"选项。

（3）制单日期系统默认为当前业务日期。制单日期应大于等于所选单据的最大日期，但小于当前业务日期。

（4）如果同时使用了总账系统，所输入的制单日期应满足总账制单日期序时要求，即大于同月同凭证类别的日期。

（5）一张原始单据制单后，将不能再次制单。

（6）如果在退出凭证界面时，还有未生成的凭证，则系统会提示是否放弃对这些凭证的操作。如果选择是，则系统会取消本次对这些业务的制单操作。

第三节 应收/应付款业务期末处理

应收/应付款业务的期末处理工作主要是汇总整理各往来账项，以便对往来账项进行分析并定期寄送对账单，对于应收款系统来说，期末还需要计提调整坏账准备。当完成所有的记账工作之后，还需要进行结账和账表打印等相关工作，这样应收/应付款业务期末处理过程才宣告完成。

一、账表的查询与分析

企业只有掌握了各往来账项，才能更加合理地对往来账项进行管理，特别是对于往来账项较多、情况较复杂的企业来说，这项工作更加重要。企业需要向客户定期发送对账单，从而了解客户的信用情况，并及时对所欠供应商的货款进行清偿。

企业对往来账项查询分析提供了三个模块，分别是业务账表查询、统计分析和科目账表。其中，业务账表查询和科目账表是根据日常业务数据由系统自动生成的，主要用于期末的统计分析和日常经营过程中的查询。由于其查询方法与总账系统中的账簿查询方法相似，这里就不再赘述。

统计分析指在账表的基础上，依据用户输入的参数进行分析，主要包括应收(付)款账龄分析、收(付)款账龄分析和欠款分析三部分。其中，应收(付)账龄分析指对欠款设置的账龄区间进行分析；收(付)款账龄分析指对本期收到或支付的货款所对应的原应收/应付账款结算日期或单据日期进行的分析；欠款分析用于分析截止到某一日期，各供应商、客户和业务员的欠款金额及欠款组成情况。

(1)进入欠款分析界面。选择"企业信息平台"，在"业务工作"中，选择"财务会计"→"应收款管理"→"账表管理"→"统计分析"，双击"欠款分析"选项，如图 10.45 所示。

(2)设置欠款分析相关选项。勾选"包含未审核单据""显示百分比""显示报警级别""显示最后业务信息"和"显示最早业务信息"五个选项。单击"确定"按钮。

(3)查看欠款分析表。用户可以根据自己的需要进行查看分析，查看完毕后，单击"关闭"按钮。

二、如何计提坏账准备

根据会计制度的相关规定，企业需要计提和调整坏账准备。在用友 ERP-U8.72 软件中，坏账准备是根据用户事先设置的坏账准备计提方法和比例自动计算生成的，这也是本书之前设置坏账准备计提比例的目的。

坏账准备每年只能计提一次，执行计提坏账准备的操作后，本年度内将不能再次计提坏账准备。

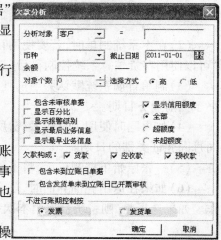

图 10.45 "欠款分析"窗口

(1)进入计提坏账准备界面。选择"企业信息平台"，在"业务工作"中，选择"财务会计"→"应收款管理"→"坏账处理"，双击"计提坏账准备"选项。

(2)计提坏账准备并制单。单击"应收账款总额"对应的"实验学校"所在行。单击"确认"按钮。在弹出的"是否立即制单"对话框中，单击"是"按钮。将凭证更改为"转"字。单击"保存"按钮。单击"退出"按钮。

三、应收/应付业务进行期末结账

用户在完成本月各项应收/应付款业务处理之后，便可进行结账操作。应收/应付款系统进行期末结账必须在本月单据已全部记账和本月结算单已全部核销的条件下才能进行。同时,系统还对"本月单据全部制单""本月票据处理全部制单"和"本月其他处理全部制单"三项工作进行检查,并给出处理情况的结果说明,系统不强制用户必须在结账之前完成这三项工作,因此用户可能根据系统给出的结果自行选择。

1. 应收款管理系统

(1)进入月末结账界面。选择"企业信息平台",在"业务工作"中,选择"财务会计"→"应收款管理"→"期末处理",双击"月末结账"选项。

(2)进行月末结账。

①在"结账标志"栏的"一月"所在行双击出现"Y"标志,如图 10.46 所示。

②单击"下一步"按钮,如图 10.47 所示。

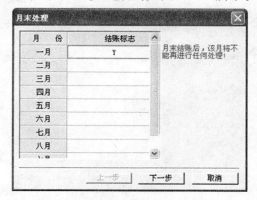
图 10.46 "月末处理"窗口(一)

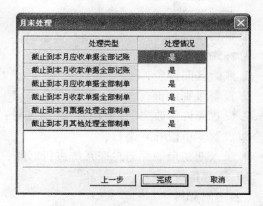
图 10.47 "月末处理"窗口(二)

③保持默认值设置,单击"完成"按钮,在弹出的"1 月份结账成功"对话框中,单击"确定"按钮,结账完毕。

【注意事项】 (1)必须在上一个月结账之后才能进行本月结账,并且一次只能选择一个月进行结账。

(2)当年末结账时,必须将本年度的所有核销处理、坏账处理和转账处理等全部制单。

(3)应付款系统结账与应收款系统结账操作基本一致,而且没有计提坏账准备的相关操作,比较简单,在完成所有制单工作之后,用户可以参照上面的步骤进行操作。

2. 应付款管理系统

应付款管理系统与应收款管理系统相似,这里不再叙述。

本章小结

应收/应付款管理系统主要用于核算和管理客户/供应商往来款项。应收/应付款管理系统主要提供了系统初始化设置、日常处理、单据查询、账表管理、核销、转账、制单、期末处理等功能。

初始设置主要包括账套参数设置、基础档案设置、应收科目设置、坏账准备设置和账龄区间设置等。

日常业务处理主要包括应收/应付单据处理、收款/付款结算、转账处理、坏账处理、票据管理、制单、统计分析、核销、转账和期末处理等。

案例十七 应收款管理系统初始化

一、案例要求

1. 系统参数设置；
2. 基础设置；
3. 科目设置；
4. 坏账准备设置；
5. 账龄区间设置；
6. 报警级别设置；
7. 设置允许修改"销售专用发票"的编号；
8. 设置本单位开户银行；
9. 录入期初余额并与总账系统进行对账；
10. 账套备份。

二、案例资料

1. 300账套应收款系统的参数。应收款核销方式为"按单据"，单据审核日期依据为"单据日期"，坏账处理方式为"应收余额百分比法"，代垫费用类型为"其他应收单"，应收款核算类型为"详细核算"，受控科目制单依据为"明细到客户"，非受控科目制单方式为"汇总方式"，启用客户权限，并且按信用方式提前7天自动报警。

2. 存货分类(表10.1)。

表10.1

存货分类编码	存货分类名称
1	原料及主要材料
2	辅助材料
3	库存商品
4	应税劳务

3. 计量单位(表10.2)。

表 10.2

计量单位组	计量单位
基本计量单位(无换算率)	吨
	台
	桶
	千米

4. 存货档案(表 10.3)。

表 10.3

存货编码	存货名称	所属分类码	计量单位	税率/%	存货属性
001	钢材	1	吨	17	外购、生产耗用
002	油漆	1	桶	17	外购、生产耗用
003	电动机	1	台	17	外购、生产耗用
005	甲产品	3	台	17	自制、内销、外销
006	乙产品	3	台	17	自制、内销、外销
007	运输费	4	千米	7	应税劳务

5. 基本科目。应收科目为"1122 应收账款",预收科目为"2203 预收账款",销售收入科目为"6001 主营业务收入",应交增值税科目为"22210105 应交税费-应交增值税-销项税额",销售退回科目为"6001 主营业务收入",银行承兑科目为"1121 应收票据",商业承兑科目为"1121 应收票据",现金折扣科目为"5503",票据利息科目为"550205",票据费用科目为"6603",收支费用科目为"6601"。

6. 结算方式科目。现金结算方式科目为"1001 库存现金",现金支票结算方式科目为"1001 库存现金",转账支票结算方式科目为"100201 工行存款",银行汇票结算方式科目为"100201 工行存款",信汇结算方式科目为"100201 工行存款",电汇结算方式科目为"100201 工行存款"。

7. 坏账准备。提取比率为"0.5%",坏账准备期初余额为"0",坏账准备科目为"1231 坏账准备",坏账准备对方科目为"6602 管理费用"。

8. 账龄区间。总天数分别为 30 天、60 天、90 天和 120 天。

9. 报警级别。A 级时的总比率为 10%,B 级时的总比率为 20%,C 级时的总比率为 30%,D 级时的总比率为 40%,E 级时的总比率为 50%,总比率在 50% 以上为 F 级。

10. 本单位开户银行。本单位开户银行为工行北京支行花园路办事处,账号为"001234567890"。

11. 期初余额(存货税率均为17%,开票日期均为2011年,表10.4)。

表10.4

单据名称	方向	开票日期	票号	客户名称	销售部门	科目编码	货物名称	数量	无税单价	价税合计	结算方式
销售专用发票	正	12.12	78987	北京天益公司(01)	销售部(302)	1122	甲产品(005)	3	2 000	7 020	无
销售专用发票	正	12.18	78988	明兴公司(04)	销售部(302)	1122	甲产品(005)	3	2 000	7 020	无
销售专用发票	正	12.22	78989	大地公司(02)	销售部(302)	1122	乙产品(006)	2	500	1 170	无
其他应收单	正	12.22	001	明兴公司(04)	销售部(302)	1122	运费	—	—	500	无
预收款单	正	12.26	111	伟达公司(06)	销售部(302)	1122	—	—	—	30 000	电汇结算

案例十八 应收单据处理

一、案例要求

1. 录入应收单据;
2. 修改应收单据;
3. 删除应收单据;
4. 2012年1月25日,审核本月录入的应收单据;
5. 对应收单据进行账务处理;
6. 账套备份。

二、案例资料

1. 2012年1月15日,向"北京天益公司",销售"甲产品"2台,无税单价为1 990元,增值税率为17%(销售专用发票号码:5678900)。

2. 2012年1月15日,向"伟达公司",销售"甲产品"5台,无税单价为1 980元,增值税率为17%(销售专用发票号码:5678988)。

3. 2012年1月16日,向"上海邦立公司",销售"乙产品"2台,无税单价为510元,增值税率为17%(销售专用发票号码:5678901),以转账支票代垫运费120元。

4. 2012年1月16日,向"北京天益公司",销售"乙产品"1台,无税单价为520元,增值税率为17%(销售专用发票号码:5678902),以现金代垫运费120元。

5.2012年1月18日,发现2012年1月16日所填制的向"上海邦立公司"销售"乙产品"2台,无税单价为510元,增值税率为17%的"5678901"号销售专用发票中的无税单价为512元。

6.2012年1月18日,发现2012年1月15日,向"北京天益公司",销售"甲产品"2台,无税单价为1990元,增值税率为17%的"5678900"号销售专用发票填制错误应删除。

案例十九 收款单据处理

一、案例要求

1.录入收款单据;

2.修改收款单据;

3.2012年1月31日,审核本月录入的收款单据;

4.核销收款单据;

5.对收款单据进行账务处理;

6.账套备份。

二、案例资料

1.2012年1月22日,收到银行通知,收到"上海邦立公司"以信汇方式支付购买"乙产品"2台,货税款及代垫运费款1 318.08元。

2.2012年1月22日,收到"北京天益公司"交来转账支票一张,支付销售"乙产品"1台的货税款及代垫费用款668.4元。

3.2012年1月23日,发现2012年1月22日所填制的收到"上海邦立公司"销售"乙产品"2台的货税款1 318.08元应为1 500元,核销时按"1 318.08"核销。

4.2012年1月23日,发现2012年1月22日所填制的收到"北京天益公司"交来转账支票款668.4元有错误,需删除该张收款单。

案例二十 票据管理

一、案例要求

1.增加结算方式;

2.填制商业承兑汇票,暂不制单;

3.商业承兑汇票贴现并制单;

4.结算商业承兑汇票并制单;

5.制单;

6.账套备份。

二、案例资料

1.新增结算方式"商业承兑汇票"和"银行承兑汇票"。

2.2012年1月2日,收到北京天益公司签发并承兑的商业承兑汇票一张(No. 345612),

面值为7 020元,到期日为2012年3月2日。

3. 2012年1月3日,收到明兴公司签发并承兑的商业承兑汇票一张(No.367809),面值为7 020元,到期日为2012年1月23日。

4. 2012年1月31日,将2012年1月2日收到的北京天益公司签发并承兑的商业承兑汇票(No.345612)到银行贴现,贴现率为6%。

5. 2012年1月23日,将2012年1月3日收到的明兴公司签发并承兑的商业承兑汇票(No.367809)结算。

案例二十一 转账处理

一、案例要求

1. 应收冲应收暂不制单;
2. 预收冲应收暂不制单;
3. 红票对冲并制单;
4. 制单;
5. 账套备份。

二、案例资料

1. 2012年1月31日,经三方同意将1月16日形成的应向"北京天益公司"收取的货税款及代垫费用款728.4元转为向明兴公司的应收账款。

2. 2012年1月31日,经双方同意,将伟达公司2012年1月22日购买"甲产品"5台的货税款11 583元用预收款冲抵。

3. 2012年1月31日,经双方同意,将期初余额中应向明兴公司收取的运费500元用红票冲抵。

案例二十二 坏账处理与单据查询

一、案例要求

1. 处理坏账发生业务并制单;
2. 处理坏账收回业务并制单;
3. 查询发票;
4. 查询结算单;
5. 查询并删除凭证;
6. 账套备份。

二、案例资料

1. 2012年1月24日,将1月16日形成的向明兴公司收取的应收账款728.4元(其中货款608.4元,代垫运费120元)转为坏账。

2. 2012年1月31日，收到银行通知（电汇），收回已作为坏账处理的应向明兴公司收取的应收账款728.4元。

案例二十三　账表管理与其他处理

案例要求
1. 对全部客户进行包括所有条件的欠款分析；
2. 查询2012年1月的业务总账；
3. 查询应收账款科目余额表；
4. 取消对明兴公司的转账操作；
5. 将未制单的单据制单；
6. 结账；
7. 账套备份。

案例二十四　应付款管理系统初始化

一、案例要求
1. 设置系统参数；
2. 基础设置；
3. 设置科目；
4. 账龄区间设置；
5. 报警级别设置；
6. 设置允许修改"采购专用发票"的编号；
7. 录入期初余额并与总账系统进行对账；
8. 账套备份。

二、案例资料
1. 300账套应付款系统的参数。应付款核销方式为"按单据"，单据审核日期依据为"业务日期"，应付款核算类型为"详细核算"，受控科目制单依据为"明细到供应商"，非受控科目制单方式为"汇总方式"；启用供应商权限，并且按信用方式根据单据提前7天自动报警。

2. 基本科目。应付科目为"2202 应付账款"，预付科目为"1123 预付账款"，采购科目为"1402 在途物资"，采购税金科目为"22210101 应交税费-应交增值税-进项税额"，银行承兑科目为"2201 应付票据"，商业承兑科目为"2201 应付票据"，现金折扣科目为"6603"，票据利息科目为"660303"，票据费用科目为"660303"，收支费用科目为"6602"。

3. 结算方式科目。现金结算方式科目为"1001 现金"，现金支票结算方式科目为"1001 现金"，转账支票结算方式科目为"100201 工行存款"，银行汇票结算方式科目为"100903 银行汇票"，信汇结算方式科目为"100201 工行存款"，电汇结算方式科目为"100201 工行存款"。

4. 账龄区间。总天数分别为30天、60天、90天和120天。

5. 报警级别。A级时的总比率为10%，B级时的总比率为20%，C级时的总比率为30%，D级时的总比率为40%，E级时的总比率为50%，总比率在50%以上为F级。

6. 期初余额（存货税率均为17%，开票日期均为2011年，表10.5）

表10.5

单据名称	方向	开票日期	票号	供应商名称	采购部门	科目编码	货物名称	数量	无税单价	价税合计
采购专用发票	正	12.15	33987	北京无忧公司(01)	供应部(301)	2121	钢材(001)	30	1 100	38 610
采购专用发票	正	12.18	34567	杰信公司(03)	供应部(301)	2121	油漆(002)	200	100	23 400
采购专用发票	正	12.23	32321	大为公司(02)	供应部(301)	2111	钢材(001)	22	1 000	25 740
预付款单	正	12.23	111	北京无忧公司(01)	供应部(301)	1151	—	—	—	20 000

案例二十五　应付单据处理

一、案例要求

1. 录入应付单据；

2. 修改应付单据；

3. 删除应付单据；

4. 2012年1月31日，审核本月录入的应付单据；

5. 对应付单据进行账务处理；

6. 账套备份。

二、案例资料

1. 2012年1月15日，从"北京无忧公司"，采购"钢材"10吨，原币单价为1 200元，增值税率为17%（采购专用发票号码：668800）。

2. 2012年1月15日，从"杰信公司"，采购"油漆"20桶，原币单价为110元，增值税率为17%（采购专用发票号码：8908），运费80元。

3. 2012年1月16日，从"大为公司"，采购"钢材"50吨，原币单价为990元，增值税率为17%（采购专用发票号码：3451）。

4. 2012年1月16日，从"北京无忧公司"，采购"钢材"20吨，原币单价为980元，增值税率为17%（采购专用发票号码：2302）。

5. 2012年1月18日，发现2012年1月15日所填制的从"北京无忧公司"，采购"钢材"10吨，原币单价为1 200元，增值税率为17%的"668800"号采购专用发票中的无税单价应为1 120元。

6. 2012年1月18日，从"北京无忧公司"，采购"钢材"12吨，原币单价为1 200元，增值税率为17%（采购专用发票号码：69900）。

7. 2012年1月18日，发现2012年1月16日所填制的从"北京无忧公司"，采购"钢材"20吨，原币单价为980元，增值税率为17%的"2302"号采购专用发票填制错误，应删除。

案例二十六　付款单据处理

一、案例要求

1. 录入付款单据；

2. 修改付款单据；

3. 2012年1月31日，审核本月录入的付款单据；

4. 核销付款单据；

5. 对付款单据进行账务处理；

6. 账套备份。

二、案例资料

1. 2012年1月22日，以转账支票支付向"北京无忧公司"购买"钢材"10吨的货税款13 104元。

2. 2012年1月22日，以转账支票支付向"大为公司"购买"钢材"50吨的货税款57 915元。

3. 2012年1月22日，以转账支票支付向"杰信公司"购买"油漆"10吨的货税款及运费2 574元。

4. 2012年1月23日，发现2012年1月22日所填制的以转账支票支付向"北京无忧公司"购买"钢材"10吨的货税款13 104元应为15 000元，余额作为预付款。

5. 2012年1月23日，发现2012年1月22日所填制的以转账支票支付的向"大为公司"购买"钢材"50吨的货税款57 915元有错误，需删除该张付款单。

案例二十七　票据管理

一、案例要求

1. 填制商业承兑汇票，暂不制单；

2. 商业承兑汇票贴现并制单；

3. 结算商业承兑汇票并制单；

4. 制单；

5. 账套备份。

二、案例资料

1. 2012年1月2日，向大为公司签发并承兑的商业承兑汇票一张（No. 56121），面值为57 915元，到期日为2012年6月2日。

2. 2012年1月3日，向杰信公司签发并承兑的商业承兑汇票一张（No. 56561），面值为23 400元，到期日为2012年1月23日。

3. 2012年1月23日，将2012年1月3日向杰信公司签发并承兑的商业承兑汇票（No. 56561）结算。

案例二十八　转账处理

一、案例要求

1. 应付冲应付暂不制单；
2. 预付冲应付暂不制单；
3. 制单；
4. 账套备份。

二、案例资料

1. 2012年1月31日，经三方同意将2002年11月23日形成的应向"北京无忧公司"支付的货税款38 610元转为向大为公司的应付账款。

2. 2012年1月31日，经双方同意，将向北京无忧公司2012年1月18日购买12吨钢材的货税款16 848元与预付款冲抵。

案例二十九　单据查询

案例要求

1. 查询发票；
2. 查询结算单；
3. 查询并删除凭证；
4. 账套备份。

案例三十　账表管理与其他处理

案例要求

1. 对供应商进行付款账龄分析；
2. 查询2012年1月的业务总账和应付款科目余额表；
3. 取消对北京无忧公司的转账操作；
4. 将未制单的单据制单并进行结账；
5. 账套备份。

第四篇

实践篇

第四篇

实 践 篇

实训一　系统管理

一、操作要求

1. 将系统时间修改为 2012 年 1 月 1 日。
2. 设置系统操作员。
3. 为公司建立账套,要求正确设置账套号、启用期间、数据路径、单位信息、编码规则、数据精度等参数,可选择使用系统预置的会计科目表。暂不设置系统功能模块的启用日期。
4. 为各操作员分配操作权限。
5. 设置账套备份计划

二、业务资料

1. 操作员信息如表 1 所示。

表 1　操作员资料

用户编号	用户姓名	密码	职务	系统功能权限
001	张诚志	1	账套主管	账套主管全部权限
002	肖玲	2	会计	公用目录设置及总账
003	王惠良	3	出纳	出纳及出纳签字

2. 账套信息。

(1)账套信息。

账套号:888;

账套名称:哈新纺织机械制造厂;

备份路径:默认路径;

启用会计期:2012 年 1 月;

会计期间设置:1 月 1 日至 12 月 31 日。

(2)单位信息。

单位名称:哈新纺织机械制造厂;

单位简称:哈新织造;

单位地址:黑龙江省哈尔滨市学府路 299 号;

法人代表:李初庭;

邮政编码:150000;

联系电话:0451-88889618;传真:0451-88889618;

电子邮件:HX0451@163.com;

税号:230102360719131。

(3)核算类型。

该企业的记账本位币:人民币(RMB);

企业类型:工业;

行业性质:2007 新会计制度科目,并按行业性质预置科目;

账套主管:张诚志。

(4)基础信息。

该企业无外币核算;进行经济业务处理时,需要对存货、客户、供应商进行分类。

(5)分类编码方案。

科目编码级次:42222;

客户分类编码级次:123;

部门编码级次:12;

地区分类编码级次:223;

存货分类编码级次:1223;

收发类别编码级次:111;

结算方式编码级次:12;

供应商分类编码级次:123。

(6)数据精度。

该企业对存货数量、单价小数位定为2。

3. 自动备份计划。

计划编号:2012-1;

备份类型:账套备份;

发生频率:每月;

发生天数:31;

开始时间:15 点;

有效触发:2;

保留天数:0;

备份路径:C:\My Documents\账套备份。

实训二　基础档案设置

一、操作要求

1. 建立部门档案（自行设计部门编号）。
2. 录入职员档案。
3. 录入客户档案（可按行业或地区进行分类）。
4. 录入供应商档案（可按行业或地区进行分类）。

二、业务资料

1. 公司的部门设置如表1所示。

表1

部门名称	部门属性	负责人
总经理室	管理部门	张进民
厂部办公室	管理部门	王品德
财务部	管理部门	张诚志
生产车间	生产部门	郑成
业务部（国内业务）	业务部门	李进
业务部（国外业务）	业务部门	张春晓

2. 公司的职员档案如表2所示。

表2

职员编号	职员姓名	职员职称	职员职务	所属部门
001	张进民	经济师	总经理	总经理室
002	赵艳	—	秘书	总经理室
003	王品德	政工师	主任	厂部办公室
004	张诚志	高级会计师	经理	财务部
005	肖玲	助理会计师	会计	财务部

续表 2

职员编号	职员姓名	职员职称	职员职务	所属部门
006	王惠良	助理会计师	出纳	财务部
007	郑成	工程师	主任	生产车间
008	张一祥	助理工程师	副主任	生产车间
009	陈中林	—	—	生产车间
010	李进	工程师	经理	国内业务
011	赵树民	—	—	国内业务
012	张春晓	工程师	副经理	国外业务
013	张生			国外业务

3. 客户信息如表 3 所示。

表 3

客户名称	通信地址	电话与邮编	开户银行	币种	银行账号	联系人	信用等级
宁波肖汉进出口公司	宁波市江东区下塘里77号	(0574)83339904；315000	工商银行江东支行	港元	5222006545662346	江成	A级
杭州美丽生集团	杭州市龙翔桥	(0571)62881115；310000	中国银行龙翔支行	美元	8891564523990000	张英娜	A级
日升株式会社杭州办事处	杭州市武林门	(0571)82552212；310002	中国银行武林分行	美元	8222361518556600	汪珊珊	B级
金萨集团公司武汉分公司	武汉市汉口高雄路1号	(027)86644233；430015	中国银行汉口分行	港元	8111526478899400	李为成	A级
湖州翔顺丝绸工贸有限公司	湖州经济开发区龙溪北路1188号	(0572)2361173；313000	工商银行开发区支行	人民币	6552889523354400	叶嫣	A级

4. 供应商信息如表 4 所示。

表 4

供应商名称	通信地址	电话与邮编	开户银行	银行账号	联系人	信用等级
杭州海德集团公司	杭州市海德南路775号	(0571)83338891；310016	工商银行海德支行	2006500011111550	江汉	A级
哈尔滨铸件厂	哈尔滨市环城南路1974号	(0451)8111500；150008	农业银行环城支行	5645001066778000	陈英英	A级
北京诚通工贸有限公司	北京市三环西路东海立交桥	(010)6117392；100016	工商银行三环支行	5288952150002290	汪国华	B级

实训三　总账管理系统初始设置

一、操作要求

1. 确认或调整账务处理系统中有关凭证、账簿、报表的其他选项。
2. 依据会计科目表对本企业会计科目进行设置。
3. 设置银行结算方式，建立银行账号、税务账号档案。
4. 设置外币并录入初始汇率。
5. 设置记账凭证类别，并设置各类凭证的限制条件。
6. 录入总账各会计科目 2012 年 1 月期初余额，并进行试算平衡。

二、业务资料

1. 总账的账套参数如表 1 所示。

表1

选项卡	参数设置
凭证	制单序时控制 不允许修改、作废他人填制的凭证 出纳凭证必须经出纳签字 可查询他人的凭证 凭证编号由系统编号 可以使用应收受控科目 可以使用应付受控科目 可以使用存货受控科目

2. 2011年12月月末,通过对手工核算会计账目的全面整理,形成了主要会计科目表及12月末余额资料,如表2所示。(有辅助核算要求的明细数据在表3~8中列示)

表2

科目代码	科目名称	余额方向	期末余额	辅助核算要求
1001	库存现金	借	73 800	
1002	银行存款	借	6 178 000	
100201	建行关桥	借	5 230 000	银行对账
100202	中行城关美元(USD)	借		外币核算;期末调汇
100203	中行城关港币(HKD)	借		外币核算;期末调汇
1012	其他货币资金	借	630 000	
101201	外埠存款	借	30 000	
101202	银行本票	借		
101203	银行汇票	借	600 000	
1101	交易性金融资产	借	824 000	
110101	股票	借	244 000	
110102	债券	借	580 000	
1121	应收票据	借	163 800	

续表2

科目代码	科目名称	余额方向	期末余额	辅助核算要求
1122	应收账款	借	612 780	往来核算;外币核算
112201	人民币户	借		往来核算
112202	美元户	借		往来核算;外币核算
112203	港元户	借		往来核算;外币核算
1123	预付账款	借		
1132	应收利息	借	30 000	
1221	其他应收款	借	22 350	项目核算
1231	坏账准备	贷	3 400	
1401	材料采购	借	53 000	
140101	X33 薄钢板	借		
140102	菱形不锈钢管	借	33 000	
140103	水性树脂漆	借	20 000	
1403	原材料	借	474 500	计划成本
140301	X33 薄钢板	借		数量核算
140302	菱形不锈钢管	借		数量核算
140303	水性树脂漆	借		数量核算
140304	自制半成品	借	20 000	
1404	材料成本差异	贷	-32 700	
1405	库存商品	借	736 700	
140501	剑杆织机	借		数量核算
140502	16 锭草编机	借		数量核算
140503	高速园带编织机	借		数量核算
1411	周转材料	借	60 000	
1471	存货跌价准备	贷	3 320	

续表 2

科目代码	科目名称	余额方向	期末余额	辅助核算要求
1501	持有至到期投资	借	30 000	
150101	债券投资	借	30 000	
150102	其他债权投资	借		
1502	持有至到期投资减值准备	贷	3 000	
1511	长期股权投资	借	574 000	
151101	股票投资	借	434 000	
151102	其他股权投资	借	140 000	
1601	固定资产	借	3 535 000	单项折旧
1602	累计折旧	贷	548 700	
1603	固定资产减值准备	贷	13 000	
1604	在建工程	借	695 000	
1605	工程物资	借	5 000	
160501	专用材料	借	5 000	
160502	专用设备	借		
1606	固定资产清理	借		
1701	无形资产	借	210 000	
170101	土地使用权	借	210 000	
1702	累计摊销	贷		
1703	无形资产减值准备	贷	3 000	
1801	长期待摊费用	借	10 000	
1901	待处理财产损益	借		
2001	短期借款	贷	240 000	
2201	应付票据	贷		

续表 2

科目代码	科目名称	余额方向	期末余额	辅助核算要求
2202	应付账款	贷	328 000	往来核算
2203	预收账款	贷		
2211	应付职工薪酬	贷	186 510	
2221	应交税费	贷	382 200	
222101	应交增值税	贷	340 000	
22210101	进项税额	借	270 000	
22210102	销项税额	贷	600 000	
22210103	出口退税	贷	10 000	
22210104	进项税额转出	贷		
22210105	已交税金	借		
222102	应交消费税			
222103	应交营业税			
222105	应交城市维护建设税	贷	37 200	
222106	应交教育费附加	贷	4 000	
222107	应交土地增值税	贷	1 000	
222108	应交所得税	贷		
2232	应付股利	贷		
2241	其他应付款	贷	127 200	
2501	长期借款	贷	2 385 800	
2502	应付债券	贷	520 000	
250201	面值	贷	520 000	
250202	利息调整	贷		
250203	应计利息	贷		
4001	实收资本	贷	6 948 600	

续表 2

科目代码	科目名称	余额方向	期末余额	辅助核算要求
400101	国有资本	贷	1 498 600	
400102	哈新集团公司	贷	5 180 000	
400103	张进民	贷	170 000	
400104	张诚志	贷	100 000	
4002	资本公积	贷	2 410 000	
400201	股本溢价	贷	2 278 000	
400202	其他资本公积	贷	132 000	
4101	盈余公积	贷	215 000	
410101	法定盈余公积	贷	120 000	
410102	任意盈余公积	贷	95 000	
4103	本年利润	贷	699 900	
4104	利润分配	借	-230 000	
410401	提取法定盈余公积	借		
410402	提取法定公益金	借		
410406	未分配利润	贷	230 000	
5001	生产成本	借	297 000	
500101	剑杆织机	借	26 000	
500102	16锭草编机	借	191 000	
500103	高速园带编织机	借	80 000	
5101	制造费用	借		
6001	主营业务收入	贷		部门核算；外币核算
600101	人民币户	贷		部门核算
600102	港元户	贷		外币核算，部门核算
600103	美元户	贷		外币核算，部门核算

续表2

科目代码	科目名称	余额方向	期末余额	辅助核算要求
6051	其他业务收入	贷		
6111	投资收益	贷		
6301	营业外收入	贷		
6401	主营业务成本	借		部门核算
6402	其他业务成本	借		
6403	营业税金及附加	借		
6601	销售费用	借		
6602	管理费用	借		部门核算
6603	财务费用	借		
6711	营业外支出	借		
6801	所得税费用	借		

表3 外币存款发生额与余额汇总表

科目代码	科目名称	期末余额	
		原币	本位币
100202	中行城关美元（USD）	124 000	892 800
100203	中行城关港元（HKD）	60 000	55 200
	合计		948 000

表4 2011年12月末应收账款余额明细表

客户名称	业务发生时间	业务内容	经手人	原始凭证号码	对方经手人	金额	
						原币	本位币
杭州美丽生集团	2011-9-2	销售商品货款未收	张春晓	Y811233	张英娜	73 400（美元）	528 480
湖州翔顺丝绸工贸有限公司	2011-11-8	销售商品货款未收	李进	Y891263	叶嫣		84 300

表 5　2011 年 12 月末应付账款余额明细表

供应商名称	业务发生时间	业务内容	经手人	原始凭证号码	对方经手人	金额
杭州海德集团公司	2011-9-9	购进材料货款未付	赵树民	Y123300	江汉	120 000
哈尔滨铸件厂	2011-9-8	购进材料货款未付	李进	Y263334	陈英英	208 000

表 6　2011 年 12 月末其他应收款余额明细表

应收款对象	类别	业务发生时间	业务内容	经手人	原始凭证号码	金额
张进民	个人	2011-12-10	差旅费借款	王惠良	Y002234	3 000
陈中林	个人	2011-11-20	暂借款	王惠良	Y002450	3 350
大明服务部	单位	2011-7-2	欠款	王惠良	Y111003	16 000

表 7　2011 年 12 月末原材料结存明细表

材料名称	计量单位	数量	计划单价	实际单价	备注
X33 薄钢板	平方米	3 300	120	130	
菱形不锈钢管	米	5 000	10	10	
水性树脂漆	桶	100	85	82	

表 8　2011 年 12 月末库存商品结存明细表

商品名称	计量单位	数量	单位成本	金额	备注
剑杆织机	台	80	890	71 200	
16 锭草编机	套	150	1 650	247 500	
高速园带编织机	套	190	2 200	418 000	

3. 公司拥有银行账号三个,分别为:建设银行关桥分理处(账号:32123555 55800800),中国银行城关分理处(美元账号:78987666 33000220;港元账号:45654888 44200010)。汇兑损益

记入财务费用账户。银行转账结算方式有支票(包括现金支票和转账支票)、银行汇票、银行本票、汇兑、信用证、保函、转账通知等种类。

4. 会计凭证按收、付、转分类,2011年12月末库存商品结存明细表如表9所示。其中收、付凭证须经出纳人员复核签字。

表9

凭证类别	限制类型	限制科目
收款凭证	借方必有	1001,100201,100202
付款凭证	贷方必有	1001,100201,100202
转账凭证	凭证必无	1001,100201,100202

5. 公司业务涉及美元和港元两种外币,均采用期初固定汇率记账,月末一次性调整汇率。2011年12月末的汇率为:美元1:6.2;港元1:0.92。

实训四 薪资管理系统初始设置

一、操作要求

1. 设置薪资管理系统启用日期(2012年1月1日),并建立工资账套。
2. 基础设置。
3. 设置在岗人员工资套的工资项目。
4. 设置在岗人员档案。
5. 设置计算公式。

二、业务资料

1. 工资账套的参数。本企业为单工资类别,工资核算本位币为人民币,不核算计件工资,扣税设置为"从工资中代扣个人所得税";扣零设置为"不进行扣零设置";人员编码长度设置为"3"位。
2. 人员类别。企业的人员类别设置为"管理人员"、"生产人员"和"营销人员"。
3. 工资项目结构(表1)。

表1

工资项目名称	类 型	长 度	小 数	增减项
基本工资	数字	8	2	增项
岗位工资	数字	8	2	增项
津贴	数字	8	2	增项
电话补贴	数字	8	2	增项
物价补贴	数字	8	2	增项
地区补贴	数字	8	2	增项
应发合计	数字	8	2	增项
扣老保	数字	8	2	减项
扣医保	数字	8	2	减项
代扣水电费	数字	8	2	减项
代扣税	数字	8	2	减项
缺勤扣款	数字	8	2	减项
缺勤天数	数字	3	1	其他
扣款合计	数字	8	2	减项
实发合计	数字	8	2	增项

5. 银行名称。银行名称为"工商银行"。账号长度为20位,录入时需要自动带出的账号长度15位。

6. 在岗人员档案(表2)。

表2

职员编号	人员姓名	所属部门	性别	学历	人员类别	银行代发账号
001	张进民	总经理室	男	研究生	管理人员	25011228010000093830
002	赵艳	总经理室	女	本科	管理人员	25011228010000093831
003	王品德	厂部办公室	男	本科	管理人员	25011228010000093832
004	张诚志	财务部	男	本科	管理人员	25011228010000093833
005	肖玲	财务部	女	本科	管理人员	25011228010000093834

续表2

职员编号	人员姓名	所属部门	性别	学历	人员类别	银行代发账号
006	王惠良	财务部	女	专科	管理人员	25011228010000093835
007	郑成	生产车间	男	本科	管理人员	25011228010000093836
008	张一祥	生产车间	男	专科	生产人员	25011228010000093837
009	陈中林	生产车间	男	专科	生产人员	25011228010000093838
010	李进	国内业务	男	本科	管理人员	25011228010000093839
011	赵树民	国内业务	男	本科	营销人员	25011228010000093840
012	张春晓	国外业务	女	本科	管理人员	25011228010000093841
013	张生	国外业务	男	本科	营销人员	25011228010000093842

7. 有关工资项目计算公式或规定。

（1）缺勤扣款＝基本工资/21.5×缺勤天数。

（2）生产部门和业务部门的经理津贴为500，其他人员为300。请自行设计津贴的计算公式。

（3）管理人员中学历为研究生的电话补贴为400，其他人员为200。请自行设计电话补贴的计算公式。

（4）扣老保＝（基本工资＋岗位工资＋津贴）×0.1。

（5）扣医保＝（基本工资＋岗位工资＋津贴）×0.2。

（6）缺勤扣款制度规定：每月以22天计算，按比例扣除基本工资。请自行设计缺勤扣款的计算公式。

实训五　固定资产管理系统初始设置

一、操作要求

1. 设置固定资产管理系统的启用日期。
2. 建立固定资产子账套。
2. 基础设置。
3. 录入原始卡片。
4. 账套备份。

二、业务资料

1. 固定资产管理系统的启用日期为 2012 年 1 月 1 日。
2. 固定资产系统的参数设置。固定资产账套的启用月份为"2012 年 1 月",固定资产采用"平均年限法(一)"计提折旧,折旧汇总分配周期为一个月;当"月初已计提月份 = 可使用月份 –1"时,将剩余折旧全部提足。固定资产分类编码方式为"2-1-1-2";固定资产编码采用手工输入方法;序号长度"7"。要求固定资产系统与总账进行对账;固定资产对账科目为"1601 固定资产";累计折旧对账科目为"1602 累计折旧";对账不平衡的情况下不允许固定资产月末结账。
2. 部门对应折旧科目(表3)。

表3

部门名称	贷方科目
总经理室	管理费用
厂部办公室	管理费用
财务部	管理费用
生产车间	制造费用
业务部(国内业务)	销售费用
业务部(国外业务)	销售费用

3. 固定资产类别(表4)。

表4

类别编码	类别名称	使用年限	净残值率	计提属性	折旧方法	卡片样式
01	房屋及建筑物					通用样式
011	办公楼	30	2%	正常计提	平均年限(一)	通用样式
012	厂房	30	2%	正常计提	平均年限(一)	通用样式
02	机器设备					通用样式
021	生产线	10	3%	正常计提	平均年限(一)	通用样式
022	办公设备	5	3%	正常计提	平均年限(一)	通用样式
03	交通运输工具	10	3%	正常计提	平均年限(一)	通用样式
031	经营用	10	3%	正常计提	平均年限(一)	通用样式
032	非经营用	10	3%	正常计提	平均年限(一)	通用样式

4. 固定资产增减方式(表5)。

表5

增加方式	对应入账科目	减少方式	对应入账科目
直接购入	银行存款-建行关桥	出售	固定资产清理
投资者投入	实收资本	投资转出	固定资产清理
捐赠	营业外收入	捐赠转出	固定资产清理
盘盈	以前年度损益调整	盘亏	待处理财产损益
在建工程转入	在建工程	报废	固定资产清理

5. 2011年12月末企业固定资产相关数据如表6所示。

表6 2011年12月末固定资产明细表

资产名称	资产编码	所属类别	使用部门	入账时间	入账原值	预计使用年限
综合办公楼	G003322	011	总经理室 办公室 财务部	2007-7-31	2 936 000	30
6吨位货运卡车	G000898	031	业务部(内外)	2010-12-31	200 000	10
数控车床	G001121	021	生产车间	2009-6-30	300 000	10
复合式喷漆机	G000932	022	生产车间	2009-8-1	99 000	5

注：多部门使用的资产，按部门数平均分摊折旧费用。

实训六 总账日常业务处理

一、操作要求

1. 录入以上各项会计业务的记账凭证。
2. 对记账凭证进行查询、修改等操作。
3. 出纳员对收付款凭证进行核对并签字。
4. 审核员审核各项业务的记账凭证。
5. 完成凭证过账。
6. 设置或查询总账、明细账、日记账、多栏账等账簿，并对凭证、账簿以及系统内部的固定格式表单进行联查输出。

7. 对"杭州美丽生"和"杭州纺织"的往来业务进行往来对账和销账,并输出往来业务余额表与往来业务明细账。

二、业务资料

公司2012年1月发生以下基本经济业务:

1. 6日,生产车间领用以下原材料:X33薄钢板3 000平方米,水性树脂漆60桶。其中水性树脂漆40桶用于剑杆织机,其余由多种产品共用。

2. 8日,开出转账支票支付广告费22 000元。(建行转账支票,号码:Y3334)

3. 9日,用银行存款交纳增值税153 000元,交纳城市维护建设税21 000元,交纳教育费附加4 200元。(建行转账支票,票号:Y1121)

4. 10日,用现金购置零星办公用品计2 400元(由总经理室、办公室、财务部平均承担),购买生产车间用零星劳保用品计1 000元。

5. 11日,生产车间购置零星辅助材料合计226 000元,款以转账支票付讫。(建行转账支票,票号:Y2320)

6. 12日,接银行通知,划转本期短期借款利息84 400元。(建行转账通知,号码:Y9812)

7. 14日,业务部(国内)向杭州海德集团公司采购X33薄钢板1 800平方米,单价135元;采购菱形不锈钢管20 000米,单价10元。增值税率为17%(下同)。货税款以银行汇票(建行,票号:Y9310)支付,汇票余款81 690元已转入存款户。货物尚未运达企业。

8. 15日,收到本月14日采购的由杭州海德集团公司发来的X33薄钢板和菱形不锈钢管,由仓库验收入库。

9. 16日,由业务部(国际)销售给金萨集团公司武汉分公司以下产品:16锭草编机20套,单位售价3 800港元;高速园带编织机10套,单位售价5 000港元。开出转账支票(建行,票号:Y2210)支付托运费1 500元(由本单位承担);价税款已通过汇兑方式收妥(中行汇兑凭证,号码:Y9120)。同时结转已销商品的制造成本。

10. 18日,转账收到杭州美丽生集团归还的前欠货款73 400美元。(原始凭证号:Y811233;中行汇兑凭证,号码:Y9122)

11. 19日,收到上月采购的由哈尔滨铸件厂发来的菱形不锈钢管3 000米,由仓库验收入库。实际采购单价11元。

12. 22日,业务部(国际,经手人张生)向日升株式会社杭州办事处销售剑杆织机60台,单位售价300美元。货已发出,款项未收(业务单据号:Y222800)。同时结转已销商品的制造成本。

13. 26日,接银行通知,收到由日升株式会社杭州办事处汇来的22日销售剑杆织机的货款。(中行信用证,号码:Y2239)

14. 29日,业务部(国内,经手人李进)销售给杭州纺织机械厂(地址:杭州市教工路115号;邮编:310012;电话:0571-8823201;工行账号:2886643388332349;联系人:王真诚)X33薄钢板600平方米,单位售价150元,增值税率17%。货已付出,款项未收(业务单据号:Y331100)。同时结转已销材料的采购成本。

实训七 薪资日常业务处理

一、操作要求

1. 启用工资薪酬管理系统,建立工资核算账套并进行初始设置。
2. 设置工资项目,编辑工资计算公式。
3. 录入本月工资数据。
4. 按应计税金额进行个人所得税扣税处理,按实发工资额进行扣零处理。
5. 生成结转工资、计提福利费、计提工会经费的凭证并传递到账务处理系统,同时进行凭证后续处理。
6. 查询输出各类工资报表,并进行月末结账。

二、业务资料

1. 职员工资项目及2012年1月工资数据如表1所示。

表1

姓名	基本工资	岗位工资	津贴	电话补贴	物价补贴	地区补贴	扣老保	扣医保	缺勤天数	缺勤扣款	代扣水电	代扣税金
张进民	4 000	3 500		400	120	130	110	30			220	
赵艳	1 800			200	120	130	70	20			210	
王品德	2 100	1 800		200	120	130	90	30				
张诚志	2 200	1 900		200	120	130	90	30				
肖玲	800				120	130	40	20				
王惠良	1 200				120	130	50	20			90	
郑成	1 800	1 000	500	200	120	130	70	20			80	
张一祥	1 500		300		120	130	50	20	2			
陈中林	1 000		300		120	130	40	20				

续表1

姓名	基本工资	岗位工资	津贴	电话补贴	物价补贴	地区补贴	扣老保	扣医保	缺勤天数	缺勤扣款	代扣水电	代扣税金
李进	2 300	900	500	200	120	130	90	30				
赵树民	1 600		300		120	130	70	20	1			
张春晓	2 000	900	500	200	120	130	70	30				
张生	2 100		300		120	130	70	30			20	

2. 与工资薪酬相关的经济业务

（1）本月考勤统计如下：张一祥缺勤2天，赵树民缺勤1天。

（2）30日，结转本月应付工资，并用银行存款（现金支票，票号Y9881，经手人王惠良）发放工资，同时代扣个人所得税（个人所得税的税前扣除额为3 500元）、养老保险费、医疗保险费和水电费。

（3）30日，计提职工福利费。

（4）30日，计提工会经费。

实训八　固定资产日常业务处理

一、操作要求

1. 录入新增固定资产，并进行相应的凭证处理。
2. 计提固定资产折旧，并进行凭证处理。
3. 查询输出各类固定资产报表，并完成固定资产系统月末结账。

二、业务资料

2012年1月发生以下与固定资产相关的经济业务：

1. 30日，接受上海金属制品厂（地址：上海市松江口；邮编：200400；电话：021-81129332）以投资方式投入的油压铸机一台（预计使用年限4年，预计净残值4 800元），由生产车间使用，协议作价120 000元计入实收资本。

2. 30日，计提本月固定资产折旧费。

实训九　银行对账业务处理

一、操作要求

1. 录入建行关桥人民币存款户的期初对账数据。
2. 录入 2012 年 1 月银行对账单。
3. 进行银行对账，并输出银行存款余额调节表。

二、业务资料

1. 经查，银行方有期初未达账一笔，即企业于上月 31 日开出转账支票（票号：Y2722）支付所欠的原材料采购款项，金额为 114 500 元。
2. 31 日，建行传来银行对账单如表 1 所示。

表1

2012 年		结算方式	票号	借方金额	贷方金额
月	日				
1	1	期初结存			5 344 500
1	1	转账支票	Y2722	114 500	
1	9	转账支票	Y1121	178 200	
1	10	转账支票	Y3334	22 000	
1	11	转账通知	Y9812	84 400	
1	14	银行汇票	Y9310		81 690
1	18	转账支票	Y2210	1 500	
1	28	转账支票	Y0217		292 000
1	30	转账支票	Y0818	694 500	
1	31	期末结存			4 610 090

实训十 自动转账与期末业务

一、操作要求

1. 利用软件提供的自动转账功能设置自动转账凭证。
2. 生成或编制各项业务的记账凭证,并对凭证进行后续处理。
3. 查询输出各类总账、明细账、日记账、多栏账等账簿,并对凭证、账簿、固定格式表单进行联查输出。
4. 完成对账与结账。

二、业务资料

2012年1月企业需要处理的期末业务如下:

1. 31日,按账面净值的2%比例摊销本月无形资产。费用由总经理室承担。
2. 31日,按实际差异额结转本期领用材料和销售材料的成本差异。
3. 31日,结转本期制造费用,其中三种产品分摊的比例为:剑杆织机40%,16锭草编机和高速园带编织机各30%。
4. 31日,16锭草编机完工30套(单位制造成本1 700元),剑杆织机320台全部完工,产品均由仓库验收入库。
5. 31日,月末各种外币的汇率为:美元1∶7.15;港元1∶1。调整期末汇率并计提汇兑损益。
6. 31日,将各损益账户余额结转至本年利润账户。

实训十一 会计报表的编制与输出

一、操作要求

1. 建立报表系统与账务系统的连接。
2. 自行设计或调用模板编制资产负债表。
3. 自行设计或调用模板编制利润表。

二、业务资料

1. 新建资产负债表,进行格式设置,同时编制各项指标的取数公式和必要的审核公式。或利用系统报表模板生成资产负债表,并对格式与取数公式进行必要的检查与修改。

2. 生成并输出 2012 年 1 月份的资产负债表，并进行平衡检查。
3. 新建利润表，进行格式设置，同时编制各项指标的取数公式，或利用系统报表模板生成利润表，并对格式与取数公式进行必要的检查与修改。
4. 生成并输出 2012 年 1 月份的利润表。

参考文献

[1] 杨宝刚,王新玲. 会计信息系统(第三版)[M]. 北京:高等教育出版社,2011.

[2] 王新玲,汪刚. 会计信息系统实验教程:用友 ERP-U8.72 版[M]. 北京:清华大学出版社,2009.

[3] 宋祥亮. 用友 ERP-U8 财务管理实战详解[M]. 北京:电子工业出版社,2011.

[4] 何平,龚中华. 用友 ERP-U8 培训教程[M]. 北京:人民邮电出版社,2010.

[5] 王钊,王命达. 用友 ERP-U8.72 财务软件实务操作[M]. 北京:人民邮电出版社,2010.

[6] 武新华,王丽平,杨平. 用友 ERP-U8 财务应用从入门到精通[M]. 北京:中国铁道出版社,2010.

[7] 龚中华,何平. 用友 ERP-U8 标准财务培训教程[M]. 北京:人民邮电出版社,2010.

[8] 武美云,孙伟力. 会计电算化实务:用友 ERP-U8 8.72 版[M]. 南京:南京大学出版社,2010.

[9] 褚颖,李爱红. 新编会计电算化:用友 ERP-U8.72 版[M]. 北京:中国农业出版社,2011.

[10] 孙伟力,张星主. 新编会计信息化应用实训:用友 ERP-U8 8.72 版[M]. 南京:南京大学出版社,2011.